北大社·"十四五"普通高等教育本科规划教材
高等院校汽车专业"互联网+"创新规划教材

智能汽车决策规划与控制技术

崔胜民　张冠哲　编著

北京大学出版社
PEKING UNIVERSITY PRESS

内 容 简 介

本书全面、系统地论述了智能汽车决策规划与控制技术，阐述了智能汽车的基本概念、技术架构、应用场景、关键技术、发展趋势及智能汽车决策规划与控制的几个问题；重点介绍了智能汽车的路径规划技术、行为决策技术和运动控制技术的定义、要求、约束条件、步骤、理论与应用等。书中内容既包括已在智能汽车上广泛应用的成熟技术，又包括近年来出现的一些高新技术。

本书以实际工程应用为背景，内容丰富、条理清晰、图文并茂、通俗易懂、实用性强，可作为高等院校本科车辆工程专业、智能车辆工程专业及相关专业的教材，也可作为车辆工程专业研究生的选修教材，还可作为智能汽车行业的工程技术人员、科研人员和管理人员的参考用书。

图书在版编目(CIP)数据

智能汽车决策规划与控制技术/崔胜民，张冠哲编著. -- 北京：北京大学出版社，2025.1. --（高等院校汽车专业 "互联网+"创新规划教材）. -- ISBN 978-7-301-35729-3

Ⅰ.U463

中国国家版本馆 CIP 数据核字第 2024NM3299 号

书　　　　名	智能汽车决策规划与控制技术 ZHINENG QICHE JUECE GUIHUA YU KONGZHI JISHU
著作责任者	崔胜民　张冠哲　编著
策 划 编 辑	童君鑫
责 任 编 辑	黄红珍
数 字 编 辑	蒙俞材
标 准 书 号	ISBN 978-7-301-35729-3
出版发行	北京大学出版社
地　　　　址	北京市海淀区成府路 205 号　100871
网　　　　址	http://www.pup.cn　新浪微博：@北京大学出版社
电 子 邮 箱	编辑部 pup6@pup.cn　总编室 zpup@pup.cn
电　　　　话	邮购部 010-62752015　发行部 010-62750672　编辑部 010-62750667
印 刷 者	河北文福旺印刷有限公司
经 销 者	新华书店
	787 毫米×1092 毫米　16 开本　14 印张　324 千字 2025 年 1 月第 1 版　2025 年 1 月第 1 次印刷
定　　　　价	59.00 元

未经许可，不得以任何方式复制或抄袭本书之部分或全部内容。
版权所有，侵权必究
举报电话：010-62752024　电子邮箱：fd@pup.cn
图书如有印装质量问题，请与出版部联系，电话：010-62756370

前　言

随着科技的不断进步，智能汽车以高效、安全、环保的特点逐渐成为未来交通发展的重要方向。智能汽车能显著提升道路使用效率、降低交通事故发生率，有效缓解交通拥堵和排放污染问题；同时为人们提供更加便捷、舒适的出行体验，极大地提升了生活质量。

本书全面、系统地阐述了智能汽车决策规划与控制技术。全书共分 4 章：第 1 章阐述了智能汽车的基本概念、技术架构、应用场景、关键技术、发展趋势及智能汽车决策规划与控制的几个问题；第 2 章阐述了智能汽车路径规划的定义、要求、约束条件、分类、步骤、算法，以及环境建模方法、路径规划的常用算法、路径规划的仿真；第 3 章阐述了智能汽车行为决策的定义、要求、约束条件、内容、步骤、方法，以及基于有限状态机的智能汽车决策方法、基于博弈论的智能汽车决策方法、基于支持向量机的智能汽车决策方法、基于马尔可夫决策过程的智能汽车决策方法、基于强化学习的智能汽车决策方法；第 4 章阐述了智能汽车运动控制的定义、分类、要求、约束条件、步骤，以及智能汽车运动控制理论、汽车模型、智能汽车运动控制、智能汽车运动控制仿真。

本书每章都有教学目标、教学要求、导入案例、习题，便于学生学习和复习，巩固学习内容，增强学习效果。对于难理解内容，本书安排了 25 个案例阅读；对于重要概念，安排了 12 个概念解读；对于重要内容，安排了 21 个案例练习，这些都可以帮助学生更好地理解书中的概念和内容。因决策规划与控制技术是智能汽车的核心技术，也是开发者必须掌握的内容，故建议授课后安排课程设计，以巩固课堂所学内容，附录中列举了课程设计题目和 AI 伴学内容及提示词供参考。本课程至少需要 32 学时，各章参考教学课时见教学要求，授课内容和授课学时可根据实际情况调整。仿真实例可作为课后练习，以提高学生解决问题的能力。仿真实例配套仿真程序，读者利用电子设备扫描书中二维码即可获得。

在本书的编写过程中，作者引用了网上的一些资料和图片及所列参考文献中的部分内容，特向其作者表示深切的谢意。

由于作者学识有限，书中疏漏之处在所难免，恳请读者给予指正。

编著者

2024 年 10 月

目 录

第1章 绪论 …… 1
1.1 智能汽车的基本概念 …… 2
1.2 智能汽车的技术架构 …… 4
1.3 智能汽车的应用场景 …… 5
1.4 智能汽车的关键技术 …… 8
1.5 智能汽车的发展趋势 …… 11
1.6 智能汽车决策规划与控制的几个问题 …… 12
习题 …… 17

第2章 智能汽车的路径规划技术 …… 19
2.1 概述 …… 20
 2.1.1 智能汽车路径规划的定义 …… 20
 2.1.2 智能汽车路径规划的要求 …… 21
 2.1.3 智能汽车路径规划的约束条件 …… 22
 2.1.4 智能汽车路径规划的分类 …… 23
 2.1.5 智能汽车路径规划的步骤 …… 27
 2.1.6 智能汽车路径规划的算法 …… 27
2.2 环境建模方法 …… 30
 2.2.1 可视图法 …… 30
 2.2.2 栅格法 …… 33
 2.2.3 拓扑法 …… 36
 2.2.4 语义地图法 …… 38
2.3 路径规划的常用算法 …… 41
 2.3.1 Dijkstra算法 …… 42
 2.3.2 A*算法 …… 50
 2.3.3 蚁群算法 …… 59
 2.3.4 遗传算法 …… 65
 2.3.5 人工势场法 …… 71
 2.3.6 RRT算法 …… 78
 2.3.7 PRM算法 …… 83
 2.3.8 贝塞尔曲线 …… 88
 2.3.9 B样条曲线 …… 93
 2.3.10 三次样条曲线 …… 98
2.4 路径规划的仿真 …… 104
习题 …… 112

第3章 智能汽车的行为决策技术 …… 114
3.1 概述 …… 115
 3.1.1 智能汽车行为决策的定义 …… 115
 3.1.2 智能汽车行为决策的要求 …… 116
 3.1.3 智能汽车行为决策的约束条件 …… 118
 3.1.4 智能汽车行为决策的内容 …… 119
 3.1.5 智能汽车行为决策的步骤 …… 120
 3.1.6 智能汽车行为决策的方法 …… 121
3.2 基于有限状态机的智能汽车决策方法 …… 124
 3.2.1 有限状态机的基本概念与基本原理 …… 124
 3.2.2 有限状态机的特点 …… 125
 3.2.3 基于有限状态机的智能汽车决策的步骤 …… 126
 3.2.4 有限状态机的应用 …… 127
3.3 基于博弈论的智能汽车决策方法 …… 129
 3.3.1 博弈论的基本概念与基本原理 …… 129
 3.3.2 博弈论的特点 …… 131
 3.3.3 基于博弈论的智能汽车决策的步骤 …… 132
 3.3.4 博弈论的应用 …… 133
3.4 基于支持向量机的智能汽车决策方法 …… 135
 3.4.1 支持向量机的基本概念与基本原理 …… 135
 3.4.2 支持向量机的特点 …… 137
 3.4.3 基于支持向量机的智能汽车决策的步骤 …… 138
 3.4.4 支持向量机的应用 …… 139
3.5 基于马尔可夫决策过程的智能汽车决策方法 …… 141
 3.5.1 马尔可夫决策过程的基本概念与基本原理 …… 141

3.5.2 马尔可夫决策过程的特点 ……… 143
3.5.3 基于马尔可夫决策过程的智能汽车决策的步骤 ……… 143
3.5.4 马尔可夫决策过程的应用 ……… 144
3.6 基于强化学习的智能汽车决策方法 ……… 146
 3.6.1 强化学习的基本概念与基本原理 ……… 146
 3.6.2 强化学习的特点 ……… 148
 3.6.3 基于强化学习的智能汽车决策的步骤 ……… 149
 3.6.4 强化学习的应用 ……… 150
习题 ……… 152

第4章 智能汽车的运动控制技术 …… 154

4.1 概述 ……… 155
 4.1.1 智能汽车运动控制的定义 ……… 155
 4.1.2 智能汽车运动控制的分类 ……… 156
 4.1.3 智能汽车运动控制的要求 ……… 157
 4.1.4 智能汽车运动控制的约束条件 ……… 158
 4.1.5 智能汽车运动控制的步骤 ……… 160

4.2 智能汽车运动控制理论 ……… 161
 4.2.1 PID控制 ……… 161
 4.2.2 最优控制 ……… 165
 4.2.3 模糊控制 ……… 169
 4.2.4 模型预测控制 ……… 174
 4.2.5 机器学习 ……… 179
 4.2.6 深度学习 ……… 183

4.3 汽车模型 ……… 188
 4.3.1 汽车转向几何学模型 ……… 188
 4.3.2 汽车运动学模型 ……… 190
 4.3.3 汽车动力学模型 ……… 191
 4.3.4 汽车换道决策模型 ……… 194
 4.3.5 汽车换道轨迹模型 ……… 197

4.4 智能汽车运动控制 ……… 199
 4.4.1 智能汽车纵向控制 ……… 199
 4.4.2 智能汽车横向控制 ……… 201

4.5 智能汽车运动控制仿真 ……… 203
习题 ……… 211

附录 ……… 212

参考文献 ……… 216

第 1 章 绪 论

教学目标

通过本章的学习,读者能够掌握智能汽车的基本概念和技术架构,了解智能汽车的应用场景、关键技术和发展趋势及智能汽车决策规划与控制的几个问题。

教学要求

知识要点	能力要求	参考学时
智能汽车的基本概念	掌握智能汽车、智能网联汽车、自动驾驶汽车、无人驾驶汽车的概念及其联系和区别	2
智能汽车的技术架构	掌握智能汽车的技术架构及决策与规划在技术架构中的地位	
智能汽车的应用场景	了解智能汽车在出行服务领域、物流配送领域及特殊场景的应用	
智能汽车的关键技术	了解智能汽车的环境感知技术、决策规划技术、运动控制与执行技术、高精度地图与定位技术、车联网与通信技术、人工智能与大数据技术	
智能汽车的发展趋势	了解智能汽车向智能化、自动化、车路协同、新能源、个性化、定制化及安全与隐私保护等方向发展的内涵	2
智能汽车决策规划与控制的几个问题	了解智能汽车决策规划与控制的关系、发展历程、重要性、关键技术突破与创新、功能需求	

> **导入案例**
>
> 当你需要打车时，登录手机app选择出发站点和目的地，一会儿，一辆无人驾驶汽车驶来，驾驶人位置的转向盘自动转动，汽车接上乘客后缓缓驶离，这段场景已经从科幻变为现实，这就是在一些城市运营的无人驾驶出租车。无人驾驶出租车运营情景如图1.1所示。无人驾驶出租车是智能化水平很高的一种智能汽车。
>
>
>
> 图1.1　无人驾驶出租车运营情景
>
> 智能汽车的技术架构、应用场景、关键技术和发展趋势是怎样的？怎样理解智能汽车的决策规划与控制？通过本章的学习，读者可以得到答案。

1.1　智能汽车的基本概念

智能汽车是指搭载先进传感系统、决策系统、执行系统等，具备部分或完全自动驾驶功能的汽车。它利用计算机、传感器、信息融合等技术，实现汽车与环境的智能交互，提高行驶安全性和乘坐舒适性。智能汽车的组成如图1.2所示。

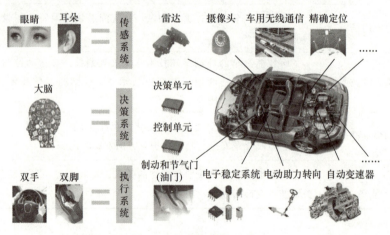

图1.2　智能汽车的组成

与智能汽车密切相关的概念还有智能网联汽车、自动驾驶汽车和无人驾驶汽车。

智能网联汽车是车联网与智能汽车的有机结合,通过车载传感器、控制器、执行器等与现代通信与网络技术融合,实现车与车、人、路、后台等交换、共享智能信息。智能网联汽车不仅关注汽车的智能化,还强调汽车与外界环境的互联互通,提高汽车的整体性能。

自动驾驶汽车主要依靠人工智能、视觉计算、雷达等技术,具备环境感知、路径规划和自主控制的能力。自动驾驶汽车可以根据传感器获取的信息,实时判断道路和交通状况,从而自主控制汽车行驶。根据技术等级,自动驾驶汽车的发展为从简单的辅助驾驶到完全自动驾驶。

无人驾驶汽车是自动驾驶汽车的最高阶段,无须人工干预,完全依赖系统自主驾驶。它集成传感器、计算机、人工智能、通信、导航定位等技术,实现汽车的完全自主控制。无人驾驶汽车的出现将彻底改变人们的出行方式,提高交通效率,减少交通事故。

智能汽车、智能网联汽车和自动驾驶汽车的终极目标都是无人驾驶汽车,它们之间既有联系又有区别。

智能汽车、智能网联汽车、自动驾驶汽车和无人驾驶汽车都是汽车智能化、自动化发展的重要方向,它们之间存在一定的联系。它们都需要借助先进的技术手段来实现汽车的智能化和自动化,这些技术的发展和应用都有助于提高汽车的行驶安全性、乘坐舒适性和效率;它们的发展都受到政策、法规、伦理等因素的制约和影响。

尽管这四类汽车存在联系,但它们之间也存在明显的区别,具体见表1-1。

表1-1 四类汽车的区别

区别	智能汽车	智能网联汽车	自动驾驶汽车	无人驾驶汽车
定义	强调汽车本身的智能化程度	更侧重于汽车与外界环境的互联互通	关注汽车的自主控制能力	无须人工干预,可实现完全自主驾驶
技术水平	作为基础,为后续的智能化和自动化提供可能	实现汽车与环境的智能交互	具备一定的自主控制能力	自动驾驶技术的最高阶段,可实现完全自主驾驶
应用场景	可广泛应用于日常出行、物流运输等领域		更适用于特定场景(如高速公路、园区等)	有望在未来实现全面商业化应用,彻底改变人们的出行方式

智能汽车、智能网联汽车、自动驾驶汽车和无人驾驶汽车之间存在紧密的联系和一定的区别。它们各自具有独特的技术特点和应用场景,共同推动着汽车向智能化和自动化方向发展。随着技术的不断进步和应用场景的拓展,这几类汽车将继续发展并相互融合,为人们带来更加便捷、安全和高效的出行体验。

1.2　智能汽车的技术架构

智能汽车的技术架构主要包括环境感知、决策与规划、控制与执行,如图 1.3 所示。

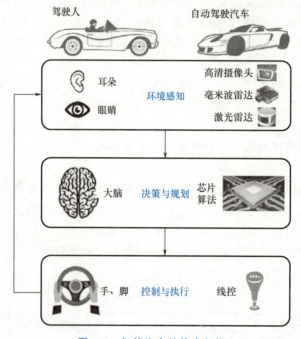

图 1.3　智能汽车的技术架构

1. 环境感知

环境感知是智能汽车的"眼睛",通过各种传感器和算法实时获取汽车周围环境的信息。通常采用激光雷达、毫米波雷达、超声波雷达、高清摄像头等传感器,它们能够捕捉道路、车辆、行人、障碍物等元素的位置和状态信息。在环境感知过程中,智能汽车还运用计算机视觉和深度学习等技术,对感知数据进行处理和分析。通过图像识别、目标跟踪等算法,智能汽车能够准确识别道路标线、交通信号、障碍物等关键信息,为后续的决策与规划提供重要依据。

2. 决策与规划

决策与规划是智能汽车的"大脑",负责对环境感知获取的信息进行分析、处理和决策。决策与规划即智能汽车根据环境感知获取的信息,对汽车的行驶路径、速度、方向等进行决策和规划。在决策过程中,智能汽车需要综合考虑道路状况、交通情况、障碍物等因素,以及汽车的自身状态和目标位置,通过复杂的算法和模型计算出最优行驶策略。在规划过程中,智能汽车需要根据决策结果,生成具体的行驶轨迹和速度曲线。这涉及路径规划、轨迹优化等关键技术,以确保汽车在行驶过程中的稳定性和安全性。决策与规划的核心是高性能计算平台和先进的算法。

3. 控制与执行

控制与执行是智能汽车的"四肢",负责根据决策与规划的结果,对汽车进行精确的控制和执行。在控制方面,智能汽车通过先进的控制算法和策略,对加速、减速、转向等动作进行精确控制。这涉及动力学建模、运动控制等关键技术,以确保汽车按照规划好的轨迹和速度行驶。在执行方面,智能汽车需要通过执行机构(如电动机、转向器等),将控制指令转化为实际的动作。这要求执行机构具有高精度、高可靠性等特点,以确保汽车行驶的稳定性和安全性。

环境感知、决策与规划、控制与执行相互依存,共同构成自动驾驶技术的完整体系。任何一个环节的缺失或失误都可能导致整个系统失败。环境感知、决策与规划、控制与执行共同协作,实现自动驾驶的目标。它们共同确保汽车在复杂的交通环境中安全、高效地行驶,提高行车的安全性和便利性。随着技术的不断发展和完善,自动驾驶系统将能够在更多场景下实现广泛应用,为人们的出行带来更加便捷、舒适的体验。

1.3 智能汽车的应用场景

智能汽车(包括智能网联汽车、自动驾驶汽车和无人驾驶汽车)的应用场景广泛,从出行服务到物流配送,再到特殊场景都有着巨大的发展前景。随着技术的不断进步和政策的支持,智能汽车将会更加普及,并为人们提供更加便捷、高效、安全的出行和物流服务。

1. 出行服务领域的应用

(1) 自动驾驶出租车。智能汽车可以作为自动驾驶出租车,为乘客提供便捷、高效的出行服务。乘客只需通过手机预约,智能汽车便可自动驾驶至指定地点接送乘客,提高出行效率,降低出行成本。图1.4所示为无人驾驶出租车。

图1.4 无人驾驶出租车

(2) 公共交通。智能汽车在公共交通领域有着广泛的应用。例如,自动驾驶公共汽车可以按照预设的路线和时间表行驶,减少由人为因素导致的误差,提高公共交通的准时率和运行效率。图1.5所示为无人驾驶公共汽车。

(3) 个人出行。智能汽车在个人出行中的应用具有巨大的潜力和优势。智能汽车自动驾驶功能可解放驾驶人的双手,提高行车安全性;智能导航系统为用户规划最佳路线,避

图 1.5　无人驾驶公共汽车

免拥堵和限制；个性化服务提升用户的出行体验；等等。智能汽车还可以与其他智能设备（如智能手机、智能手表等）连接和互动。通过这些设备，用户可以远程控制汽车、查询汽车状态、接收汽车信息等。这种智能化的交互方式使出行更加便捷、高效。通过智能汽车实现的共享出行服务，可以更加灵活地满足人们的出行需求。用户可以根据需求选择不同类型的智能汽车，实现点对点出行，降低出行成本，同时减少汽车拥有量，有助于缓解城市交通拥堵和减少环境污染。随着技术的不断进步和成本的降低，智能汽车有望成为个人出行的主流选择，为人们带来更加便捷、安全、舒适的出行体验。图 1.6 所示为共享出行智能汽车。

2. 物流配送领域的应用

（1）无人配送车。智能汽车可以作为无人配送车，以实现快递、外卖等物品的自动化配送。无人配送车可以根据预设的路线自主行驶，降低人力成本，提高配送效率。图 1.7 所示为无人配送车。

图 1.6　共享出行智能汽车

图 1.7　无人配送车

（2）物流配送。借助无人驾驶技术，装卸、运输、收货、仓储、运送等物流作业流程将逐渐实现无人化和机器化，促使物流配送领域整个产业链降本增效、革新升级。自无人驾驶行业起步以来，无人物流一直是各大企业的"必争之地"，尤其是电商快递企业。图 1.8 所示为无人驾驶重型货车。

3. 特殊场景的应用

（1）矿区作业。在矿区等恶劣环境下，智能汽车可以替代人工对矿石进行运输、挖掘等工作，降低人员安全风险，提高作业效率。图 1.9 所示为无人驾驶矿车。

图 1.8　无人驾驶重型货车

图 1.9　无人驾驶矿车

（2）环卫作业。环卫领域属于劳动力密集型行业，成本高、过程乱、质量差、风险大、缺经验，一直是环卫行业的痛点。无人驾驶清扫车通过自主识别道路环境、规划路线并自动清洁，实现全自动、全工况、精细化、高效率的清洁作业。图 1.10 所示为无人驾驶清扫车。

图 1.10　无人驾驶清扫车

（3）港口码头。我国港口众多，每年都要完成大量货物吞吐，对货车驾驶人的需求量大。实现港口集装箱运输自动化是向世界一流港口发展的必由之路。无人驾驶技术在港口码头场景的转化应用，可有效解决传统人工驾驶存在的行驶线路不精准、转弯造成视线盲区、驾驶人疲劳驾驶等问题，降低人工成本。图 1.11 所示为无人驾驶集装箱运输车。

图 1.11　无人驾驶集装箱运输车

（4）无人驾驶零售。有些业内人士认为，新零售的下一个"战场"就是无人驾驶零售。无人驾驶技术使零售实体店突破以往的区域限制，打破线下有形场景与线上无形场景的边界，实现零售业态的全面升级。图 1.12 所示为无人驾驶零售车。

图 1.12　无人驾驶零售车

1.4　智能汽车的关键技术

智能汽车的关键技术有环境感知技术、决策规划技术、运动控制与执行技术、高精度地图与定位技术、车联网与通信技术、人工智能与大数据技术等，这些技术相互融合、相互支撑，共同构成智能汽车的技术体系。

1. 环境感知技术

环境感知是智能汽车实现自主驾驶的基础。通过超声波雷达、毫米波雷达、激光雷达、高清摄像头等传感器，智能汽车能够实时获取并处理周围环境的信息，包括道路状况、车辆位置、行人动态等。这些传感器能够将物理世界的信息转化为数字信号，供汽车决策系统分析和判断。环境感知技术的核心是传感器技术和环境感知算法。某车的环境感知传感器如图 1.13 所示。

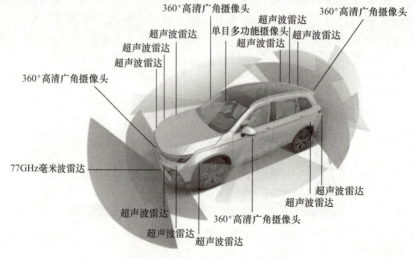

图 1.13　某车的环境感知传感器

2. 决策规划技术

决策规划是指智能汽车在获取汽车状态、环境信息和任务需求的基础上，通过算法、模型进行决策和规划，以实现汽车自主驾驶的目标。决策规划技术涵盖感知、定位、决策、控制等方面，需要综合考虑汽车的动力学特性、道路状况、交通规则及行人和其他汽车的行为等因素。决策规划技术的核心是路径规划和行为决策的算法，它们通过精确计算和优化，确保智能汽车在行驶过程中选择最安全、最合适的路径和驾驶行为，实现高效、安全的自动驾驶。智能汽车决策规划技术如图 1.14 所示。通过路径规划和速度规划后的行驶轨迹，可以确定汽车下一时刻位置并将其反馈给行为决策，以作出下一时刻的决策判断，从而完成一次决策规划迭代；最终通过智能汽车的换道决策、路径规划和速度规划确定不同时刻行驶的最优路径。

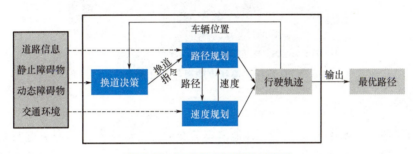

图 1.14　智能汽车决策规划技术

3. 运动控制与执行技术

运动控制与执行是实现智能汽车决策规划的关键环节。运动控制系统根据行为决策和路径规划的结果，计算出汽车所需的速度、加速度、转向角等运动参数，并通过控制算法对汽车的动力系统、制动系统及转向系统进行精确控制。执行系统负责将控制指令转化为汽车的实际动作，以实现汽车的稳定行驶和精确控制。运动控制与执行技术的核心是控制算法，它通过对汽车运动状态的精确控制和优化，使智能汽车能够在复杂的交通环境中实现安全、高效、自主行驶。

智能汽车运动规划与控制技术如图 1.15 所示，上游感知系统模块将传感器得到的道路信息、障碍物信息传入运动规划控制模块，同时行为规划模块传输期望速度信息及决策信息，结合汽车自身的状态信息进行运动规划控制。

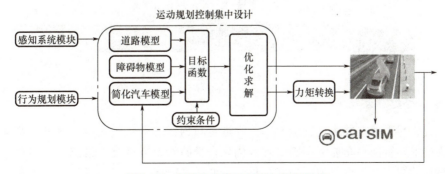

图 1.15　智能汽车运动规划与控制技术

4. 高精度地图与定位技术

高精度地图与定位技术是智能汽车实现精准导航和定位的基石。高精度地图包含丰富的道路信息，如车道线、交通标志、交叉口结构等，为汽车提供精确的道路模型。定位技术通过卫星导航、惯性测量单元等，确定汽车在地图上的精确位置。这些技术共同为智能汽车提供可靠的导航和定位能力。高精度地图与定位技术如图 1.16 所示。

图 1.16　高精度地图与定位技术

5. 车联网与通信技术

车联网与通信技术使智能汽车与其他汽车、交通基础设施及云端服务进行实时信息交互。智能汽车通过相互通信共享路况信息、协同驾驶策略等，提高了交通效率和行驶安全性。与云端服务的通信使得汽车能够获取实时的交通数据、路况预测等信息，进一步优化行驶策略。车联网与通信技术如图 1.17 所示。

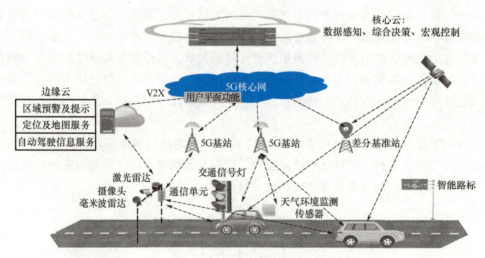

图 1.17　车联网与通信技术

6. 人工智能与大数据技术

人工智能与大数据技术是智能汽车持续进步和创新的重要驱动力。通过机器学习和深度学习等技术，智能汽车能够不断学习和优化自身的驾驶策略及决策能力。同时，大数据技术能够帮助智能汽车更好地处理和分析海量的交通数据，提高决策的准确性和效率。人工智能与大数据技术如图 1.18 所示。

图 1.18　人工智能与大数据技术

1.5　智能汽车的发展趋势

智能汽车将朝着智能化、自动化、车路协同、新能源、个性化与定制化、安全与隐私保护等方向发展，极大地改变人们的出行方式和生活方式，推动汽车产业向更加智能、高效、环保的方向发展。

1. 智能化与自动化

智能化与自动化是智能汽车发展的两大核心趋势。随着深度学习、机器学习等人工智能技术的发展，智能汽车的感知、决策和执行能力不断提升。未来，智能汽车将能够更准确地识别行人、车辆和道路状况，实现更高级别的自动驾驶。同时，智能汽车的自动化程度也将不断提高，从辅助驾驶到完全自动驾驶，将逐步满足人们对便捷出行的需求。

以自动驾驶技术为例，汽车通过高精度传感器和先进算法，实现对周围环境的精确感知和判断，从而自主规划行驶路径、自动调整车速，在遇到障碍物时能够自主避让。这种高度的智能化和自动化不仅能提升驾驶的安全性，还能极大地提高出行的便捷性。同时，随着人工智能、大数据等技术的不断融入，智能汽车正逐步成为移动的智能终端，为人们提供更加智能、个性化的出行服务。

2. 车路协同与智能交通

车路协同与智能交通是智能汽车发展的重要方向之一。通过汽车与道路基础设施、其他汽车及行人之间的信息交互实现车路协同，可以大大提高交通系统的安全性和效率。未来，智能汽车将能够与智能交通系统无缝对接，实现交通信号的智能控制、路况信息的实时共享等，从而构建更加高效、安全的交通网络。

智能汽车通过车路协同技术可以实时接收道路信息，如交通信号灯状态、路况等，从而作出更准确的驾驶决策。同时，智能交通系统能够整合车辆、道路和交通管理等多方数据，实现交通流量的智能调度，有效缓解交通拥堵。这种车路协同与智能交通的结合，不仅能提升驾驶的便捷性和安全性，还能为构建智慧城市、实现绿色出行提供有力支持。

3. 新能源与绿色出行

在智能汽车的发展趋势中，新能源汽车与绿色出行成为重要方向。新能源汽车（如纯电动汽车、氢燃料电池汽车等）以零排放或低排放的特点，有效地减少了空气污染和噪声污染。同时，智能技术的应用使新能源汽车的充电、能源管理更加便捷、高效。绿色出行理念的普及促使更多人选择新能源汽车作为出行工具，践行低碳、环保的出行方式。这种趋势不仅有助于改善环境质量，还推动汽车产业的可持续发展。

4. 个性化与定制化

随着消费者对汽车个性化需求的增加，智能汽车将更加注重个性化和定制化的发展。通过大数据分析和人工智能技术，智能汽车可以根据用户的驾驶习惯、出行需求等信息，提供个性化的驾驶服务和体验。此外，智能汽车还将支持定制化设计，用户可以根据自己的喜好和需求定制汽车的外观、内饰、功能，实现更加个性化的出行体验。

例如，用户可以根据自身喜好定制汽车的内饰风格、音效系统，甚至个性化的驾驶模式和出行规划。这种个性化与定制化的趋势使智能汽车更加贴近用户需求，提升了用户体验，推动了汽车产业的创新与发展。

5. 安全与隐私保护

随着智能汽车技术的发展，安全和隐私保护问题日益受到关注。智能汽车需要处理大量的个人信息和行驶数据，保证这些数据的安全性和隐私性成为未来技术发展的重要课题。因此，智能汽车的发展将更加注重数据加密、网络安全等方面的研究和应用，以保障用户的信息安全和隐私权益。

1.6　智能汽车决策规划与控制的几个问题

1. 智能汽车决策规划与控制的关系

在智能汽车中，决策规划与控制技术是实现自主驾驶的关键。

决策技术涉及智能汽车在复杂环境中对行驶任务的判断与选择，它基于感知系统提供的环境信息和汽车状态信息，通过算法分析确定合适的驾驶行为和策略。

规划技术是指在已知环境信息和驾驶目标的前提下，为智能汽车生成一条安全、高效、舒适的行驶轨迹。这包括路径规划和运动规划两个层面，涉及对道路结构、交通状况等因素的考虑。

控制技术主要关注将规划好的行驶轨迹转化为汽车的实际运动，它利用汽车的动力学模型、控制算法和传感器反馈，实现对汽车速度、转向等运动参数的精确控制。

决策、规划与控制之间具有以下关系。

（1）决策是规划与控制的基础。决策技术为智能汽车提供行驶任务和行为的判断依据。在决策阶段，智能汽车根据环境信息和任务需求，确定合适的驾驶策略和目标。这些决策结果将作为规划和控制的输入，指导后续步骤的实施。

（2）规划是决策的具体化。规划技术根据决策结果，生成符合行驶目标和环境约束的行驶轨迹。在规划过程中，智能汽车需要综合考虑道路结构、交通信号、障碍物等因素，保证行驶轨迹的安全性和可行性。规划结果将为控制阶段提供明确的运动目标。

（3）控制是实现规划的关键。控制技术负责将规划好的行驶轨迹转化为实际的汽车运动。在控制阶段，智能汽车需要利用动力学模型和控制算法，精确调整汽车的运动参数，以实现对规划轨迹的跟踪和保持。控制技术对实现规划目标有至关重要的作用，它直接影响汽车的行驶稳定性和乘坐舒适性。

在智能汽车决策规划与控制技术中，决策、规划、控制紧密协同，共同实现自主驾驶的目标。决策为规划和控制提供指导方向，规划将决策转化为具体的行驶轨迹，控制确保汽车能够精确地按照规划轨迹行驶。三者相互关联、相互影响，共同构成智能汽车自主驾驶的核心技术体系。

智能汽车的决策、规划与控制的关系如图1.19所示。

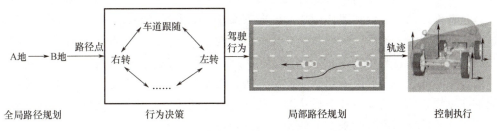

图1.19 智能汽车的决策、规划与控制的关系

2. 智能汽车决策规划与控制的发展历程

（1）早期探索阶段。早期的智能汽车决策规划与控制技术主要依赖传统的控制理论和算法。构建复杂的数学模型和控制系统，尝试实现汽车的自主导航和决策。然而，由于当时的传感器技术有限，环境感知能力较弱，且计算能力不足，因此这些系统在实际应用中的表现并不理想。

（2）技术突破阶段。随着传感器技术的不断进步，尤其是激光雷达、高清摄像头和毫米波雷达等高精度传感器的出现，智能汽车的环境感知能力显著提升。同时，高性能计算芯片和云计算技术的发展为决策规划与控制算法的实现提供了强大的支持。在这一阶段，基于深度学习等人工智能技术的决策规划与控制方法受到关注并取得显著进展。

（3）成熟应用阶段。随着技术的不断成熟和商业化应用的推进，智能汽车决策规划与控制技术开始在实际道路环境中得到广泛应用。一些领先的汽车厂商和科技公司推出具备高级别自动驾驶功能的智能汽车，并在特定场景下实现商业化运营。这些汽车融合多种传感器信息，运用复杂的决策规划与控制算法，在无须人为干预的情况下完成自动驾驶任务。

（4）未来发展趋势。智能汽车决策规划与控制技术将继续向更高水平发展。一方面，随着传感器技术的不断进步和计算能力的提升，智能汽车的环境感知能力和决策规划精度将进一步提升；另一方面，随着深度学习等人工智能技术的深入应用，智能汽车的决策规划与控制算法将更加智能化和自适应化，能够更好地应对复杂场景和突发情况。此外，随着5G、V2X等通信技术的广泛应用,智能汽车还将实现与周围环境和其他汽车的实时信息交互和协同决策,进一步提升智能汽车自动驾驶的安全性和效率。

总之,智能汽车决策规划与控制技术的发展历程充满挑战与机遇。随着技术的不断进步和应用场景的拓展,智能汽车将成为未来智能交通的重要组成部分,为人类出行带来革命性的变化。

3. 智能汽车决策规划与控制的重要性

(1)确保行车安全。决策规划与控制是智能汽车安全驾驶的核心保障。通过运用传感器等设备实时收集路况、交通信息及汽车自身状态等数据,智能汽车的决策规划与控制系统可以对行驶环境进行全面、精准的分析。在此基础上,该系统可以预测潜在行车风险,并制定合理的行驶策略(如避让障碍物、调整车速等),从而有效避免交通事故的发生。

(2)提升驾驶效率。决策规划与控制能显著提升智能汽车的驾驶效率。系统可以根据实时路况信息,为汽车规划出最优行驶路线,减少拥堵和绕行,从而节省时间和能源。此外,通过精确控制汽车的加速、减速和转向等操作,决策规划与控制系统可以使汽车在行驶过程中更加平稳、流畅,进一步提高驾驶舒适性。

(3)助力自动驾驶技术发展。智能汽车的决策规划与控制技术是实现自动驾驶的关键。通过不断优化和完善决策规划与控制算法,逐步提高自动驾驶系统的性能,使智能汽车能够在更复杂的道路环境和交通状况下独立完成驾驶任务。这不仅能够极大地减轻驾驶人的负担,还能够为出行带来更多的便利和可能性。

(4)推动汽车行业的创新与发展。智能汽车的决策规划与控制技术的发展将有力推动整个汽车行业的创新与发展。一方面,它将促进相关技术的研发和应用,推动汽车产业链的优化和升级;另一方面,它也将催生新的商业模式和服务形态,如基于智能汽车的出行服务、物流运输等,为汽车行业的发展注入新的动力,形成新质生产力。

智能汽车决策规划与控制不仅是实现自主驾驶的关键技术,还是保障行车安全、提升行驶效率、优化驾驶体验和推动智能交通发展的重要手段。随着技术的不断进步和应用场景的拓展,智能汽车将在未来的交通系统中发挥越来越重要的作用。

4. 智能汽车决策规划与控制的关键技术突破与创新

(1)深度学习在决策规划中的应用。在智能汽车自动驾驶技术的研发与应用中,感知层数据处理尤为重要。深度学习算法因具有出色的特征提取和数据分析能力而广泛应用于处理汽车传感器收集的庞大数据集。这些算法能够有效地从海量原始数据中提取关键的环境信息,包括但不限于道路状况、障碍物位置、交通信号等,为后续的决策规划提供准确、实时的环境感知。

在行为决策优化方面,深度学习发挥了不可或缺的作用。通过大量的训练和学习,汽车可以逐渐掌握不同交通场景下的最优驾驶策略。无论是复杂的城市交通环境还是多变的乡村道路,深度学习都能够使汽车在面对各种挑战时作出更加智能、合理的决策。这不仅有助于提升自动驾驶汽车的行驶安全性,还能够显著提高交通效率,减少交通拥堵现象。

深度学习还推动了端到端自动驾驶的实现。在传统的智能汽车自动驾驶系统中,往往需要通过串联多个模块来完成从环境感知到决策规划再到控制执行的全过程。而端到端自动驾驶打破了这一传统模式,通过深度学习模型直接从原始传感器数据中输出驾驶行为。这种方式不仅能减少人工干预的环节,还使自动驾驶系统的灵活性、鲁棒性和可靠性更高。端到端自动驾驶是指汽车将传感器采集的信息(如原始图像数据、原始点云数据等)直接送入一个统一的深度学习神经网络,经过神经网络处理后,直接输出自动驾驶汽车的驾驶命令(如转向盘转角、加速踏板开度、制动踏板开度等),如图1.20所示。

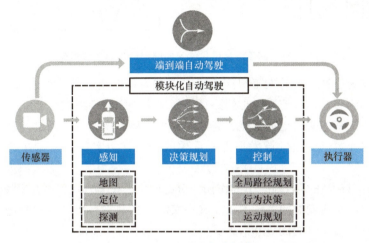

图 1.20 端到端自动驾驶

深度学习在智能汽车自动驾驶领域的应用有广泛的前景和巨大的潜力。通过不断优化算法和模型,未来的自动驾驶汽车将能够在各种复杂场景中展现出更加出色的性能,为人们的出行带来更加便捷、安全的体验。

(2)强化学习在智能汽车自动驾驶中的实践。在智能汽车控制领域,强化学习算法的价值日益突显。通过深度学习和试错机制,强化学习能够不断优化汽车控制策略,使自动驾驶系统更精准地执行自动泊车、自动超车等复杂任务。强化学习的应用不仅能显著提升汽车的行驶安全性,还能大幅度改善乘员的乘坐体验,使自动驾驶汽车成为更加舒适、便捷的出行选择。

在交通信号控制方面,强化学习同样展现出强大的潜力。通过智能地调整交通信号灯的配时和相位,强化学习算法能够实现对交通流量的优化控制,有效缓解城市交通拥堵现象。这种优化控制还能降低汽车排放量,提升城市空气质量,为构建绿色、低碳的交通体系提供有力支持。

路径规划优化也是强化学习在智能汽车自动驾驶领域的重要应用。通过深度学习和优化算法,强化学习能够帮助自动驾驶汽车实现更加智能、高效的路径规划。这不仅意味着行驶时间的减少和能耗的降低,还将使整个交通系统的出行效率提高,为人们带来更加便捷的出行体验。

图1.21所示为基于深度强化学习的端到端规划模型框架,它直接通过感知数据映射到自动驾驶汽车的决策规划与控制指令。利用神经网络提取感知信息的特征,学习感知数据和决策、控制动作之间的隐式关系,智能体(能够利用深度学习技术处理复杂环境感知,并结合强化学习算法进行决策优化的实体)经过大量训练可以直接根据感知信息输出相应的决策规划与控制指令。

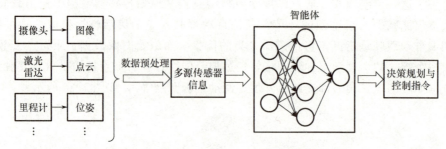

图 1.21 基于深度强化学习的端到端规划模型框架

强化学习作为一种先进的人工智能技术，正在为智能交通系统的发展提供强大动力。从智能汽车控制到交通信号控制，再到路径规划优化，强化学习的应用正在逐步改变人们的出行方式，使未来的交通更加智能、高效和绿色。随着技术的不断进步和应用的不断扩展，强化学习将在智能交通领域发挥更加重要的作用，为实现更加美好的出行体验贡献力量。

（3）5G 通信技术在车辆协同中的作用。5G 通信技术作为现代通信领域的重要革新，日益成为推动智能交通发展的关键力量。其在实时信息共享、协同驾驶与避障及车联网服务拓展等方面展现出显著的优势和潜力。

在实时信息共享方面，5G 通信技术以高速率、低时延特性，实现汽车之间及汽车与基础设施间的实时信息交互。这种信息交互不仅包括汽车状态、行驶轨迹等基础数据，还包括路况信息、交通信号等动态信息。通过高效共享这些信息，驾驶人可以更加准确地了解周围环境，从而提高驾驶决策的准确性和安全性。

在协同驾驶与避障方面，5G 通信技术为汽车间的协同合作提供可能。通过实时传输汽车位置和速度等关键数据，汽车可以更加精准地预测彼此的行动轨迹，从而避免潜在的危险和冲突。这种协同驾驶模式不仅可以提升道路安全水平，还有助于缓解交通拥堵问题，提高道路通行效率。

5G 通信技术还为车联网服务拓展提供强大的网络支持。借助 5G 网络的高带宽和低时延特性，车联网服务得以实现更加丰富的功能和更加优质的用户体验。无论是智能交通管理、智慧出行规划还是车载娱乐服务等，都能够在 5G 网络的支撑下得到更好的发展和创新。

图 1.22 所示为车路协同示意图。

5G 通信技术在智能交通领域的应用日益广泛和深入。它以独特的优势和潜力推动智能交通系统的不断完善和发展，为未来智慧出行提供更加坚实的基础和保障。

近年来，智能汽车决策规划与控制领域取得了显著的技术突破与创新。传感器技术的提升增强了环境感知能力；高精度地图的构建为决策规划提供了精准数据支持；决策算法的优化提升了系统响应速度与准确性；智能控制系统的升级实现了更精细的汽车运动控制；云计算与边缘计算的应用增强了数据处理能力；自动驾驶安全保障技术为行车安全提供了坚实保障；跨界合作与标准化推动了技术的普及和发展；用户体验与服务创新提升了驾驶的便捷性与舒适性。这些关键技术的突破与创新共同推动了智能汽车的发展。

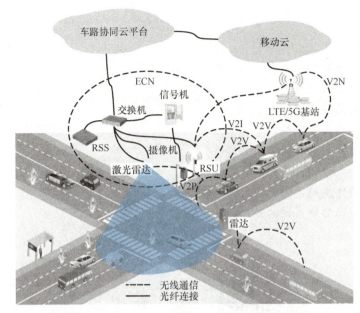

图 1.22 车路协同示意图

5. 智能汽车决策规划与控制的功能需求

(1) 环境感知与建模功能。智能汽车需要准确感知并理解周围环境，这是决策规划与控制的基础。因此，智能汽车应具备高精度传感器和先进的算法，以实现对道路、交通信号、障碍物、其他汽车、行人等信息的实时感知和建模。该功能需求包括但不限于以下内容：道路识别、交通信号识别、障碍物检测、车辆识别与跟踪等。

(2) 决策规划功能。决策规划功能是智能汽车的核心，它需要根据感知到的环境信息和汽车状态制定合理的行驶策略。该功能需求包括但不限于路径规划、行为决策、预测与避障等。

(3) 控制执行功能。控制执行功能是将决策规划结果转化为汽车实际运动的关键环节。该功能需求包括但不限于纵向控制、横向控制、协同控制等。

(4) 安全性与鲁棒性需求。智能汽车决策规划与控制系统的安全性与鲁棒性至关重要。因此，该功能需求强调故障检测与恢复、冗余设计、安全性验证与评估等。

智能汽车在自动驾驶时要进行环境感知、决策与规划、控制与执行。本书重点介绍智能汽车的路径规划技术、行为决策技术和运动控制技术，基本覆盖智能汽车的核心要素和功能需求。这些技术同样适用于智能网联汽车、自动驾驶汽车和无人驾驶汽车。

 习 题

一、名称解释

1. 智能汽车
2. 智能网联汽车
3. 自动驾驶汽车

4. 无人驾驶汽车
5. 端到端自动驾驶

二、问答题

1. 智能汽车决策、规划与控制之间有什么联系和区别？
2. 智能汽车的技术架构是怎样的？
3. 智能汽车的应用场景主要有哪些？
4. 智能汽车的关键技术主要有哪些？
5. 智能汽车决策规划与控制的功能需求有哪些？

三、拓展题

1. 举例说明智能汽车的发展趋势。
2. 举例说明智能汽车自动驾驶系统的开发。

【在线答题】

第 2 章
智能汽车的路径规划技术

教学目标

通过本章的学习，读者能够掌握智能汽车路径规划的基本问题，了解环境建模方法，掌握路径规划的常用算法，了解常用算法的路径规划仿真过程。

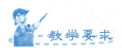教学要求

知识要点	能力要求	参考学时
概述	掌握智能汽车路径规划的定义、要求、约束条件、分类、步骤及算法	2
环境建模方法	了解可视图法、栅格法、拓扑法、语义地图法的定义、构建步骤、特点及应用	2
路径规划的常用算法	掌握Dijkstra算法、A*算法、蚁群算法、遗传算法、人工势场法、RRT算法、PRM算法、贝塞尔曲线、B样条曲线、三次样条曲线的定义、基本原理、特点、步骤及应用	8
路径规划的仿真	了解利用Dijkstra算法、A*算法、蚁群算法、人工势场法、RRT算法、PRM算法、三次样条曲线的路径规划仿真	2

智能汽车决策规划与控制技术

> **导入案例**
>
> 一辆智能汽车需要在城市道路上从起点 A 行驶至目标点 B。起点 A 位于繁忙的商业区，周围有多条道路和交叉口，交通流量大且变化快。目标点 B 位于住宅区，道路相对宽敞但存在速度和停车限制。在这样的场景下，智能汽车需要根据实时交通信息和道路规则规划一条安全、高效的行驶路径。图 2.1 所示为智能汽车的路径规划。
>
>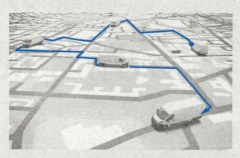
>
> 图 2.1 智能汽车的路径规划
>
> 什么是智能汽车的路径规划？智能汽车如何做路径规划？环境建模有哪些方法？路径规划有哪些算法？通过本章的学习，读者可以得到答案。

2.1 概　　述

2.1.1 智能汽车路径规划的定义

 案例阅读 2-1

　　手机导航已成为我们日常生活中最常用的路径规划方式。无论是上班通勤还是外出旅行，都只需打开手机导航软件输入目的地，便可获得详细的行车路线和预计耗时。手机导航不仅具备实时交通信息更新功能，还能根据路况变化智能调整路线，确保用户快速到达目的地。此外，手机导航还提供语音导航、周边搜索等实用功能，极大地方便了我们的出行。因此，手机导航已成为现代人出行的必备工具，其使路径规划变得更加简单、高效。

　　智能汽车路径规划是智能汽车根据环境感知信息、汽车状态及出行目标，自主计算并确定一条安全、高效且舒适的行驶路径的过程。该过程涉及多个学科领域（如计算机科学、人工智能、交通运输工程等）的交叉融合。

　　给定目标点后，智能汽车要能够在路网中找到最经济、最快捷的路径，将乘客送到目标点。但在实际中，通常部分交通环境已知，障碍物可能临时出现，必须重新规划路径。例如，智能汽车从起点 A 到目标点 B 的最短道路被隔断之后，智能汽车能够重新规划路

径到达目标点 B，如图 2.2 所示。

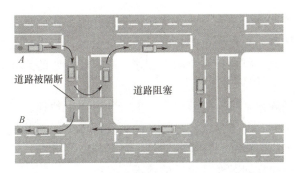

图 2.2　智能汽车重新规划路径

路径规划作为智能汽车决策与规划层的关键任务，旨在解决在复杂的交通环境中为汽车选择最佳行驶路径的问题。这一过程需要考虑道路状况、交通流量、交通规则、障碍物分布等因素，以确保汽车安全、快速地到达目标点。

随着技术的不断进步，智能汽车路径规划不断发展完善。一方面，更先进的传感器和计算设备使汽车能够更好地感知和理解周围环境，为路径规划提供更准确的信息支持；另一方面，人工智能和大数据技术的发展使路径规划算法不断优化、升级，提高了路径规划的准确性和效率。

2.1.2　智能汽车路径规划的要求

智能汽车作为未来交通出行的重要发展方向，其路径规划技术是实现高效、安全、舒适驾驶的关键。路径规划技术不仅需要考虑道路网络、交通规则等静态信息，还需要实时处理交通流量、障碍物位置等动态信息。

1. 路径规划的基本要求

（1）实时性。智能汽车路径规划要具备实时性，能够快速响应道路变化和交通状况。路径规划系统应能够实时获取交通信息，并根据这些信息快速调整路径规划策略。例如，在高速公路上，汽车需快速响应前方突发状况，实时调整路径以避开障碍物。若路径规划延迟，可能导致汽车错过最佳避障时机。

（2）准确性。路径规划的准确性直接关系到智能汽车的行驶安全和效率。路径规划系统应能够准确判断道路条件、交通标志、障碍物等信息，并基于这些信息制定合适的行驶路径。例如，在导航至目标点时，汽车需精确计算最短路径，避开拥堵路段。若路径规划错误，可能导致行驶距离增大、耗时延长。

（3）鲁棒性。智能汽车路径规划需要具备一定的鲁棒性，以应对异常情况。在恶劣天气或复杂路况（如雨雪天气或道路施工区域）下，智能汽车需稳定规划路径，避免受到干扰。鲁棒性是智能汽车安全行驶的关键。

（4）安全性。安全性是智能汽车路径规划的首要要求。规划系统应充分考虑交通规则、道路限速、汽车间安全距离等因素，确保规划的路径符合安全行驶要求。例如，在规划避让行人或车辆的路径时，智能汽车必须选择不会与任何障碍物碰撞的路线，确保行驶安全。

2. 路径规划的进阶要求

（1）舒适性。除基本的行驶要求外，智能汽车路径规划还应考虑乘坐舒适性。路径规划系统应尽量减少急转弯、频繁变道等可能对乘坐舒适性产生影响的操作。例如，在规划城市驾驶路径时，智能汽车应选择避免频繁加速、减速和转弯的路线，以减少乘员的不适感，提升乘坐体验。

（2）经济性。路径规划系统应能够综合考虑行驶距离、油耗、时间等因素，为驾驶人提供经济的行驶方案。这有助于降低智能汽车的运营成本，提高其市场竞争力。例如，在长途行驶中，智能汽车应选择油耗较低的路线，以节省能源成本。这既符合节能减排的环保理念，又体现智能路径规划对经济效益的追求。

（3）可扩展性。随着智能汽车技术的不断发展，路径规划系统需要具备良好的可扩展性，包括支持更多类型的道路网络、交通信息来源及先进的规划算法等，以适应未来智能交通系统的需求。例如，随着城市道路网络的不断完善，智能汽车能轻松融入新的规划算法，快速适应新增路段和交通规则，确保路径规划始终高效、准确。

2.1.3　智能汽车路径规划的约束条件

智能汽车路径规划需要充分考虑各种约束条件，以确保规划出的路径既符合实际需求又满足汽车性能和安全要求。智能汽车路径规划的约束条件包括道路约束条件、汽车性能约束条件、交通规则约束条件和安全性约束条件。

1. 道路约束条件

（1）道路网络拓扑结构。路径规划必须考虑道路网络的拓扑结构，包括道路类型（如高速公路、城市街道等）、连接关系（如交叉口、匝道等）及方向性（如单行道、双向车道等），这些因素直接影响路径的可行性和连通性。

（2）道路几何特性。道路的几何特性（如宽度、曲率、坡度等）对智能汽车的行驶轨迹和稳定性有重要影响。路径规划应充分考虑这些特性，以确保汽车平稳、安全地行驶。

2. 汽车性能约束条件

（1）最大行驶速度。在不同道路和交通状况下，汽车的最大行驶速度不同。路径规划应确保所规划路径上的速度不超过汽车的最大行驶速度，以保证行驶安全。

（2）最小转弯半径。智能汽车在行驶过程中需要满足一定的转弯半径要求，以确保汽车平稳转弯而不发生侧滑或倾覆。路径规划应考虑这一因素，避免规划出超出汽车最小转弯半径的路径。

（3）汽车尺寸限制。汽车的尺寸（如长度、宽度、高度等）决定通过道路和障碍物的能力。路径规划需要确保所规划的路径能够适应汽车的尺寸，避免发生碰撞或刮擦等事故。

3. 交通规则约束条件

（1）交通信号控制。红绿灯、黄闪灯等交通信号灯对汽车行驶有严格限制。路径规划必须遵守这些交通规则，以确保汽车在行驶过程中不违反交通信号的控制。

(2) 优先通行权。在交叉口或合并车道等区域，汽车需要遵守优先通行权的规定。路径规划应充分考虑这些规定，以避免与其他汽车发生碰撞或冲突。

(3) 限速要求。不同路段或特定区域（如学校区域、居民区等）可能设有限速要求。路径规划应确保汽车在这些区域的行驶速度符合限速规定。

4. 安全性约束条件

(1) 安全距离。在行驶过程中，智能汽车需要保持与前车或障碍物的安全距离，以防止发生追尾或碰撞事故。路径规划应充分考虑这一因素，确保汽车在各种情况下保持足够的安全距离。

(2) 障碍物规避。道路上的障碍物（如行人、非机动车、其他汽车等）可能对智能汽车的行驶构成威胁。路径规划需要识别和规避这些障碍物，以确保行驶安全。

以城市街道为例，智能汽车在规划路径时，需考虑道路宽度、车道数量及交通标志的限制，如单行线、禁停区域等。同时，交通规则也是重要的约束条件，如交通信号灯、车辆优先权等。此外，智能汽车还需实时检测并避开道路上的障碍物（如行人、自行车等），确保行驶安全。这些约束条件相互交织，构成智能汽车路径规划的基础，只有综合考虑并妥善处理这些约束条件，才能规划出既安全又高效的行驶路径。

2.1.4 智能汽车路径规划的分类

1. 根据不同的应用场景和规划需求分类

根据不同的应用场景和规划需求，智能汽车路径规划可以分为全局路径规划和局部路径规划。

(1) 全局路径规划。全局路径规划是在已知地图和环境信息的基础上，为汽车规划从起点到目标点的最佳行驶路径。它主要关注长距离、大范围的路径规划，通常应用于高速公路、城市主干道等场景。全局路径规划的关键技术包括地图构建、道路网络模型、最优路径搜索算法等。利用高精度地图和先进的搜索算法，全局路径规划能够为智能汽车提供一条相对固定且高效的行驶路线。全局路径规划示意图如图 2.3 所示。

图 2.3 全局路径规划示意图

例如，当一辆智能汽车从 A 城市前往 B 城市时，全局路径规划会综合考虑道路拥堵情况、道路类型（如高速公路、普通公路等）、交通规则及预计行驶时间等因素，选择一条最佳行驶路径。

(2) 局部路径规划。局部路径规划是指智能汽车在行驶过程中，根据实时感知的环境信息和汽车状态，动态地规划适合当前路况的行驶路径。它主要关注短距离、小范围的路径调整和优化，以应对复杂的交通环境和突发状况。局部路径规划的关键技术包括环境感知、躲避障碍物、实时路径生成等。利用传感器实时感知周围环境，局部路径规划能够确保汽车在遇到障碍物或路况变化时作出快速且合理的反应，保持安全行驶。局部路径规划示意图如图 2.4 所示。

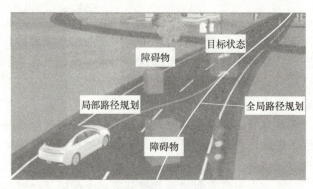

图 2.4　局部路径规划示意图

例如，智能汽车在城区行驶，局部路径规划会根据实时的道路状况、行人及周围车辆的动态变化、交通信号等信息，动态调整汽车的行驶轨迹和行驶速度，以避免碰撞和违反交通规则。

全局路径规划和局部路径规划的联系与区别见表 2-1。

表 2-1　全局路径规划和局部路径规划的联系与区别

类　　型		全局路径规划	局部路径规划
联系		全局路径规划为局部路径规划提供整体的行驶方向和目标	局部路径规划根据实时环境信息对全局路径进行微调和优化
区别	规划范围不同	在大范围内进行，考虑整个行程的路径选择	关注汽车当前及未来的局部行驶环境，通常在小范围内进行
	规划时间不同	通常在出行前进行，计算的路径在一段时间内保持不变	实时进行，随着汽车行驶和环境变化不断更新
	信息来源不同	依赖地图信息、道路网络和交通规则等静态信息	依赖于实时感知的环境信息、汽车状态及与其他交通参与者的交互等动态信息

2. 根据不同的路径规划实现方法分类

根据不同的路径规划实现方法，智能汽车路径规划可以分为基于地图信息的路径规划、基于传感器信息的路径规划和基于学习与优化算法的路径规划。

（1）基于地图信息的路径规划。基于地图信息的路径规划是智能汽车路径规划中最常见的方法，它主要依靠高精度地图和地理信息系统实现。这类路径规划方法先将道路网络抽象为图论中的点和边，利用地图中的道路信息（如道路宽度、曲率、交通信号等）和障碍物信息（如建筑物、树木等）构建完整的道路网络拓扑结构；再根据起点和目标点，采用合适的搜索算法（如 Dijkstra 算法、A* 算法等）在拓扑结构中寻找一条最优路径。基于地图信息的路径规划具有信息丰富、准确性好的优点，但也存在地图数据更新滞后、难以处理动态交通状况等缺点。基于地图信息的路径规划示意图如图 2.5 所示。基于地图信息的路径规划一般属于全局路径规划。

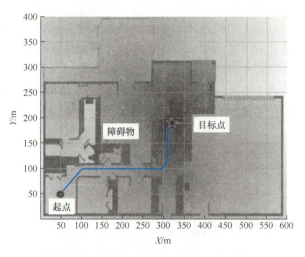

图 2.5 基于地图信息的路径规划示意图

（2）基于传感器信息的路径规划。基于传感器信息的路径规划主要依赖智能汽车搭载的毫米波雷达、激光雷达、高清摄像头等。这些传感器能够实时感知智能汽车周围环境中的障碍物、车辆及行人等的动态信息，为智能汽车提供丰富的环境感知数据。在路径规划中，智能汽车需要根据传感器数据实时构建局部环境模型，并根据当前位置及目标位置进行实时路径规划和调整。常见的路径规划方法包括人工势场法、RRT 算法等。基于传感器信息的路径规划具有实时性好、适应性强的优点，能够很好地处理动态交通状况和未知环境；但它也面临传感器噪声、数据融合等问题，需要结合其他算法及技术进行优化和改进。基于传感器信息的路径规划示意图如图 2.6 所示。基于传感器信息的路径规划一般属于局部路径规划。

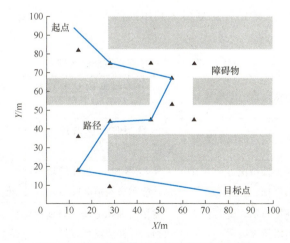

图 2.6 基于传感器信息的路径规划示意图

（3）基于学习与优化算法的路径规划。近年来，随着人工智能技术的快速发展，基于学习与优化算法的路径规划逐渐受到关注。这类路径规划方法通过大量的数据学习和优化算法来训练模型，使智能汽车能够自主学习和生成高质量的路径规划方案。例如，深度学习可以用于对道路网络进行特征提取和分类，从而实现对不同道路类型的识别和选择；强化学习可以用于在仿真环境中训练智能汽车进行路径规划，通过不断的试错和学习来提高路径规划的质量及效率。基于学习与优化算法的路径规划具有自主学习能力强、能够适应复杂多变的环境等优点；但需要大量的数据和计算资源，并且模型的稳定性和可靠性仍需进一步验证。基于学习与优化算法的路径规划示意图如图 2.7 所示，在原来全局路径规划的路径上突然增加障碍物 C，采用强化学习路径规划进行避障后，又回到原来路径行驶。基于学习与优化算法的路径规划既适用于全局路径规划又适用于局部路径规划。

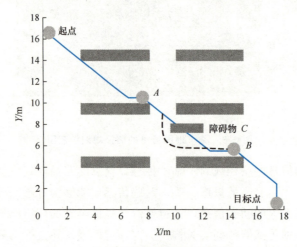

A、B 为局部路径规划的起点和目标点

图 2.7　基于学习与优化算法的路径规划示意图

这三类路径规划方法在本质上是相辅相成的，都是为了实现最优或次优路径规划，提高汽车行驶效率和安全性。同时，它们可以相互融合，形成更加综合的路径规划系统。例如，基于地图信息的路径规划可以为基于传感器信息的路径规划提供基础的道路网络数据；基于学习与优化算法的路径规划可以利用前两者的数据进行更加精准的路径规划。三类路径规划方法的区别见表 2-2。

表 2-2　三类路径规划方法的区别

路径规划方法	基于地图信息的路径规划	基于传感器信息的路径规划	基于学习与优化算法的路径规划
数据来源	依赖预先构建的地图数据	依赖实时获取的传感器数据	依赖历史交通数据
应对突发情况的能力	在应对突发情况方面存在一定的局限性	实时感知和应对环境变化，应对突发情况的能力强	应对突发情况靠历史数据，训练充分能力强劲
计算速度	计算速度较高，但可能无法充分考虑所有因素	需要处理和分析大量实时数据，计算速度可能较低	训练历史数据一旦完成，其计算速度就较高

2.1.5 智能汽车路径规划的步骤

智能汽车路径规划的步骤见表 2-3。

表 2-3 智能汽车路径规划的步骤

序号	步骤	描述
1	数据收集	智能汽车通过传感器收集智能汽车周围环境数据,包括道路结构、交通标志、障碍物位置及动态交通信息等
2	环境建模	基于收集的数据,利用算法构建精确的环境模型。模型包含静态元素和动态元素,如道路网络、交通信号、障碍物变化等
3	目标设定	设定智能汽车的目标位置,可以是用户输入的目的地或系统根据任务设定的目标点
4	路径搜索	在已建立的环境模型基础上,利用路径规划算法搜索从当前位置到目标位置的可选路径
5	路径评估与选择	根据预设的评价标准(如行驶距离、时间、安全性等)对搜索的候选路径进行评估,并选择最优路径
6	路径执行与调整	将最优路径信息发送给控制系统,控制汽车按照规划路径行驶,并在行驶过程中根据实时数据对路径进行必要调整

在实施路径规划的过程中,需要注意以下事项。

(1)环境建模要精准全面。智能汽车需要通过传感器收集道路、障碍物等的详细信息,构建精确的环境模型。模型应包含静态元素和动态元素,且实时更新,确保反映实际路况。

(2)路径搜索需高效灵活。利用先进算法在环境模型中搜索可行路径时,应考虑多种因素,如道路类型、交通规则等;同时,需权衡行驶效率与安全性,选出最优路径。

(3)要注重路径的动态调整。智能汽车在行驶过程中,传感器应实时收集环境数据,供控制系统对路径进行必要调整,以应对突发状况。

2.1.6 智能汽车路径规划的算法

智能汽车路径规划的算法分类见表 2-4。

表 2-4 智能汽车路径规划的算法分类

分类	主要算法
基于图搜索的路径规划算法	Dijkstra 算法、A* 算法、Floyd 算法等
基于采样的路径规划算法	RRT 算法、PRM 算法等
基于优化的路径规划算法	蚁群算法、遗传算法、神经网络法等

续表

分 类	主要算法
基于势场的路径规划算法	人工势场法
基于曲线拟合的路径规划算法	贝塞尔曲线、B样条曲线、三次样条曲线等
基于学习的路径规划算法	深度学习、强化学习、模仿学习等

1. 基于图搜索的路径规划算法

基于图搜索的路径规划算法通过将环境空间抽象为图结构，并利用图搜索算法（如Dijkstra算法、A*算法等）寻找从起点到目标点的最优路径。这类算法具有直观、易理解和实现的特点。然而，它可能受限于图结构的构建和搜索算法的效率，对于复杂环境或大规模问题可能面临计算复杂度较高的问题。基于图搜索的路径规划算法主要用于全局路径规划。

2. 基于采样的路径规划算法

基于采样的路径规划算法通过随机采样环境中的点或路径，并根据某种度量标准选择最优路径。这类算法可以处理高维空间和复杂的约束条件，并且计算复杂度较低。但是采样的随机性可能导致算法不稳定、不可预测，特别是在环境复杂或约束条件严格的情况下。基于采样的路径规划算法在全局路径规划和局部路径规划中均有所应用，但其适用性有所不同。PRM算法更适合全局路径规划，RRT算法更适合局部路径规划。

3. 基于优化的路径规划算法

基于优化的路径规划算法将路径规划问题转化为优化问题，通过求解优化问题找到最优路径。这类算法可以充分利用问题的约束条件和目标函数，并且可以处理复杂的非线性问题。但是优化问题的求解可能面临计算复杂度高、局部最优解等问题，需要合理选择优化算法和参数。基于优化的路径规划算法在全局路径规划和局部路径规划中都有应用价值，但具体应用还需考虑实际情况和需求。对于已知且相对静态的环境，全局路径规划更合适，因为基于优化的路径规划算法能够充分利用完整的环境信息进行全局优化，确保路径在整个旅程中保持最优。然而，在动态或不确定环境中，局部路径规划可能更合适，因为基于优化的路径规划算法能够实时响应环境变化并作出灵活决策。

4. 基于势场的路径规划算法

基于势场的路径规划算法通过构建势场模型，将目标点设置为势场中的最低点（或最高点），根据势场的大小和分布来引导智能汽车进行路径规划。这类算法直观且易实现，特别是在处理连续空间路径规划问题时具有较好的效果。但是构建势场模型和设置参数可能较复杂，且对于存在多个障碍物或约束条件的环境可能需要进行额外处理。基于势场的路径规划算法在全局路径规划和局部路径规划中都有一定的应用价值，但也具有局限性。选择使用这类算法时，需要根据具体的应用场景和需求进行权衡。对于需要预先规划且环境信息相对完整的情况，全局路径规划可能更合适；而对于需要实时响应和适应动态环境的情况，局部路径规划可能更合适。

5. 基于曲线拟合的路径规划算法

基于曲线拟合的路径规划算法利用数学模型和数据点生成平滑连续的路径,为自主导航和控制提供一种有效的方法。曲线拟合是指通过一定的数学模型和算法,根据给定的数据点集合构造一条平滑曲线的过程。在路径规划中,可以将环境地图中的障碍物、起点、目标点等信息抽象为数据点,并利用曲线拟合技术生成一条绕过障碍物且连接起点和目标点的路径。基于曲线拟合的路径规划算法主要用于对路径进行平滑,一般和其他算法配合使用。

6. 基于学习的路径规划算法

基于学习的路径规划算法利用机器学习或深度学习技术,对大量训练数据进行学习,以预测或生成路径。这类算法可以处理复杂的非线性问题和不确定性因素,并具有较强的泛化能力。但是基于学习的路径规划算法需要大量的训练数据和计算资源,且可能存在过拟合、欠拟合等问题。此外,对于实时性要求较高的应用场景,基于学习的路径规划算法可能面临实时性挑战。基于学习的路径规划算法在全局路径规划和局部路径规划中都具有一定的优势及适用场景。对于全局路径规划,基于学习的路径规划算法可以通过学习环境的特征和智能汽车的运动规律构建精确的环境模型,并不断优化路径规划结果。而对于局部路径规划,基于学习的路径规划算法可以利用强大的在线学习能力和适应能力应对复杂多变的局部环境。选择应用基于学习的路径规划算法时,需要根据具体的场景需求和环境特点权衡全局规划及局部规划的优缺点。例如,在已知且相对静态的环境中,全局路径规划可能更合适;而在动态变化或不确定的环境中,局部路径规划可能更具优势。选择应用基于学习的路径规划算法还需要考虑算法的复杂度、计算效率及实时性能等因素,以确保算法在实际应用中的有效性和可靠性。

路径规划算法的比较见表 2-5。

表 2-5 路径规划算法的比较

路径规划算法	优势	不足
基于图搜索的路径规划算法	能够快速生成一条从起点到目标点的有效路径;在具有清晰网格结构的环境中表现优秀;易实现,算法逻辑清晰	在复杂或动态环境中,可能无法找到最优路径;对于大规模问题,计算复杂度和存储需求较高
基于采样的路径规划算法	能够在未知或复杂环境中快速找到可行路径;适用于高维空间和非线性约束问题;不需要构建完整地图或环境模型	可能无法得到最优解;在障碍物密集或狭窄通道环境中,性能可能下降
基于优化的路径规划算法	能够找到全局最优解或近似最优解;能够考虑多个优化目标和约束条件;在静态或已知环境中表现出色	对于动态或不确定环境,可能需要频繁地重新计算;对于非线性或非凸问题,可能难以找到全局最优解

续表

路径规划算法	优势	不足
基于势场的路径规划算法	直观、易行,引导智能汽车朝目标点移动;能够处理连续空间的路径规划;简单场景表现出色,且实时性较好	复杂或拥挤环境容易产生局部最小值,路径规划失败;动态障碍物或变化的环境,势场需实时更新,计算负担增加
基于曲线拟合的路径规划算法	能够生成平滑且符合运动约束的路径;适用于需要连续且可导路径的场景;可以通过调整拟合参数来优化路径性能	复杂环境或障碍物分布多,曲线拟合可能变得复杂且耗时;实时性要求较高的应用,需要舍路径质量来保算法效率
基于学习的路径规划算法	能够从大量数据中学习并适应各种复杂环境;能够处理不确定性问题和动态变化的环境;可以实现超越传统算法的性能	需要大量的训练数据和计算资源来训练模型;对于未见过的环境或场景,可能存在泛化能力问题

【在线答题】

可以看出,不同的路径规划算法各具特点,适用于不同的应用场景和需求。选择路径规划算法时,需要根据具体场景、环境复杂程度、计算资源等因素进行综合考虑;同时,可以结合多种算法的优点,设计混合路径规划方法以提高算法的性能。

2.2 环境建模方法

环境建模是智能汽车路径规划中的关键步骤,它涉及对智能汽车周围环境的感知、理解及表达,对确保汽车行驶的安全性和高效性至关重要。环境建模的方法主要有可视图法、栅格法、拓扑法及语义地图法等。

2.2.1 可视图法

 案例阅读2-2

想象一下,你站在迷宫的入口,终点是出口,障碍物是迷宫中的墙。你能直接看到终点,但路上有墙阻挡。为了走出迷宫,你沿着墙的边缘走,每次到达一个转角,你都会查看能否直接看到出口。如果能,你就记下这个转角;如果不能,你就继续沿着墙走。如此,你就构建了一个"可视图"——所有你能直接看到出口的转角和路径。最后,你只需选择一条从入口到出口的路径,并沿着这些转角走,即可成功走出迷宫,这就是可视图法的魅力所在。

可视图法是一种空间分析方法,可应用于智能汽车路径规划和机器人导航等领域。该方法通过构建由障碍物、起点和目标点组成的可视图,寻找两点之间的最短路径。

1. 可视图法的定义

可视图法的原理是将环境中的障碍物抽象为多个顶点,并将所有障碍物顶点、起点和目标点相互连接形成边,如果两个顶点之间存在一条直线且不与任何障碍物相交,则这两个顶点之间存在一条可视边。在可视图中,将障碍物视为不可见区域,而将无障碍物的区域视为可见区域。可视图如图 2.8 所示。

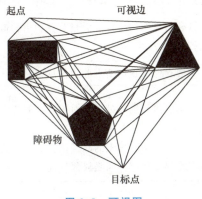

图 2.8 可视图

在可视图中,智能汽车可以沿着可视边行驶,从而避免与障碍物发生碰撞。通过搜索可视图中的最短路径,可以实现智能汽车的路径规划。

2. 可视图的构建步骤

可视图的构建步骤见表 2-6。

表 2-6 可见图的构建步骤

序号	步骤	描述
1	障碍物检测和表示	通过传感器等设备获取环境中的障碍物信息,并将其抽象为顶点。障碍物一般用多边形表示
2	顶点间的可视性判断	对于任意两个顶点,判断它们之间是否存在一条直线且不与任何障碍物相交。这可以通过计算直线与障碍物之间的最短距离实现,如果最短距离大于 0,则这两个顶点之间存在一条可视边
3	构建可视图	将所有顶点和它们之间的可视边组合起来,形成可视图。可视图可以表示为一个图结构,其中顶点表示障碍物和起点、目标点,边表示可视路径

3. 可视图法的特点

可视图法的特点见表 2-7。

表 2-7 可视图法的特点

特点		描 述
优点	直观易懂	将障碍物和目标点转化为图形,使路径规划过程更加直观、易懂
	简化问题	能够将复杂的路径规划简化为在可视图上的搜索,求解难度降低
	高效性	构建可视图后,路径搜索算法可以快速找到一条无碰撞的路径
	灵活性	适用于多种环境和障碍物,具有一定的通用性和灵活性
缺点	计算量大	构建可视图需要计算大量节点和边的信息,在复杂环境下的计算量可能较大
	存储空间需求高	需要存储大量的节点和边信息,对存储空间有一定的要求
	难以处理动态障碍物	对动态障碍物的处理相对困难,需要实时更新可视图
	可能陷入局部最优解	由于可视图法搜索的路径依赖节点的连接方式,因此搜索的路径可能并非全局最优解,而是局部最优解

4. 可视图法的应用

可视图法在智能汽车领域的应用包括但不限于以下场景。

(1) 在环境感知中的应用。智能汽车需要实时感知周围环境以作出正确的决策。可视图法可以将传感器捕捉的环境信息转化为直观的图像或动画,帮助汽车快速识别道路标志、障碍物、行人等关键元素。同时,通过可视图对感知数据进行整合与展示,驾驶人或自动驾驶系统可以更加清晰地了解汽车周围环境状况,为决策规划提供准确的依据。

(2) 在决策规划中的应用。决策规划是智能汽车的核心功能,它需要根据环境信息制定合适的行驶策略。可视图法可以将决策规划过程中的复杂计算与推理过程以直观的方式呈现,帮助开发人员更好地理解和优化决策算法。此外,通过可视图展示不同决策方案的效果对比,可以为驾驶人或自动驾驶系统提供更直观的决策参考。

(3) 在控制执行中的应用。控制执行是智能汽车实现自主驾驶的关键环节。可视图法可以以动画或图表的形式展示控制指令的执行过程,帮助开发人员实时监测和调试控制系统的性能。同时,通过可视图分析控制执行的效率与稳定性,可以为优化控制算法提供有力支持。

(4) 在智能交通系统中的应用。除单车应用外,可视图法在智能交通系统中也发挥着重要作用。通过可视图展示整个交通网络的状态和流量分布,可以帮助交通管理部门更好地规划交通布局和优化交通流量。同时,可视图可以用于分析交通拥堵的原因和趋势,为缓解交通压力提供科学依据。

图 2.9 所示为基于可视图的路径规划,其中 S 为起点,G 为目标点。

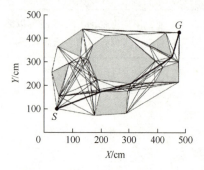

图 2.9 基于可视图的路径规划

2.2.2 栅格法

案例阅读 2-3

想象一下，你正在玩一款寻宝游戏，游戏地图被划分成一个个小格子，每个格子都可能是宝藏所在地或是障碍物。栅格法就是这个游戏中的地图划分策略。在游戏中，你将每个格子视为一个独立的空间单元，并根据格子的属性（如是否为障碍物、是否为宝藏点）赋予不同的数值或标记。通过这种方式，你可以快速识别哪些区域是安全的、哪些区域可能隐藏宝藏。栅格法可以将复杂的游戏地图简化为一系列易管理的格子，使你能够更高效地规划寻宝路径。

栅格法是一种常用的空间表示和路径规划方法，可应用于机器人导航、无人驾驶、地理信息系统等领域。栅格法将空间划分为一系列大小相等的栅格，从而能够有效地对环境进行建模和路径规划。

1. 栅格法的定义

栅格法的原理是将整个环境划分为若干大小相等的正方形栅格，每个栅格都表示环境中的一个单元，如图 2.10 所示。根据栅格中是否包含障碍物，可以将栅格划分为障碍物栅格和自由栅格两种。障碍物栅格表示该区域存在障碍物，智能移动体（如机器人、智能汽车等）无法通行；自由栅格表示该区域无障碍物，智能移动体可以通行。构建这样的栅格地图，方便进行路径规划、碰撞检测等。

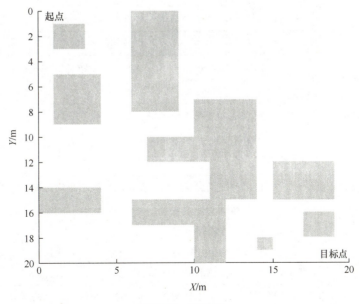

图 2.10 栅格法

栅格的标识方法有两种：直角坐标法和序号法。直角坐标法以栅格左上第一个栅格为坐标原点，水平向右为 X 轴正方向，竖直向下为 Y 轴正方向，每一个栅格区间都对应于坐标轴上的一个单位长度。序号法就是从栅格左上第一个栅格开始,按照从左至右、从上至下的顺序为每一个栅格一个编号。

2. 栅格的构建步骤

栅格的构建步骤见表 2-8。

表 2-8 栅格的构建步骤

序号	步骤	描述
1	栅格尺寸的选择	选择栅格尺寸需权衡精度与效率。大尺寸减少数量、降低复杂度,但细节丢失;小尺寸提高精度,但增加计算负担,故需综合考虑环境特点、计算资源及规划需求确定
2	环境信息的获取与处理信息	获取环境信息需多元传感器协作,处理环境信息涉及滤波去噪、坐标转换等。精确处理环境信息,可为后续栅格构建和路径规划奠定坚实基础
3	栅格状态的确定	确定栅格状态需精准分析环境数据,区分自由区域、障碍物与未知区域。合理设定阈值,确保状态划分准确,为栅格地图构建和路径规划奠定坚实基础
4	栅格地图的生成与优化	基于环境分析与状态确定生成栅格地图。存储、展示栅格地图,便于后续路径规划。优化栅格地图,减少冗余,提升精度和效率

3. 栅格法的特点

栅格法的特点见表 2-9。

表 2-9 栅格法的特点

特点		描述
优点	通用性强	适用于不同形状和大小的障碍物,无须对智能汽车的运动轨迹进行特殊处理
	建模简单	建模直观,易理解和实现,降低建模复杂度
	适应性强	对于复杂的行驶环境具有较强的适应能力,能够处理多种障碍物和道路情况
	路径规划灵活	支持多种路径搜索算法,能够灵活规划出满足要求的路径
缺点	存储需求大	当工作环境广泛或栅格分辨率较高时,存储栅格分布所需的空间较大,可能导致内存资源紧张
	计算量大	在栅格划分细致、分辨率高的情况下,栅格增加,可能导致计算量增大,影响路径规划的速度和实时性
	栅格大小选择困难	栅格划分的尺寸与路径搜索的精度密切相关,若选择不当则可能导致规划精度下降或计算资源浪费
	不适合动态环境	对于动态环境中的障碍物变化反应较慢,不适用于需要快速响应的场景

4. 栅格法的应用

栅格法在智能汽车领域的应用包括但不限于以下场景。

（1）环境建模与感知。智能汽车通过传感器获取周围环境（如道路、车辆、行人等）信息，利用栅格法，这些信息可以被转化为一系列栅格单元，每个单元代表一定的空间范围，并包含该范围内的环境信息。这种栅格化的环境模型不仅简化了数据处理过程，还提高了环境信息的准确性和可靠性。采用栅格法，智能汽车可以实现对环境的精确感知与理解。每个栅格单元的状态（如占用、空闲等）都可以实时更新，从而帮助智能汽车快速识别障碍物、道路边界等关键信息，为后续决策规划提供重要的依据。

（2）路径规划与导航。基于栅格化的环境模型，智能汽车可以利用搜索算法（如 A* 算法、Dijkstra 算法等）在栅格地图上寻找最优路径。通过综合考虑栅格单元的障碍物信息、道路状况及汽车自身状态等因素，智能汽车可以制定安全、高效的行驶策略。此外，栅格法还可以用于实现局部路径规划。在行驶过程中，智能汽车需要根据实时感知的周围环境信息对路径进行动态调整，利用栅格法，智能汽车可以快速评估不同路径的可行性，并根据需要重新规划路径，提高导航精度。

（3）安全与避障。通过实时更新栅格单元的状态信息，智能汽车可以及时发现潜在的障碍物或危险区域。当检测到障碍物时，智能汽车可以利用栅格法分析障碍物的位置、尺寸及运动状态等信息，从而制定相应的避障策略。例如，智能汽车可以通过调整行驶方向、速度或采取紧急制动等措施来避免与障碍物发生碰撞。同时，可以将栅格法与其他传感器（如雷达、摄像头等）数据融合，进一步提高避障的准确性和可靠性。

图 2.11 所示为基于栅格法的路径规划。

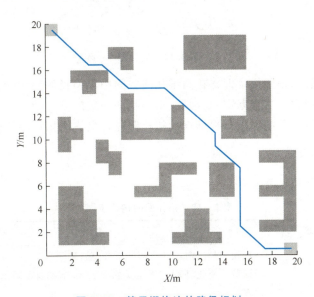

图 2.11　基于栅格法的路径规划

2.2.3 拓扑法

案例阅读 2-4

想象一下，你正在一个陌生的城市游览，想要从当前位置前往一个知名景点。面对错综复杂的街道和建筑物，你可能感到有些迷茫。但是，如果你手中有一张这座城市的地铁线路图，情况就会大不相同。在这张地铁线路图上，每个地铁站都被视为一个节点，而地铁线路成为连接这些节点的线。你不需要关心每个地铁站的具体位置，也不需要了解地铁线路在地面上的实际走向，只需关注节点（地铁站）之间的拓扑关系（哪条线路连接哪些站点），然后根据这些关系规划行程。这个过程就是典型的拓扑法应用。在这个案例中，城市的环境被抽象为一张由节点和线构成的拓扑图。你不需要了解环境的具体细节，只需关注节点之间的连接关系，即可方便地进行路径规划。

1. 拓扑法的定义

拓扑法是一种通过定义节点和边来描述空间结构的方法。在拓扑法中，空间被抽象为一系列节点和连接节点的边，这些节点和边代表空间中不同位置之间的连接关系。利用拓扑法可以构建拓扑图，拓扑图可以清晰地展示空间结构的连接性和关系，如图 2.12 所示。

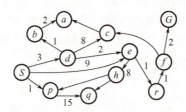

图 2.12 拓扑图

拓扑法的基本思想是降维，即将在高维几何空间中求路径的问题转化为在低维拓扑空间中判别连通性的问题。将规划空间分割成拓扑特征一致的子空间，根据彼此的连通性建立拓扑网络，在网络上寻找起点到目标点的拓扑路径，最终由拓扑路径求出几何路径。

2. 拓扑图的构建步骤

拓扑图的构建步骤见表 2-10。

表 2-10 拓扑图的构建步骤

序号	步骤	描述
1	环境分析与预处理	构建拓扑图前，需全面分析环境，确定尺寸、形状及障碍物分布。忽略细节，简化环境，确定关键节点和连接线，降低复杂度，提高构建效率
2	关键节点提取	关键节点反映环境的重要位置，提取需考虑环境特性与路径需求，如障碍物顶点、通道交叉口。需关注节点间的空间关系，节点要适量，避免拓扑图复杂

续表

序号	步骤	描述
3	连接线构建	连接线表示关键节点间的连接关系，需真实反映可达性。形状可为直线、曲线等，依环境而定。构建时还需考虑权重，反映长度、通行难度等信息
4	拓扑图优化	拓扑图初建后需优化，可合并节点、删冗余线、调权重。优化可降低复杂度，提高路径规划效率和准确性。合理优化后得简洁有效图，有利于后续路径规划
5	拓扑图存储与展示	构建拓扑图后需存储、展示。存储可采用数据结构或文件格式，方便后续规划。展示用图形化工具或软件，直观查看、分析拓扑图结构和特性

3. 拓扑法的特点

拓扑法的特点见表 2-11。

表 2-11 拓扑法的特点

特点		描述
优点	简化问题	通过构建拓扑图，将复杂的道路网络简化为点和边的集合，降低路径规划问题的复杂性
	提高效率	由于拓扑图能够清晰地表示道路之间的连通关系，因此拓扑法能够在较短时间内找到可行路径，提高算法效率
	灵活适应	能够灵活适应道路网络的变化，当道路发生拥堵或封闭时，可以通过更新拓扑图重新规划路径
	便于优化	拓扑图的结构化表示使得路径规划算法更容易优化和改进，以满足不同场景下的需求
缺点	对精度要求高	需要精确地构建拓扑图，以反映道路网络的实际情况。如果构建的拓扑图不准确，则可能导致路径规划结果出现偏差
	拓扑图更新困难	当道路网络发生较大变化时，需要手动或自动更新拓扑图。但是由于道路网络的复杂性和动态性，因此拓扑图的更新可能变得困难且耗时
	难以处理复杂障碍物	主要关注道路之间的连通关系，而难以处理道路上的复杂障碍物（如行人、非机动车等）
	缺乏实时性	由于需要事先构建拓扑图并存储，因此拓扑法可能无法实时反映道路网络的最新情况。在对实时性要求较高的场景中，拓扑法可能无法满足需求

4. 拓扑法的应用

拓扑法在智能汽车领域的应用包括但不限于以下场景。

（1）道路网络拓扑分析。通过将道路网络抽象为一系列节点和连接节点的线段，智能汽车可以构建出道路的拓扑图。这种拓扑图不仅反映道路的连通性，还包含道路的方向性、等级性等重要信息。基于道路的拓扑图，智能汽车可以更加高效地规划行驶路径。例如，寻找最短路径时，智能汽车可以利用拓扑法快速确定节点之间的最短连接路径，从而避免在复杂的道路网络中迷失方向或陷入死循环。

（2）环境感知与障碍物识别。将周围环境抽象为拓扑图，智能汽车可以更加直观地理解周围物体的位置关系和空间分布。在障碍物识别方面，拓扑法可以帮助智能汽车将障碍物视为拓扑图中的特定节点或线段，从而实现对障碍物的快速检测和定位。此外，通过分析拓扑图中节点和线段的变化情况，智能汽车还可以预测障碍物的运动轨迹和潜在风险，从而及时采取相应的避障措施。

（3）汽车路径规划与优化。拓扑法通过构建道路的拓扑图，为智能汽车的路径规划提供有力支持。基于道路的拓扑图，智能汽车可以综合考虑道路状况、交通流量、障碍物分布等因素，制定更加合理、高效的行驶路径。同时，拓扑法可以用于优化汽车的行驶轨迹，减少不必要的绕行和停车，提高行驶效率。

基于拓扑法的路径规划如图 2.13 所示。

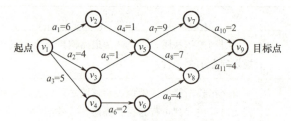

图 2.13　基于拓扑法的路径规划

2.2.4　语义地图法

案例阅读 2-5

> 身为探险家，我踏上了一个未知的神秘岛屿，这里有各种奇特的植物、动物和地标。每一处都隐藏特殊的意义和故事，我渴望深入了解。在探险过程中，语义地图成为我不可或缺的助手。我记录下每个地点的物理位置，构建语义地图的骨架。但更重要的是标注每个地点的语义信息。我仔细考察，发现古老祭祀场隐匿于幽深的山脉洞穴中，传说中的神兽在湖泊中栖息。当我将这些物理位置和语义信息结合在一起时，一张完整的语义地图便展现在我眼前。它不仅指引我快速找到目的地，还让每个地点都变得生动且富有意义。站在地图前，我仿佛能感受到岛屿的历史与传说在指尖跳动，每一次探险都成为与这片土地的深度对话。

随着自动驾驶、机器人导航等领域的快速发展，对环境感知的精度和深度要求越来越高。语义地图法作为一种融合空间信息和语义信息的地图表示方法，能够更全面地反映环境特征，为各种应用提供有力支持。

1. 语义地图的定义

语义地图是一种以语义信息为基础的地图表示形式,它不仅包含地理空间位置的几何信息,还包含环境中物体、道路、交通规则等的语义信息。语义地图将现实世界的场景转化为计算机可识别和理解的形式,为自动驾驶系统提供更丰富、更准确的环境感知。语义地图如图 2.14 所示。

图 2.14 语义地图

语义地图法将环境建模与语义信息结合,旨在从原始数据中提取有意义的特征和信息,并构建具有语义含义的地图。它主要依赖图像识别、自然语言处理和机器学习等技术,通过识别和理解环境中的物体、空间关系、事件,将环境的语义信息转化为地图表达形式。

2. 语义地图的构建步骤

语义地图的构建步骤见表 2-12。

表 2-12 语义地图的构建步骤

序号	步　　骤	描　　述
1	激光雷达数据采集	激光雷达采集数据,高效获取环境信息。通过扫描测量,获取点云数据,反映物体位置、形状,数据质量高,为后续处理、分析奠定坚实基础
2	点云数据预处理	点云数据预处理,关键步骤为去噪滤波;消除异常点,平滑数据减少冗余;提高数据质量,为后续应用奠定坚实基础,提升处理效率和准确性
3	环境感知与特征提取	环境感知利用点云数据识别物体、道路等要素,通过特征提取提炼出代表性点、线。二者结合,增强环境理解,助力地图构建与导航
4	语义分类与标注	语义分类与标注,基于点云数据识别物体类别,标注细化属性,丰富地图信息。精准分类标注,助力智能导航与决策,提升应用效能
5	语义地图构建与可视化	构建语义地图,融合空间与语义信息。通过可视化技术,展示直观、易懂的环境布局,并不断优化提升质量,满足实际应用需求
6	地图评估与优化	地图评估查误差,对比实境优化地图。针对不足调整参数,提升质量可靠性;持续优化改进,确保地图精准、适用,满足应用需求

图 2.15 所示为基于激光雷达的语义地图，可以分辨出道路中的车道、汽车、隔离带、路边树木、蓝天等不同对象及概念。

图 2.15　基于激光雷达的语义地图

3. 语义地图法的特点

语义地图法的特点见表 2-13。

表 2-13　语义地图法的特点

特点		描　　述
优点	精准的环境感知	语义地图提供丰富的道路和交通信息，帮助智能汽车准确感知周围环境，包括道路布局、交通标志、障碍物等
	智能的路径规划	通过分析语义地图中的信息，智能汽车能够制定更智能、更合理的路径规划方案，避免拥堵路段，选择最优行驶路径
	提高安全性	语义地图中的交通规则信息有助于智能汽车遵守交通规则，减少违规行为，从而提高行驶安全性
	实时更新与共享	语义地图可以通过车载传感器实时更新，并通过车联网技术实现地图信息的共享，为智能汽车的路径规划提供实时、准确的数据支持
缺点	数据处理量大	构建和维护语义地图需要大量的数据处理工作，包括收集、整理、分析和更新地图信息，可能会增加智能汽车的计算负担
	技术门槛高	语义地图的技术门槛较高，只有具备强大的数据处理和计算能力才能有效利用语义地图进行路径规划
	标准化问题	目前语义地图法尚未形成统一标准化体系，不同智能汽车之间可能难以直接共享和使用语义地图信息，可能会影响路径规划的效率和准确性
	依赖外部数据源	语义地图的质量与外部数据源息息相关，如果数据源存在问题，就会影响语义地图的质量和可靠性，进而影响智能汽车路径规划的准确性

4. 语义地图法的应用

语义地图法在智能汽车领域的应用包括但不限于以下场景。

（1）环境感知与理解。通过构建包含丰富语义信息的地图，智能汽车能够更准确地识别和理解周围环境中的物体、道路标志及交通状况。与传统的视觉地图相比，语义地图能够记录更多信息（如场景中物体的类别、轮廓和运动情况等），从而提高环境感知的准确性和可靠性。此外,语义地图还可以结合深度学习等先进技术,实现对环境中物体的实时检测与识别。通过对语义地图中的数据进行处理和分析,智能汽车能够及时发现并应对潜在的安全风险,提高行驶安全性。

(2) 路径规划与导航。通过综合考虑道路状况、交通规则及汽车的自身状态等因素,语义地图法可以帮助智能汽车制定更加合理、高效的行驶路径。语义地图中的语义信息可以用于指导智能汽车的局部驾驶策略规划,优化对交通环境的适应。此外,语义地图还可以与其他传感器数据融合,进一步提高路径规划与导航的准确性和可靠性。例如,结合激光雷达和高清摄像头等传感器数据,语义地图可以实现对道路边缘、障碍物及交通信号的精确检测与定位,从而提高导航的精度和稳定性。

(3) 智能决策与自主驾驶。通过挖掘和分析语义地图中的数据,智能汽车可以深入理解交通环境,并根据实时感知到的信息作出智能决策。例如,在面对复杂的交通状况时,智能汽车可以根据语义地图中的道路网络和交通规则信息,制定合适的行驶策略,避免潜在的安全风险。此外,语义地图还可以与其他智能技术融合,实现更高级别的自主驾驶功能。例如,将语义地图与深度学习算法结合,智能汽车可以实现对交通场景中物体的实时识别与跟踪,并根据这些信息调整自身行驶状态,实现更加平稳、安全的自主驾驶。

图 2.16 所示为基于语义地图法的路径规划。

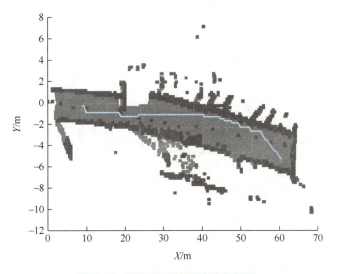

图 2.16 基于语义地图的路径规划

2.3 路径规划的常用算法

路径规划的常用算法有 Dijkstra 算法、A* 算法、蚁群算法、遗传算法、人工势场法、RRT 算法、PRM 算法、贝塞尔曲线、B 样条曲线、三次样条曲线等。

2.3.1　Dijkstra 算法

案例阅读 2-6

想象一下，你是一位快递员，需要从公司出发，将包裹送达城市的各个地点。城市的街道就像图的边，而街道的距离是边的权值。你的目标是找到从公司到每个地点的最短路径。此时，Dijkstra 算法就像智能导航仪。它首先确定离公司最近的地点，然后逐步探索与这些地点相连的街道，并不断更新到达其他地点的最短距离。每找到一条更短的路径，它就更新记录。最后它会为你规划出从公司到每个地点的最短路径，确保你高效完成送货任务。这就是 Dijkstra 算法的魅力所在：它能够帮助你快速找到起点到其他节点的最短路径。

1. Dijkstra 算法的定义

Dijkstra 算法是由荷兰计算机科学家迪杰斯特拉于 1959 年提出的。Dijkstra 算法是一种高效求解带权有向图中单源最短路径问题的经典算法，其核心思想是通过迭代选择当前未访问节点中距离源点最近的节点，并更新其相邻节点的距离值，最终得到从源点到图中所有其他节点的最短路径。

图 2.17 所示为带权有向图。Dijkstra 算法用于求图中指定两点之间的最短距离，或者指定一点到其他所有点的最短距离。Dijkstra 算法一般用于全局路径规划。

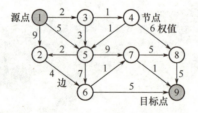

图 2.17　带权有向图

2. Dijkstra 算法涉及的基本概念

Dijkstra 算法涉及的基本概念见表 2-14。

表 2-14　Dijkstra 算法涉及的基本概念

序号	基本概念	描　　述	意　　义
1	带权有向图	图中每条边都具有权值，且边具有方向性	权值表示路径的成本或距离，方向性表示路径的指向性，只能按照指定方向行进
2	源点	算法起始的节点，计算从该点到其他节点的最短路径	确定源点后，开始寻找从该点到图中其他节点的最短路径
3	最短路径	从源点到目标点的权值和最小的路径	在带权有向图中，最短路径可能经过不同的边，边的权值代表路径的成本或距离

续表

序号	基本概念	描述	意义
4	距离值	从源点到某个节点的最短路径的权值和	在算法中，距离值用于记录当前找到的从源点到节点的最短路径长度
5	邻接节点	与当前节点直接相连的节点	在带权有向图中，邻接节点是通过有向边直接相连的其他节点
6	已访问节点	在算法执行过程中，已经被处理的节点	当节点被标记为已访问时，表示从源点到该节点的最短路径已经确定
7	未访问节点	在算法执行过程中，尚未被处理的节点	未访问节点是算法下一步可能处理的候选节点，需要继续寻找从源点到这些节点的最短路径
8	优先队列	数据结构，用于存储待处理的节点，按距离值排序	优先队列用于高效选取距离源点最近的未访问节点，提高算法的执行速度

概念解读 2-1

通过电动汽车充电的例子来解读 Dijkstra 算法中的基本概念。带权有向图展示充电站之间的连接关系和距离。每个节点代表一个充电站，带权边则表示充电站间的行驶距离。源点是电动汽车当前所在的充电站，算法的目标是找到从源点到目标充电站的最短路径。初始时，距离值为源点到各节点的估计最短距离，其余设为无穷大。邻接节点是与当前节点直接相连的充电站。随着算法迭代，距离值逐步更新为真实最短距离。已访问节点表示其最短路径已确定，而未访问节点则待处理。优先队列按距离值排序节点，确保每次处理的都是当前距离最短的节点。通过不断从队列中取出节点并更新其邻接节点的距离值，最终得到最短路径。Dijkstra 算法通过带权有向图、距离值更新和优先队列等机制，为电动汽车提供高效、准确的充电路径规划方案。

3. Dijkstra 算法的基本原理

Dijkstra 算法的基本原理是依据贪心策略，通过不断的迭代与更新得出从指定源点到图中所有其他节点的最短路径。

具体来说，Dijkstra 算法的基本原理建立在两个核心概念之上——距离值和已访问节点。在算法开始时，初始化一个距离值数组，将源点的距离值设为 0，其余节点的距离值设为无穷大，表示尚未找到从源点到这些节点的路径。同时，设置一个标记数组，用于记录被访问过的节点。

算法的核心在于每次迭代时都会选择当前距离值最小的未访问节点，然后更新所有未访问邻接节点的距离值。如果通过当前节点，可以找到一条更短的路径到达某个邻接节点，就更新该邻接节点的距离值。这样的策略保证在每一步迭代中，都尽可能地缩短从源点到其他节点的路径长度。

Dijkstra 算法的基本原理建立在边的权值非负的基础上。如果图中存在负权边,那么该算法可能无法得出正确的最短路径,因为在某些情况下,通过负权边可能找到更短路径。

下面以一个示例进一步理解 Dijkstra 算法的基本原理。如图 2.18 所示,利用 Dijkstra 算法求源点 D 到目标点 A 的最短路径,图中节点之间的数据代表节点之间的距离。引进已访问集合 S 和未访问集合 U。初始时,S 中只有一个源点,S 用于记录已求出最短路径的节点及相应的最短路径长度;U 用于记录还未确定最短路径的节点及该节点到源点 D 的距离。

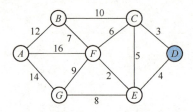

图 2.18 利用 Dijkstra 算法求源点 D 到目标点 A 的最短路径

(1) 初始时,集合 S 只包含源点 D;集合 U 包含除 D 点外的其他节点,且 U 中节点的距离为源点 D 到该节点的距离;如果该节点与源点 D 不相邻,则距离无穷大。由此得到求源点 D 到目标点 A 最短距离的第一步结果,如图 2.19 所示。

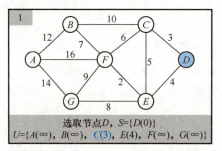

图 2.19 求源点 D 到目标点 A 最短距离的第一步结果

(2) 从 U 中选出距离最短的节点 C,并将节点 C 加入集合 S;同时,从集合 U 中移除节点 C。然后,更新集合 U 中各个节点到源点 D 的距离。由此得到求源点 D 到目标点 A 最短距离的第二步结果,如图 2.20 所示。之所以更新集合 U 中节点的距离,是因为确定 C 是求出最短路径过程中的节点,从而可以利用 C 更新其他节点的距离。

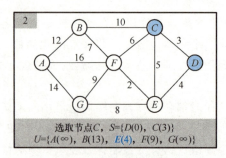

图 2.20 求源点 D 到目标点 A 最短距离的第二步结果

（3）选取节点 E，将 E 加入集合 S，同时更新集合 U 中节点的距离。以节点 F 为例，之前 F 到 D 的距离为 9；但是将 E 加入 S 之后，F 到 D 的距离为 6。由此得到求源点 D 到目标点 A 最短距离的第三步结果，如图 2.21 所示。

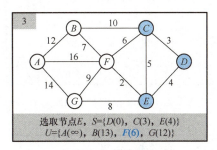

图 2.21　求源点 D 到目标点 A 最短距离的第三步结果

（4）将节点 F 加入集合 S，同时更新集合 U 中节点的距离。由此得到求源点 D 到目标点 A 最短距离的第四步结果，如图 2.22 所示。

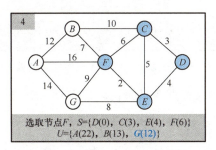

图 2.22　求源点 D 到目标点 A 最短距离的第四步结果

（5）将节点 G 加入集合 S，同时更新集合 U 中节点的距离。由此得到求源点 D 到目标点 A 最短距离的第五步结果，如图 2.23 所示。

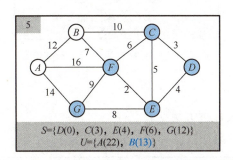

图 2.23　求源点 D 到目标点 A 最短距离的第五步结果

（6）将节点 B 加入集合 S，同时更新集合 U 中节点的距离。由此得到求源点 D 到目标点 A 最短距离的第六步结果，如图 2.24 所示。

（7）将节点 A 加入集合 S，同时更新集合 U 中节点的距离。由此得到求源点 D 到目标点 A 最短距离的第七步结果，如图 2.25 所示。

此时，就计算出源点 D 到各个节点的最短距离，分别为 A（22）、B（13）、C（3）、D（0）、E（4）、F（6）、G（12）。

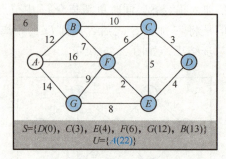

图 2.24　求源点 D 到目标点 A 最短距离的第六步结果

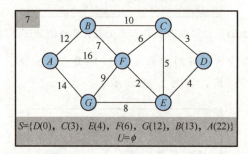

图 2.25　求源点 D 到目标点 A 最短距离的第七步结果

（8）由此得到源点 D 到目标点 A 的最优路径为 D→E→F→A，如图 2.26 所示。

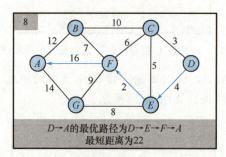

图 2.26　源点 D 到目标点 A 最优路径

4. Dijkstra 算法的特点

Dijkstra 算法的特点及改进方法见表 2-15。

表 2-15　Dijkstra 算法的特点及改进方法

项目		描述
优点	计算准确	能够准确地计算源点到目标点的最短路径，适用于需要精确路径规划的场景
	算法成熟稳定	算法已经相当成熟稳定，能够处理多种复杂的路径规划问题
	适用于多种场景	不仅适用于二维平面的路径规划，还可以扩展到三维空间，以及具有复杂地形和障碍物的环境

续表

项目		描述
缺点	时间复杂度较高	当节点数量较大时,Dijkstra 算法需要遍历所有节点,导致时间复杂度较高,计算效率下降
	存储空间需求大	计算过程中需要存储大量的中间结果,导致存储空间需求增加,对内存资源造成压力
	对动态环境适应性差	在动态变化的环境中,Dijkstra 算法需要重新计算路径,使它在面对实时变化的交通状况时显得力不从心
改进方法	结合启发式信息	通过引入启发式信息(如目标点的方向信息或地形的特征),可以缩小搜索范围,提高计算效率
	使用优先队列优化	采用优先队列数据结构来保存待处理节点,优先处理距离源点较近的节点,从而减少不必要的计算
	多源 Dijkstra 算法	对于需要同时考虑多个源点到多个目标点的路径规划问题,可以采用多源 Dijkstra 算法,一次性计算所有源点到目标点的最短路径
	局部路径调整	找到初步路径后,根据实际交通状况调整局部路径,如避开拥堵路段或选择更安全的路线
	增量式更新策略	当环境发生小范围变化时,采用增量式更新策略,只需重新计算受影响的节点,避免重新计算整个网络

5. Dijkstra 算法的步骤

利用 Dijkstra 算法进行智能汽车路径规划的步骤见表 2-16。

表 2-16 利用 Dijkstra 算法进行智能汽车路径规划的步骤

序号	步骤	描述
1	初始化	设源点 S 和目标点 D,将道路网络转化为带权有向图。初始化访问集合,为所有节点创建距离列表。源点距离为 0,其余节点距离设为无穷大
2	选择未访问节点中距离最小的节点	从未访问集合中选择当前距离最小的节点 N,将其加入已访问集合
3	更新节点 N 的邻接节点距离	遍历节点 N 所有邻接节点,对于每个邻接节点 M,如果节点 N 到达节点 M 距离小于当前节点 M 在距离列表中距离,则更新节点 M 距离,并记录节点 N 为节点 M 的前驱节点
4	判断是否到达终点	检查当前选择的节点 N 是否为目标点 D,若是则算法结束,根据前驱节点信息回溯得到最短路径;否则,返回步骤 2 继续执行

续表

序号	步骤	描述
5	路径回溯与优化	根据前驱节点信息，从目标点 D 开始回溯至起点 S，形成最短路径。根据实际需求对路径进行平滑处理，优化转弯和交叉点
6	输出路径规划结果	将优化后的最短路径作为智能汽车的行驶路径输出，以供汽车控制系统使用

利用Dijkstra算法进行智能汽车路径规划时，需要注意以下事项。

（1）利用Dijkstra算法进行智能汽车路径规划时，需确保地图数据（包括道路网络、交通限制等）准确完整，以避免算法产生错误的路径。

（2）考虑实时交通信息（如路况拥堵等），对算法进行动态调整，以提高路径规划的实时性和准确性。

（3）注意算法的效率问题，针对大规模路网优化数据结构，减少不必要的计算，确保路径规划的高效性。

（4）在规划路径时，还需考虑安全因素（如避开事故多发路段、遵守交通规则等），确保智能汽车行驶安全性。

6. Dijkstra算法的应用

Dijkstra算法在智能汽车领域的应用包括但不限于以下场景。

（1）城市道路导航。在城市道路导航中，智能汽车利用内置地图数据和实时交通信息构建带权有向图，其中节点代表交叉路口，边代表道路连接，权值可以是行驶时间或距离。利用Dijkstra算法，智能汽车可以计算出从当前位置到目的地的最短路径，为用户提供高效的导航服务。

（2）高速公路路径规划。在高速公路网络中，智能汽车需要快速而准确地规划最佳行驶路径。Dijkstra算法可以帮助智能汽车根据高速公路的出入口、互通立交及不同路段的行驶条件，计算出最短路径，从而避开拥堵路段，提高行驶效率。

（3）停车场寻找空位。在大型停车场中，智能汽车可以利用Dijkstra算法快速找到可用的停车位。将停车场内的车位作为节点，行驶路径作为边，权值设为到达每个车位的时间或距离，通过Dijkstra算法，智能汽车可以选出最快捷的路线到达空闲车位，提高停车效率。

（4）电动汽车充电路径规划。电动汽车在行驶过程中，需要寻找合适的充电站充电。Dijkstra算法可以帮助电动汽车根据充电站的位置、充电费用、充电时间等因素，计算出最优充电路径。算法以电动汽车的起始位置和目标位置为基础，考虑沿途充电站的可用性和条件，规划一条既能满足充电需求又能缩短行驶时间的路径。这种路径规划有助于提高电动汽车的使用效率和驾驶体验，还能促进充电设施的合理利用。

图2.27所示为基于Dijkstra算法的自主代客泊车的路径规划。

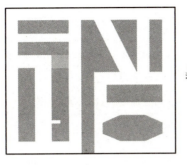 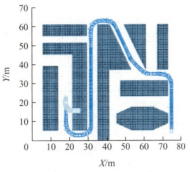

(a) 自主代客泊车场景静态环境　　　(b) 全局路径和局部路径

图 2.27　基于 Dijkstra 算法的自主代客泊车的路径规划

【案例练习 2-1】

利用 Dijkstra 算法进行智能汽车停车路径规划

1. 案例描述

智能汽车停车路径规划的目标是在给定停车场环境中，为汽车找到一条从当前位置到目标停车位的最优路径。这个问题可以转化为图论问题，其中停车场被抽象为带权有向图，节点代表停车位、道路交叉点或其他重要位置，边代表节点之间的可行驶路径，权重表示路径的长度或行驶难度等。智能汽车需要在这个带权有向图中找到一条从起始节点（当前位置）到目标节点（目标停车位）的最短路径。

在实际应用中，停车路径规划还需要考虑多种因素，如汽车动力学约束、障碍物位置、通道宽度等。这些因素可以通过调整带权有向图中边的权重体现，以使规划的路径更符合实际情况。

2. 案例实施步骤

利用 Dijkstra 算法进行智能汽车停车路径规划的实施步骤见表 2-17。

表 2-17　利用 Dijkstra 算法进行智能汽车停车路径规划的实施步骤

序号	步　　骤	描　　述
1	停车场建模	将停车场抽象为带权有向图，其中节点代表停车位等重要位置，边代表节点之间的可行驶路径，权重根据路径长度、行驶难度等因素确定
1	停车场建模	确定智能汽车的当前位置和目标停车位，并将当前位置设为源点，目标停车位设为目标点
2	初始化	创建一个距离数组，用于存储从源点到每个节点的最短距离，初始时将所有节点的距离设为无穷大（除源点，其自身距离为 0）
2	初始化	创建一个已访问节点集合，初始时为空
2	初始化	创建一个前驱节点数组，用于记录到达每个节点的最短路径上的前一个节点

续表

序号	步骤	描述
3	选择未处理节点中距离最短节点	从未访问节点集合中选择当前距离最短的节点作为当前处理节点
		将当前处理节点加入已访问节点集合
4	更新邻接节点的最短距离和前驱节点	计算通过当前处理节点到达邻接节点的临时距离
		如果临时距离小于相邻节点的当前最短距离,则更新邻接节点的最短距离和前驱节点
5	重复执行步骤3和步骤4	重复执行步骤3和步骤4,直到所有节点都被访问或者找到到达目标节点的最短路径
6	构建最短停车路径	根据前驱节点数组,从目标节点开始逆序追踪,直到回到源点,从而得到智能汽车从当前位置到目标停车位的最短路径
7	路径输出与优化	将规划得到的最短停车路径输出给智能汽车,指导其停车
		根据实际需要对路径进行优化,如考虑汽车动力学约束、避免障碍物等

随着智能汽车技术和停车场环境的不断发展,可以进一步优化算法,考虑更多实际因素(如汽车动力学约束、多车协同停车等),以进一步提升停车路径规划的准确性和效率。

2.3.2 A* 算法

案例阅读 2-7

想象一下,你是一位勇敢的探险家,在一片未知的丛林中寻找宝藏。A* 算法就像是你的智能地图和指南针。出发前,你已经知道宝藏的大致位置,这是你的目标点。A* 算法会综合考虑当前位置到目标点的直线距离(启发式搜索)和实际可行路径的代价(已花费代价),为你规划一条最优路径。当你遇到分岔路口或障碍物时,算法会重新评估,选择最有可能通向宝藏的方向。如此,你沿着 A* 算法指引的路径,避开陷阱和险峻的地形,最终成功找到宝藏。A* 算法就是这样一个聪明且高效的路径"规划者"。

1. A* 算法的定义

A* 算法是一种高效且广泛应用的启发式搜索算法,旨在寻找从起点到目标点的最优路径,如图 2.28 所示。它通过综合考虑已知的实际代价和预估代价,利用启发式函数评估节点与目标点的接近程度,指导搜索方向。在搜索过程中,A* 算法利用开放列表和关闭列表来管理待检查节点和已检查节点,通过不断更新节点的代价信息,确保找到最优解。

2. A* 算法涉及的基本概念

A* 算法涉及的基本概念见表 2-18。

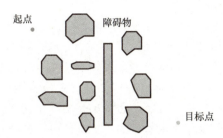

图 2.28　利用 A^* 算法求起点到目标点的最优路径

表 2-18　A^* 算法涉及的基本概念

序号	基本概念	描　述	意　义
1	启发式搜索	利用启发式信息指导搜索过程	提高搜索效率，避免盲目搜索
2	节点	用于表示图中位置的基本单元，包含位置信息、父节点、子节点、g 值和 h 值	节点是 A^* 算法进行搜索的基础，它们构成搜索图或网格的顶点，是连接路径的起点和目标点的关键要素
3	边	表示图中节点之间的连接关系，包含从一个节点到另一个节点的路径信息和权值（如行驶距离、时间等）	边是连接节点的路径，定义节点之间的可达性，并为 A^* 算法提供搜索方向和代价评估的依据
4	开放列表	用于存放待检查节点，根据节点 f 值排序。在搜索过程中，选择 f 值最小节点进行扩展	开放列表管理待检查节点集合，确保搜索过程的有序性和高效性，防止重复检查和遗漏
5	关闭列表	用于存放已检查节点，一旦节点被检查过并处理，就会从开放列表移至关闭列表	关闭列表记录已检查节点，保证搜索过程不会陷入无限循环，提高搜索效率
6	g（实际代价）	g 是从起点到当前节点的实际代价	g 值反映搜索过程中已经付出的努力，是评估节点质量和路径代价的重要依据
7	h（预估代价）	h 是从当前节点到目标点的预估代价，通过启发式函数计算	h 值作为启发式信息，能够引导搜索方向，更快地接近目标点，提高搜索效率
8	f（总代价）	f 是 g 和 h 的和，用于评估节点的优先级。在开放列表中，f 值越小的节点越先被检查和扩展	f 值作为选择节点的依据，确保 A^* 算法优先考虑代价较小的路径，从而实现高效的最优路径搜索
9	启发式函数	用于计算 h 值，反映当前节点到目标点的相对距离或代价	启发式函数的好坏直接影响 A^* 算法的性能，好的启发式函数能够使算法更加高效，快速收敛到最优解

概念解读 2-2

通过智能汽车路径规划的例子解读 A* 算法中的基本概念。在智能汽车路径规划中，节点代表地图上的不同位置（如路口、建筑物等），而边则连接这些节点，表示可能的行驶路径。开放列表用于存放待检查节点，这些节点是算法下一步可能扩展的对象。一旦节点被检查并确定其最佳路径，它将被移至关闭列表，避免重复处理。实际代价是从起点到当前节点的真实行驶成本，如距离或时间。预估代价是根据启发式函数对从当前节点到目标点所需成本的估算。启发式函数的选择对算法性能至关重要，它应能合理预测剩余路径成本。总代价是实际代价与预估代价之和，A* 算法始终选择总代价最小的节点扩展，从而确保找到最短路径。通过启发式搜索策略，A* 算法能够在地图上高效地寻找路径，既考虑当前位置到目标点的直接性，又避免盲目搜索，大大提高路径规划的效率。

3. A* 算法的基本原理

A* 算法的基本原理是基于启发式搜索的最优路径寻找算法。其核心在于利用实际代价 g 与预估代价 h 的组合总代价 f 来指导搜索方向。实际代价 g 记录从起点到当前节点的已知最短路径成本，而预估代价 h 通过启发式函数估计当前节点到目标点的代价。g 与 h 相加得到 f，A* 算法由此评估每个节点的优先级，优先扩展 f 值最小的节点。在搜索过程中，A* 算法通过不断更新节点的代价值，优先选择代价值最小的节点扩展，从而逐步逼近目标。

这一工作原理的关键在于启发式函数的选择，它应能反映节点与目标点的相对距离或代价，但不应高估实际代价，以确保算法最优。同时，A* 算法通过维护开放列表和关闭列表来管理待检查节点及已检查节点，避免重复搜索，保证搜索过程的高效性。开放列表存储待检查节点，而关闭列表记录已检查节点。通过不断更新这两个列表，A* 算法能够确保搜索过程有序、高效。

下面以示例进一步解释 A* 算法的工作原理。如图 2.29 所示，利用 A* 算法求从起点 5 前往目标点 20 的最短路径，每条路径上的数值代表从该路径经过的代价值。

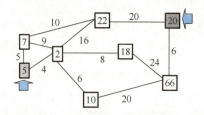

图 2.29　利用 A* 算法求从起点 5 前往目标点 20 的最短路径

首先设置 5 号点为起点，它向下有两条路径：前往 2 号点与前往 7 号点。两条路径的代价值分别为 4 和 5。根据代价函数，选择前往代价值小的点，即 2 号点，如图 2.30 所示。

判断是否到达终点，可知 2 号点不是终点，标记该点位置，同时计算它到周围点的代

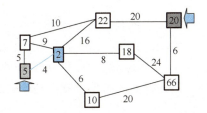

图 2.30　利用 A* 算法求从起点 5 前往目标点 20 的最短路径第一步

价值：从 2 号点可以前往 7 号点，代价值为 9；可以前往 22 号点，代价值为 16；可以前往 18 号点，代价值为 8；可以前往 10 号点，代价值为 6。选择这些点中代价值最小的点，也就是 10 号点，即从 2 号点前往 10 号点，如图 2.31 所示。

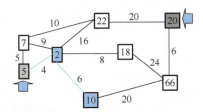

图 2.31　利用 A* 算法求从起点 5 前往目标点 20 的最短路径第二步

然后判断是否到达目标点，可知 10 号点不是目标点，标记该点位置，同时计算它到周围点的代价值：从 10 号点可以前往 66 号点，代价值为 20。选择代价值最小的点，也就是 66 号点，即从 10 号点前往 66 号点，如图 2.32 所示。

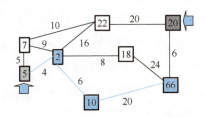

图 2.32　利用 A* 算法求从起点 5 前往目标点 20 的最短路径第三步

判断是否到达目标点，可知 66 号点不是目标点，标记该点位置，同时计算它到周围点的代价值：从 66 号点可以前往 20 号点，代价值为 6。选择代价值最小的点，也就是 20 号点，即从 66 号点前往 20 号点，如图 2.33 所示。

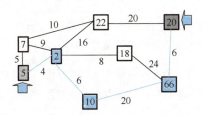

图 2.33　利用 A* 算法求从起点 5 前往目标点 20 的最短路径第四步

判断是否到达目标点，可知 20 号点是目标点，至此，算法结束。得到最优路径 5→

2→10→66→20。

如果将图 2.29 中 2 号点到 10 号点的代价值从 6 改为 10，则可以得到路径为 5→2→18→66→20，总代价值为 42，如图 2.34 所示。但是，实际上从 5 号点到 20 号点的最优路径应该是 5→2→10→66→20，总代价值为 40。所以，从这里也可以看出来，虽然 A* 算法的搜索速度比 Dijkstra 算法高，但是得到的结果可能不是最优的。

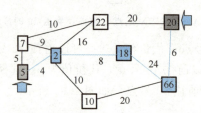

图 2.34　更改代价值后从起点 5 前往目标点 20 的路径

4. A* 算法的特点

A* 算法的特点及改进方法见表 2-19。

表 2-19　A* 算法的特点及改进方法

项目		描　　述
优点	环境响应迅速	通过启发式搜索策略，能够快速响应环境的变化，为智能汽车提供实时路径规划
	搜索路径直接	直接寻找起点与目标点之间的最短路径，减少不必要的搜索空间，提高路径规划的效率
	可用于多种环境	不仅适用于二维平面的路径规划，还可以扩展到三维空间及具有障碍物和约束条件的环境
缺点	实时性差	规划路径时，需要计算每个节点的代价，当节点较多时计算量较大，可能导致实时性较差
	路径不一定最优	在搜索过程中，当存在多个最小代价节点时，可能无法保证搜索的路径最优
	对动态环境适应性有限	在动态变化的环境中，可能需要重新计算路径，导致计算成本增加，且可能无法及时响应环境变化
改进方法	结合其他算法	与其他路径规划算法（如 Dijkstra 算法、遗传算法等）结合，利用各自优势，提高路径规划的准确性和效率
	优化启发式函数	针对智能汽车路径规划的特点，设计更加精确的启发式函数，以提高搜索最优路径的能力
	引入动态权重	根据环境变化和汽车状态，动态调整代价函数的权重，使算法更好地适应实时路径规划的需求

续表

项目		描述
改进方法	局部路径优化	利用 A* 算法找到初步路径后，采用局部优化方法（如平滑处理、拐点优化等）对路径进行优化，以提高路径的可行性和舒适性
	多线程并行处理	利用多线程技术，同时处理多个节点的代价计算和路径搜索，以提高 A* 算法的实时性

5. A* 算法的步骤

利用 A* 算法进行智能汽车路径规划的步骤见表 2-20。

表 2-20 利用 A* 算法进行智能汽车路径规划的步骤

序号	步骤	描述
1	初始化	确定起点和目标点坐标；创建一个开放列表和一个关闭列表；设定启发式函数（如欧氏距离或曼哈顿距离）用于估算当前节点到目标点的成本
2	起点入开放列表	计算起点的实际代价、预估代价及总代价；将起点添加到开放列表
3	选择当前节点	从开放列表中选择总代价值最小的节点作为当前节点
4	检查目标点	如果当前节点是目标点，则算法成功找到路径，规划结束
5	当前节点入关闭列表	从开放列表中移除当前节点，并将其加入关闭列表，表示已检查过
6	扩展当前节点的邻接节点	遍历当前节点的所有邻接节点；计算从起点到每个邻接节点的实际代价，并加上预估代价，得到总代价
7	更新邻接节点	对于每个邻接节点，若不在开放列表则加入并记录父节点；若在开放列表，但新路径的总代价值更小，则更新其总代价值及其父节点
8	检查开放列表	如果开放列表为空，则表示没有找到到达目标点的路径，算法结束
9	返回路径	从目标点开始，通过每个节点的最佳父节点回溯到起点，形成完整路径
10	输出与调整	将规划好的路径信息输出给智能汽车控制系统；根据实际需要（如汽车性能、交通规则等），对路径进行必要的调整和优化

利用 A* 算法进行智能汽车路径规划时，需要注意以下事项。

（1）使用 A* 算法规划智能汽车路径时，需根据实际路况合理设置启发式函数，确保算法既考虑距离因素又兼顾实际道路条件。

（2）确保地图信息的准确性和实时性，避免信息滞后或错误导致规划失败，提高路径规划的可靠性和稳定性。

（3）注意 A* 算法的搜索效率，通过优化数据结构、减少节点等方式提高算法运行速度,满足实时路径规划的需求。

(4) 在路径规划过程中,还需考虑交通规则和安全因素,确保规划的路径既符合交通要求又能保证行驶安全。

下面以示例进一步说明利用 A* 算法进行路径规划的步骤。

图 2.35 所示为某场地图,假设智能汽车需要从起点 A 移动到目标点 T,起点 A 与目标点 T 之间有一堵墙 W,利用 A* 算法进行路径规划。

首先,把场地栅格化,每一个方格的中心称为节点,搜索区域简化为二维数组。数组的每一项代表一个栅格,它的状态有可走和不可走两种。计算出从起点 A 到目标点 T 需要走过哪些栅格,就找到路径。一旦找到路径,就从一个栅格的中心移动到另一个栅格的中心,直至目标点。

在 A* 算法中,从起点 A 开始检查其相邻栅格,然后向四周扩展,直至找到目标点。起点 A 的相邻栅格如图 2.36 所示。其中 A 为父节点,其余八个为子节点。

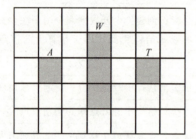

图 2.35 某场地图

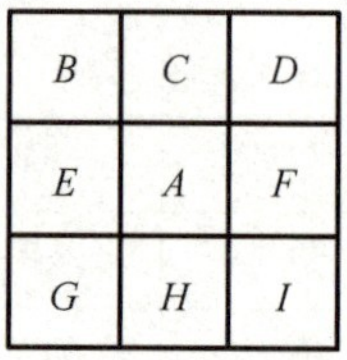

图 2.36 起点 A 的相邻栅格

创建一个开放列表和一个关闭列表,把起点 A 放入开放列表,再把八个子节点也放入开放列表,成为待考察对象。初始时,起点 A 离自身距离为 0,路径完全确定,将其移入关闭列表中;关闭列表中的每个栅格都不需要再关注。

路径质量的判断依据是总代价,单步移动代价采取曼哈顿距离计算公式,即把横向移动和纵向移动一个节点的代价定义为 10,则斜向移动代价为 14。

利用图 2.37 计算从节点 A 移动到节点 I 的总代价。从节点 A 到节点 I 是斜向移动,单步移动距离为 14,实际代价 $g=14$;从节点 I 到目标点 T,横向向右移动 3 步,纵向向上移动 1 步,总共 4 步,估计代价 $h=40$;从节点 A 移动到节点 I 的总代价为 54(14+40)。

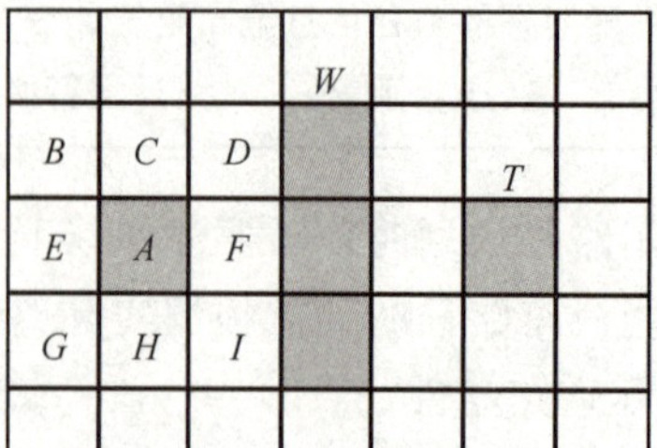

图 2.37 计算从节点 A 移动到节点 I 的总代价

以此类推，分别计算当前开放列表中剩余七个字节点的总代价，节点 B 的总代价为 74；节点 C 的总代价为 60；节点 D 的总代价为 54；节点 E 的总代价为 60；节点 F 的总代价为 40；节点 G 的总代价为 74；节点 H 的总代价为 60。从中挑选最小的总代价节点 F 放入关闭列表。此时，关闭列表中有节点 A 和节点 F。

从开放列表中选择总代价最小的节点 I 并放入关闭列表，检查所有与节点 I 相邻的子节点，忽略不可走的节点及已经在关闭列表中的节点；如果栅格不在开放列表中，则把它们加入开放列表，并把它们作为节点 I 的子节点，如图 2.38 所示。

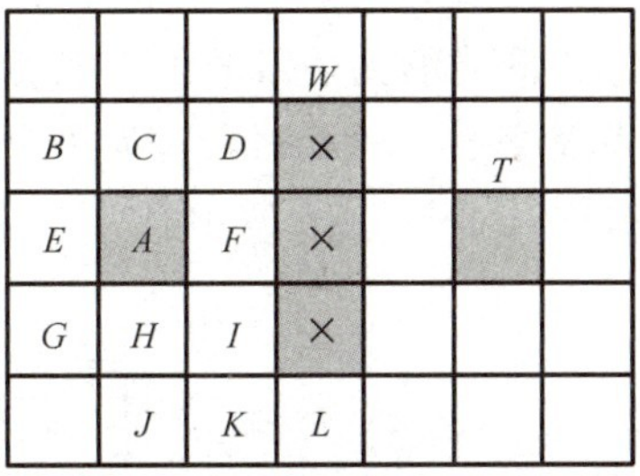

图 2.38 节点 I 的扩展检查

此时，开放列表中有节点 B、C、D、E、G、H、J、K、L；关闭列表中有节点 A、F、I。依次类推，不断重复。一旦搜索到目标点 T，完成路径搜索，结束算法。

完成路径搜索后，从目标点开始，向父节点移动，回到起点，这就是搜索后的路径。如图 2.39 所示。从起点 A 移动到目标点 T 就是简单从路径上的一个栅格的中心移动到另一个栅格的中心，直至目标。

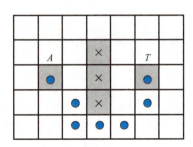

图 2.39 利用 A* 算法进行路径规划的结果

6. A* 算法的应用

A* 算法在智能汽车领域的应用包括但不限于以下场景。

（1）城市导航规划。在城市道路网中，A* 算法能够根据实时交通数据和地图信息，为汽车规划出避开拥堵、快速到达目的地的最优路径。对于不熟悉城市道路的驾驶人，A* 算法能够提供高效的导航服务，提升行驶效率。

（2）电动汽车充电路径规划。对于电动汽车，充电设施的分布和可用性是路径规划的关键因素。A* 算法能够结合电动汽车的电量状态、充电设施的位置和充电速度等信息，规划出既能够到达目的地又能够满足充电需求的路径，确保电动汽车的续驶里程和行驶安全。

(3) 自动驾驶汽车路径规划。在自动驾驶汽车的路径规划中，A*算法能够综合考虑道路情况、交通信号、障碍物等因素，为自动驾驶汽车规划安全、高效的行驶路径。同时，A*算法能够实时调整路径，以适应道路变化或突发情况，确保自动驾驶汽车的行驶稳定性和安全性。

(4) 高速公路多车协同规划。在高速公路上，多车协同行驶能够提高道路利用率和安全性。A*算法可以根据汽车的位置、速度和目的地等信息，为每辆汽车规划出协同行驶的路径，减少汽车之间的冲突和干扰，提高行驶效率。

(5) 跨城旅行路径规划。对于跨城旅行，A*算法能够根据目的地的位置、沿途景点及道路状况等信息，为用户规划出既能够到达目的地又能够欣赏沿途风景的旅行路径。它还可以考虑道路的类型、通行费及交通状况等因素，为用户提供经济、便捷的旅行路线。

基于 A*算法的路径规划示意图如图 2.40 所示。

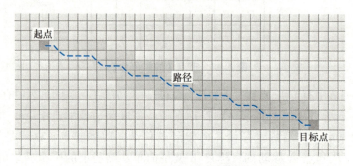

图 2.40　基于 A*算法的路径规划示意图

【案例练习 2-2】

利用 A*算法进行智能汽车城市导航路径规划

1. 案例描述

选取一个典型的中等城市作为导航场景，该城市具有复杂的道路网络和多样的交通状况。为了简化问题，将城市道路抽象为节点和边的形式，并构建一个包含主要道路和交通信号的导航地图。同时，考虑实时交通信息（如道路拥堵情况和交通信号状态），以便更准确地规划导航路径。

2. 案例实施步骤

利用 A*算法进行智能汽车城市导航路径规划的实施步骤见表 2-21。

表 2-21　利用 A*算法进行智能汽车城市导航路径规划的实施步骤

序号	步　　骤	描　　述
1	构建地图与数据准备	根据城市道路的实际情况，构建包含节点和边的导航地图。节点代表一个重要的交通位置（如交叉口、关键节点等），边代表节点之间的可行驶路段

续表

序号	步骤	描述
1	构建地图与数据准备	为节点和边分配唯一标识符，并存储相关属性信息，如坐标位置、道路类型、速度限制等
		收集实时交通信息，包括道路拥堵情况和交通信号状态，用于评估不同路段的行驶代价
2	定义启发式函数和代价函数	启发式函数采用欧氏距离估计从当前节点到目标点的代价，即两点之间的直线距离
		代价函数综合考虑道路长度、拥堵情况和行驶速度等因素，以计算实际从起点到当前节点的代价。代价＝道路长度×（1＋拥堵系数）/行驶速度
3	应用 A*算法进行路径搜索	设定起点和目标点，并在导航地图中定位到相应节点
		初始化开放列表和关闭列表，用于存储待检查节点和已检查节点
		将起点加入开放列表，并根据启发式函数和代价函数计算 f 值（实际代价＋估计代价）
		循环执行 A*算法的核心步骤，直到找到目标点或开放列表为空：选择 f 值最小的节点作为当前节点，扩展其邻接节点并计算 f 值，更新开放列表和关闭列表
		当目标点被访问时，通过回溯前驱节点信息得到从起点到目标点的完整路径
4	路径优化与输出	对搜索得到的路径进行平滑处理，去除冗余节点和不必要的转折
		根据智能汽车动力学约束和交通规则对路径进行优化，确保路径的可行性和安全性
		将优化后的导航路径输出给智能汽车控制系统，指导其行驶

随着城市道路网络的不断完善和智能交通系统的深入发展，可以进一步优化 A*算法的性能，以适应更复杂的导航场景和更高级的导航需求。

2.3.3 蚁群算法

案例阅读 2-8

想象一下城市交通拥堵的场景，汽车如同寻找食物的蚂蚁在道路上穿梭。此时，蚁群算法能发挥作用。它模拟蚂蚁觅食的行为，每只"汽车蚂蚁"随机选择路径，并根据路况释放"信息素"。当某条路线因畅通而受到更多"汽车蚂蚁"的选择时，信息素累积，吸引更多"汽车蚂蚁"选择此路径。随着时间的推移，最优路径因信息素浓度高而被发现，交通拥堵得到缓解。这就是蚁群算法：通过个体间的信息交流和正反馈机制，寻找复杂问题的最优解。

1. 蚁群算法的定义

蚁群算法是一种模拟自然界中蚂蚁觅食行为的优化算法。该算法最初是由意大利学者Dorigo等于20世纪90年代初提出的,通过模拟蚂蚁觅食过程中信息素更新和路径选择的机制解决路径规划问题。在蚁群算法中,每只人工蚂蚁都具有一定的智能,它们能够通过感知周围环境的变化及与其他蚂蚁之间的信息交换,寻找问题的最优解。每只蚂蚁在搜索过程中会释放一种称为"信息素"的化学物质,用来标识走过的路径。随着时间的推移,信息素不断挥发和积累,从而形成信息素分布图。其他蚂蚁选择路径时,会倾向于选择信息素浓度较高的路径,这样就形成一种正反馈机制。

蚁群算法的核心在于信息素更新规则和路径选择规则。信息素更新规则通常包括信息素的挥发和增强两部分,挥发用来模拟信息素随时间衰减的自然现象,而增强是根据蚂蚁走过的路径长度或质量调整信息素浓度的。路径选择规则决定蚂蚁根据当前位置和信息素分布选择下一步行动的方法。

2. 蚁群算法的基本概念

蚁群算法涉及的基本概念见表2-22。

表 2-22 蚁群算法涉及的基本概念

序号	基本概念	描述	意义
1	信息素	蚂蚁释放的化学物质,用于交流路径信息	引导蚂蚁选择优质路径,并在算法中构建解空间
2	觅食行为	蚂蚁根据环境信息素和其他因素选择移动方向	模拟真实蚂蚁觅食行为,实现算法中的路径搜索
3	正反馈机制	优质路径上的信息素逐渐累积,吸引更多蚂蚁选择	提高算法收敛速度和解的质量
4	负反馈机制	避免信息素过度集中,防止算法陷入局部最优	保持算法的多样性和全局搜索能力
5	启发式信息	除信息素外,蚂蚁还考虑其他因素,如距离、障碍物等	增强算法的搜索效率和鲁棒性,有助于找到更优解
6	路径选择	蚂蚁根据信息素浓度和启发式信息综合判断路径优劣	实现算法中的决策过程,决定蚂蚁的移动方向
7	信息素更新	蚂蚁完成一次觅食后,根据路径质量更新信息素	保证算法在迭代过程中不断优化解的质量
8	局部搜索	蚂蚁在局部范围内搜索,寻找更优路径	提高算法的局部优化能力,有助于发现局部最优解
9	全局搜索	多只蚂蚁并行搜索,实现全局范围的路径探索	确保算法在更大范围寻找更优解,提高全局优化能力

概念解读 2-3

用一个城市交通规划的例子来解读蚁群算法中的基本概念。设想城市中有多条道路连接起点和目标点，代表不同的潜在路径。这些信息就如同蚁群算法中的信息素，标记着每条道路的使用频率和效率。当车辆从起点出发，试图抵达目标点时，它们会根据道路上的信息素及其他启发式信息（如路况、预计行驶时间等）选择路径。这就是觅食行为和路径选择的体现。如果某条道路过于拥堵，一些汽车就会选择其他道路，这是负反馈机制在起作用。而当某条道路被频繁使用时，信息素积累，吸引更多汽车选择，形成正反馈机制。随着汽车继续行驶，信息素不断更新，反映道路的真实状况。这样，算法就能在局部搜索（选择当前看似最优的路径）和全局搜索（寻找整体最优解）之间找到平衡，找到最优路径。

3. 蚁群算法的基本原理

蚁群算法的基本原理是通过模拟蚂蚁觅食过程中的信息素释放和路径选择行为，寻找问题的最优解。在汽车路径规划中，可以将道路网络视为蚁群觅食的环境，汽车视为蚂蚁，而路径规划的目标是找到一条从起点到目标点的最优路径。

在蚁群算法中，每只蚂蚁都释放信息素，并根据信息素的浓度和启发式信息（如距离、交通状况等）选择路径。随着蚂蚁的移动和信息的更新，信息素会在优质路径上逐渐累积，从而吸引更多蚂蚁选择这些路径。最终，通过多只蚂蚁的并行搜索和信息素的更新，蚁群算法能够找到全局最优或近似最优的路径。

图 2.41 所示为蚂蚁觅食示意图。在图 2.41（a）中，蚁巢与食物源之间没有障碍物，

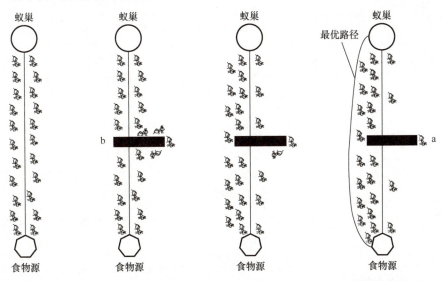

(a) 一般觅食情况　(b) 遇到障碍物时的觅食情况　(c) 蚂蚁向信息素高的地方靠拢　(d) 通过信息素优化的最优路径

图 2.41　蚂蚁觅食示意图

种群中的蚂蚁都可以寻找到一条较优路径到达食物源。在图 2.41（b）中，蚂蚁觅食的路径上有一个障碍物，蚂蚁会绕过障碍物的 a 侧和 b 侧，分流前往食物源。在图 2.41（c）中，因为蚂蚁绕过障碍物 b 侧行走的长度比绕过障碍物 a 侧行走的长度小，所以在信息素的引导下，更多蚂蚁选择绕过障碍物 b 侧通往食物源。随着时间的推移，最终形成图 2.41（d），蚂蚁绕过障碍物 b 侧通往食物源。

4. 蚁群算法的特点

蚁群算法的特点及改进方法见表 2-23。

表 2-23 蚁群算法的特点及改进方法

项目		描 述
优点	强大的搜索能力	通过正反馈机制和信息素更新，能够逼近最优路径，适合解决复杂的路径规划问题
	并行性和分布式计算	每只蚂蚁独立进行搜索，实现并行性和分布式计算，提高算法的计算能力和运行效率
	鲁棒性强	对初始值无较高要求，且在寻优过程中不需要人为对参数值进行重新设定，具有较强的鲁棒性
	自适应性好	能够根据环境变化自适应地调整搜索策略，适用于动态变化的路径规划问题
缺点	计算时间长	需要一定的迭代次数和时间找到较优解，可能导致计算时间较长，影响实时性
	参数设置敏感	参数（如信息素挥发因子、信息素更新策略等）对结果有很大影响，若设置不当则可能导致算法性能下降
	易陷入局部最优	在某些情况下，蚁群算法可能过早收敛到局部最优解，而非全局最优解
	对环境变化的适应性有限	当环境发生较大变化时，蚁群算法可能需要较长时间重新调整搜索策略，导致响应速度变低
改进方法	结合其他算法	将蚁群算法与其他优化算法（如遗传算法、粒子群算法等）结合，利用各自优势提高路径规划的效率和精度
	引入启发式信息	在蚁群算法中引入启发式信息（如路网的拓扑结构、交通流量等），以指导蚂蚁的搜索方向，提高收敛速度
	自适应调整参数	根据问题的特性和进化过程，自适应地调整蚁群算法中的参数，以提高算法的性能
	多蚁群协同搜索	多个蚁群同时搜索，提高搜索的多样性和全局性，减小陷入局部最优的可能性
	动态调整信息素更新策略	根据路径的实时状况，动态调整信息素的更新策略，使算法能够更好地适应环境变化

5. 蚁群算法的步骤

利用蚁群算法进行智能汽车路径规划的步骤见表 2-24。

表 2-24 利用蚁群算法进行智能汽车路径规划的步骤

序号	步 骤	描 述
1	初始化参数	设定蚁群规模（蚂蚁数量），初始化信息素强度和信息素衰减系数，设定迭代次数和最大停滞次数
2	构建初始路径	每只蚂蚁随机选择起点，并依据一定规则选择下一个节点，直到到达目标点；初始化每条路径的信息素
3	计算路径长度	计算每只蚂蚁所走路径的长度
4	更新信息素	根据每只蚂蚁所走路径的长度，更新路径上的信息素；信息素更新包括局部更新和全局更新
5	进行迭代	根据信息素强度和转移概率，每只蚂蚁重新选择路径；重复步骤3和步骤4，直到达到预设的迭代次数或满足收敛条件
6	记录最优路径	在迭代过程中，记录找到的最优路径及其长度
7	输出最优路径	当算法结束时，输出记录的最优路径，作为智能汽车的行驶路径
8	路径优化与调整	根据实际需求，对规划得到的最优路径进行必要的优化和调整，以适应实际道路条件和交通规则

利用蚁群算法进行智能汽车路径规划时，需要注意以下事项。

（1）利用蚁群算法进行智能汽车路径规划时，需确保算法参数设置合理，包括信息素挥发系数、信息素强度等，以平衡搜索的广度与深度。

（2）由于蚁群算法容易陷入局部最优解，因此需采用多种策略（如引入精英策略、动态调整参数等）进行改进，以提高路径规划的全局性。

（3）实时更新道路信息（包括交通拥堵、道路封闭等），以保证蚁群算法在规划路径时充分考虑当前的道路状况。

（4）考虑智能汽车的行驶安全和交通规则，蚁群算法生成的路径应尽量避免高风险区域和违反交通规则的情况。

6. 蚁群算法的应用

蚁群算法在智能汽车领域的应用包括但不限于以下场景。

（1）智能汽车路径规划。蚁群算法可以根据实时交通信息、道路状况及目的地要求，为智能汽车规划最优行驶路径。通过模拟蚂蚁在寻找食物过程中的路径选择和信息素更新机制，蚁群算法能够考虑多种因素（如道路拥堵、行驶速度限制等），为汽车提供高效且安全的行驶方案。

（2）车辆调度与优化。蚁群算法可以应用于汽车调度优化，通过模拟蚂蚁在节点之间移动和选择路径的过程，找到最优汽车分配和行驶路径。这有助于减少汽车空闲时间、提高汽车利用率、降低运营成本。

（3）城市交通路径规划。在城市交通中，道路网络复杂且交通状况多变，传统的路径规划方法往往难以应对动态变化。蚁群算法能够根据实时交通信息（如道路拥堵情况、交通事故等）和汽车状态（如位置、速度等），动态规划最优路径。通过模拟蚂蚁在觅食过程中的自适应行为，蚁群算法能够自动调整路径选择策略，以适应不断变化的交通环境。

（4）电动汽车充电路径规划。蚁群算法可以综合考虑电动汽车的电量、充电设施的位置和充电速度等，为电动汽车规划出既能够到达目的地又能够满足充电需求的路径。算法通过模拟蚂蚁在觅食过程中的信息素更新和路径选择行为，找到最优充电站点和行驶路径。

图 2.42 所示为基于蚁群算法的路径规划。图中 S 为起点，T 为目标点，有四个障碍物。

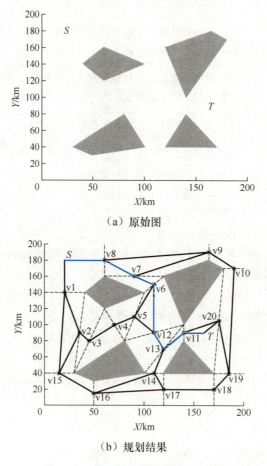

（a）原始图

（b）规划结果

图 2.42　基于蚁群算法的路径规划

【案例练习 2-3】

利用蚁群算法对电动汽车充电进行路径规划

1. 案例描述

假设在一个中等规模的城市，其中分布多个充电站和电动汽车用户的主要出行起点和终点。为电动汽车规划一条从起点到终点的路径，要确保汽车在行驶过程中能够选择合适的充电站充电，以满足电动汽车的续航需求。

2．案例实施步骤

利用蚁群算法对电动汽车充电进行路径规划的实施步骤见表 2-25。

表 2-25　利用蚁群算法对电动汽车充电进行路径规划的实施步骤

序号	步骤	描述
1	环境建模与数据准备	构建城市区域地图模型，包括道路网络、充电站位置，以及电动汽车起点和终点
		收集道路网络的相关数据，如道路长度、行驶时间、拥堵情况等
		获取充电站的信息，包括充电速度、充电费用及可用充电桩数量等
		确定电动汽车的续驶里程、当前电量及最大充电时间等
2	初始化蚁群算法参数	设置蚂蚁数量、迭代次数、信息素挥发系数等参数
		为每只蚂蚁随机选择起点，并赋予初始电量和行驶路径
3	构建解空间与转移规则	根据道路网络和充电站信息构建解空间，即所有可能的行驶路径和充电路径组合
		设计蚂蚁转移规则，综合考虑道路长度、拥堵情况、充电站状态及信息素浓度等
4	信息素更新与局部搜索	根据蚂蚁的行驶路径和充电情况，更新道路上的信息素浓度
		引入局部搜索策略，进一步优化当前较优解，以提高解的质量
5	迭代优化与终止条件	不断迭代执行蚁群算法的核心步骤，直到达到预设的迭代次数或满足终止条件
		在每次迭代中记录当前最优解，并对所有蚂蚁的行驶路径和充电策略进行更新
6	输出充电路径规划结果	输出最优充电路径规划结果，包括行驶路径、选择的充电站及充电时间等

随着电动汽车技术的不断发展和充电设施的日益完善，可以进一步深入研究蚁群算法在充电路径规划中的优化策略和应用范围，以提供更加高效、智能的充电路径规划服务。

2.3.4　遗传算法

案例阅读 2-9

想象你在举办一场烹饪大赛，目标是创造出一道美味的菜肴。遗传算法就像是你的厨师团队，采用一种独特的创意方法。每位厨师都代表一个"个体"，他们的烹饪方案是"染色体",而各种食材和烹饪技巧是"基因"。比赛开始时,厨师准备自己的初始方案。接着通过"选择"环节,选出最受欢迎的几道菜,其烹饪者为优胜者;并通过"交叉"和"变异",将优胜者的烹饪技巧融合、创新。这样一代代传承下去,每代都能诞生出更美味的菜肴。最终你的厨师团队通过遗传算法找到最佳烹饪方案,赢得烹饪大赛的冠军。这就是遗传算法的魅力:通过模拟自然选择和遗传学原理,不断优化解决问题的方式。

1. 遗传算法的定义

遗传算法是一种模拟自然选择和遗传学原理的优化搜索算法。它借鉴生物进化过程中的选择、交叉和变异机制,通过迭代和进化过程,逐步寻找问题的最优解。在遗传算法中,问题的潜在解被编码为染色体,通过适应度函数评估解质量,并根据适应度进行选择、交叉和变异操作,以产生更优秀的后代。

图 2.43 所示为遗传算法示意图,经过选择、交叉、变异操作,得到新一代群体并取代上一代群体。

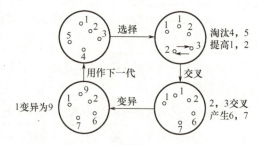

图 2.43 遗传算法示意图

2. 遗传算法的基本概念

遗传算法涉及的基本概念见表 2-26。

表 2-26 遗传算法涉及的基本概念

序号	基本概念	描述	意义
1	染色体	遗传算法中用于表示个体信息的编码串	包含个体的全部基因信息,是遗传算法操作的基本单位
2	基因	染色体上的基本遗传单位,用于表示个体的某一特征	遗传算法中的基本元素,通过基因组合表达个体的特性
3	种群	由多个个体组成的集合,代表问题的可能解空间	通过不断迭代进化,寻找问题的最优解
4	初始种群	随机生成的一组初始解,作为算法迭代的起点	初始种群的多样性决定算法的搜索范围和效率

续表

序号	基本概念	描述	意义
5	编码方式	将问题的解空间映射为遗传算法可操作的染色体编码	确定解空间与算法操作之间的映射关系，是实现算法的第一步
6	适应度函数	用于评估个体适应度的函数，通常与问题的目标函数相关	引导种群的进化方向，是遗传算法中的关键指标
7	选择操作	根据适应度函数从种群中选择优秀个体，组成下一代种群	保证种群中优良基因的传播，有利于找到更优解
8	交叉操作	通过交叉操作，组合两个个体的基因，生成新的个体	提高种群的多样性，有助于发现全局最优解
9	变异操作	以一定概率对个体的某些基因进行随机改变	有助于跳出局部最优解，提高算法的全局搜索能力

概念解读 2-4

用智能汽车城市导航的例子来解读遗传算法中的基本概念。在遗传算法中，染色体代表可能的路径规划方案，每个染色体都由多个基因组成，这些基因代表路径选择的关键点或决策。智能汽车根据这些基因信息在城市中行驶，寻找最优路径。种群是由多个染色体组成的集合，代表多种可能的路径规划方案。初始种群是算法开始时随机生成的路径方案，为后续的搜索和优化提供基础。编码方式是将路径规划问题转化为遗传算法可以处理的形式，常见的编码方式有二进制编码、实数编码等。适应度函数用于评价染色体（路径规划方案）的质量，通常基于行驶距离及时间、道路拥堵状况等因素设计。智能汽车根据适应度函数选择路径，确保选择最佳路径。选择操作从种群中挑选出适应度较高的染色体，并作为下一代的候选者。交叉操作通过交换染色体的部分基因，产生新的路径规划方案。变异操作随机改变染色体中的某些基因，引入新的可能性。通过不断选择、交叉和变异操作，遗传算法能够在城市中为智能汽车找到最优路径，实现高效导航。

遗传算法主要包含的六个关键要素：编码方式、初始种群、适应度函数、选择操作、交叉操作和变异操作。这些要素共同构成遗传算法的基本框架，使算法能够有效地在解空间搜索最优解。

3. 遗传算法的基本原理

遗传算法的基本原理是通过模拟自然界中生物进化的过程，对问题的潜在解进行逐代优化，最终逼近最优解。在遗传算法中，问题的解被编码为"染色体"，通过初始种群随机生成一组解作为起点。接着，根据适应度函数评估每个解的质量，以适应度为选择的依据。在选择操作中，保留适应度高的解，淘汰适应度低的解，以保证优良基因的传承。遗传算法还通过交叉和变异操作引入新的基因组合，提高种群的多样性，有助于发现更优解。通过不断地迭代和进化，遗传算法能够逐步优化问题的解，最终找到接近最优解的个体。

4. 遗传算法的特点

遗传算法的特点及改进方法见表 2-27。

表 2-27 遗传算法的特点及改进方法

项目		描述
优点	全局搜索能力强	能够在搜索空间中进行全局搜索，找到更优路径规划方案
	多目标优化	能够同时考虑路径长度、行驶时间等，实现多目标优化
	适应性强	能够适应不同的环境和路况，具有较强的鲁棒性
	可扩展性强	可以结合其他算法和技术，形成更强大的路径规划系统
缺点	计算复杂度高	计算复杂性随问题规模增大而提高，导致计算时间较长
	解的不确定性	由于遗传算法的随机性，得到的解可能具有不确定性，因此无法确保是最优解
	局部搜索能力弱	局部搜索能力相对较弱，可能导致解的精度不够高
	参数设置依赖经验	参数设置大多依赖经验或试错，缺乏系统性指导
改进方法	结合其他算法	将遗传算法与其他路径规划算法（如 A* 算法、Dijkstra 算法等）结合，提高搜索效率和搜索精度
	引入并行计算	利用并行计算技术，提高遗传算法的计算速度，缩短规划时间
	改进编码方式	优化遗传算法的编码方式，降低问题的复杂度，提高搜索效率
	自适应参数调整	根据问题特性和进化过程，自适应地调整遗传算法参数，减少人为干预
	引入精英保留策略	在进化过程中保留优秀个体，提高算法的收敛速度和精度

5. 遗传算法的步骤

利用遗传算法进行智能汽车路径规划的步骤见表 2-28。

表 2-28 利用遗传算法进行智能汽车路径规划的步骤

序号	步骤	描述
1	定义问题与建模	明确智能汽车路径规划的目标、约束条件和评价标准。例如，目标可以是最小化行驶时间或行驶距离，约束条件可能包括道路限速、交通规则等
2	选择编码方式	选择合适的编码方式，将路径规划问题转化为遗传算法可处理的染色体形式。常用的编码方式有二进制编码、实数编码等
3	生成初始种群	随机生成一定数量的染色体作为初始种群，每个染色体代表一种可能的路径规划方案

续表

序号	步骤	描述
4	设计适应度函数	设计适应度函数,用于评价每个染色体(路径规划方案)的质量。适应度函数应能够反映路径规划问题的优化目标
5	遗传操作	执行遗传操作,包括选择操作、交叉操作和变异操作。选择操作根据适应度函数值挑选优秀个体,交叉操作交换父代个体的部分基因,变异操作随机改变某些基因值
6	种群更新与迭代	根据遗传操作的结果更新种群,并重复执行遗传操作,直到满足终止条件。在每次迭代中,种群中的个体逐渐逼近最优解
7	终止条件判断	检查是否满足终止条件,如达到预设的迭代次数、种群中最优个体的适应度在一定范围内不再显著变化等
8	解码与结果输出	对最优个体进行解码,得到对应的路径规划方案。将结果输出为智能汽车可执行的路径信息
9	结果评估与优化	评估路径规划结果,如分析行驶时间、行驶距离等指标。根据评估结果,进一步调整遗传算法的参数或改进适应度函数,以提高规划效果

利用遗传算法进行智能汽车路径规划时,需要注意以下事项。

(1) 利用遗传算法进行智能汽车路径规划时,需确保编码方式准确表达路径信息,同时考虑算法复杂度和效率,避免过度复杂。

(2) 选择合适的适应度函数,其应能准确反映路径的质量,并考虑道路状况、交通规则等因素,以保证规划结果的合理性。

(3) 遗传算法中的参数设置(如种群大小、交叉和变异概率等)对路径规划效果有很大影响,需进行充分测试和调优。

(4) 在规划过程中,应充分考虑实时交通信息和环境变化,动态调整遗传算法的参数和策略,以适应复杂的道路环境。

6. 遗传算法的应用

遗传算法在智能汽车领域的应用包括但不限于以下场景。

(1) 城市智能交通系统。在城市智能交通系统中,遗传算法可用于优化车辆路径规划,提高交通流量和减少拥堵。通过分析城市交通网络,遗传算法能够寻找出最优行驶路径,帮助汽车避开拥堵路段,提高出行效率。通过实时调整路径规划,遗传算法还能应对突发交通事件,确保汽车安全、快速地到达目的地。

(2) 自动驾驶汽车。在自动驾驶领域,遗传算法可用于优化汽车的行驶策略。通过不断学习和适应不同道路环境及交通状况,遗传算法能够为自动驾驶汽车规划出最安全、最稳定的行驶路径。此外,遗传算法还可以应用于自动驾驶汽车的决策系统,帮助汽车在面对复杂交通场景时作出准确、快速的决策。

(3) 车辆协同与通信。智能汽车的协同与通信是实现智能交通系统的重要基础。遗传算法可用于汽车之间的协同控制策略优化,通过调整汽车的行驶速度和间距,减少交通拥堵和碰撞风险。此外,遗传算法还可以优化车辆与路边基础设施的通信协议,提高通信的可靠性和实时性。

(4) 智能停车系统。在智能停车系统中,遗传算法可以用于解决停车场内车辆的路径规划和停车位的分配问题。通过分析停车场的布局和车辆的停放需求,遗传算法能够规划出最合理、最高效的停车路径,提高停车场的利用率和车辆的停放效率。遗传算法还可以实现停车位的智能分配,减少车辆寻找停车位的时间和成本。

图 2.44 所示为基于遗传算法的四辆汽车快递配送路径规划,其中汽车 1 的路径为 0→28→27→26→25→24→4→3→0;汽车 2 的路径为 0→7→18→20→19→21→22→23→5→6→0;汽车 3 的路径为 0→1→12→30→29→10→2→0;汽车 4 的路径为 0→8→17→16→15→14→13→11→9→0。

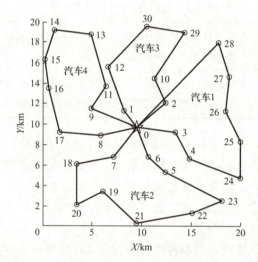

图 2.44 基于遗传算法的四辆汽车快递配送路径规划

[案例练习 2-4]

利用遗传算法进行智能汽车快递配送的路径规划

1. 案例描述

假设在一座中等规模的城市有多个快递配送点(包括仓库和临时存储点)及多个配送目的地(客户地址)。智能汽车需要从仓库出发,按照一定的顺序访问所有配送目的地,并在完成配送任务后返回仓库。规划出一条最短且满足实际约束条件(如道路情况、交通规则、汽车性能等)的配送路径。

2. 案例实施步骤

利用遗传算法进行智能汽车快递配送路径规划的实施步骤见表 2-29。

表 2-29 利用遗传算法进行智能汽车快递配送路径规划的实施步骤

序号	步骤	描述
1	编码与初始化	将配送路径问题编码为染色体形式,每个染色体都代表一种可能的配送顺序
		初始化种群,随机生成一定数量的染色体并作为初始解
2	设计适应度函数	综合考虑路径长度、行驶时间等设计适应度函数,评估每条配送路径的质量
		根据道路网络、交通状况等信息,计算每条路径的总行驶距离和行驶时间
3	选择操作	根据适应度函数的评估结果,选择优秀的染色体进入下一代种群
		可以采用轮盘赌选择等策略,确保适应度较高的染色体有更多的机会被选中
4	交叉与变异操作	对选中的染色体进行交叉操作,通过交换部分基因片段来产生新的染色体
		对新产生的染色体进行变异操作,以引入新的基因组合和提高种群的多样性
5	迭代与优化	重复进行选择、交叉和变异操作,不断迭代、优化种群中的染色体
		在每次迭代中,记录当前最优解,并根据需要调整遗传算法的参数
6	设置终止条件、结果输出	设置合适的终止条件,如达到预设的迭代次数或适应度函数值达到稳定状态
		当满足终止条件时,输出当前最优解作为智能汽车快递配送的路径规划结果

假设有五个配送目的地和一个仓库,初始种群大小为 30,迭代次数为 100 次。通过遗传算法的迭代与优化,可以得到一个最优配送路径,该路径不仅最短且考虑实际的交通情况和汽车性能,确保配送的效率和安全性。

2.3.5 人工势场法

案例阅读 2-10

想象一下你是一只蚂蚁,在寻找食物的过程中遇到一片复杂的地形。为了高效地找到食物并返回巢穴,你采用了一种聪明的方法——人工势场法。在这个场景中,食物被视为高势能点,吸引你向前移动;而障碍物和危险区域形成低势能壁垒,产生斥力使你绕行。同时,巢穴散发微弱的引力,引导你安全返回。你沿着势能降低的方向前进,不断平衡引力和斥力,最终成功找到食物并安全返回。这就是人工势场法的核心思想:通过构建势场模型,引导智能移动体在复杂环境中高效、安全地移动。

1. 人工势场法的定义

人工势场法用于智能移动体路径规划,实现避障。该算法借助物理学中"势场"的概念,将障碍物等价为斥力源,对智能移动体产生"斥力";将目标点等价为引力源,对智能移动体产生"引力"。在移动的过程中,"引力"与"斥力"不断变化,智能移动体通过本身所受的合力实时改变移动方向,实现在移动过程中躲避障碍物。基于人工势场法的路径规划示意图如图 2.45 所示。

利用人工势场法进行智能汽车路径规划可类比水流从山谷高处流向低处的过程,将智

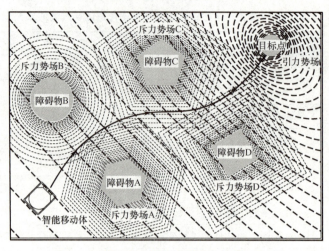

图 2.45 基于人工势场法的路径规划示意图

能汽车的起点视为水流源头的高峰,将目标点视为山谷的最低点,障碍物相当于水流遇到的高峰,智能汽车相当于由山谷的最高峰向低谷流动的水流,在流动过程中,需要避开障碍物(高峰),最后到达山谷的最低点,即智能汽车到达目标点。

2. 人工势场法涉及的基本概念

人工势场法涉及的基本概念见表 2-30。

表 2-30 人工势场法涉及的基本概念

序号	基本概念	描述	意义
1	人工势场	由目标点产生引力场,障碍物产生斥力场	提供智能移动体导航所需的力学环境
2	引力场	由目标点产生的引力作用范围	引导智能移动体朝目标点移动
3	斥力场	由障碍物产生的斥力作用范围	防止智能移动体与障碍物发生碰撞
4	引力势场函数	描述目标点与智能移动体之间引力的数学表达	决定智能移动体接近目标点的速度和方向
5	斥力势场函数	描述障碍物与智能移动体之间斥力的数学表达	确保智能移动体在避开障碍物的同时进行有效导航
6	势能函数	引力场和斥力场的势能总和	反映智能移动体在环境中移动时受到的总作用
7	局部最小值	势能函数中的极小值点,可能导致智能移动体陷入困境	揭示算法在复杂环境中的局限性
8	动态调整	根据环境和目标的变化动态调整势场参数	增强算法的自适应性和鲁棒性
9	算法收敛	智能移动体到达目标点,势场函数达到最小值	衡量算法性能和效率的重要指标

概念解读 2-5

用智能汽车自主导航的例子来解读人工势场法中的基本概念。在人工势场法中,智能汽车被置于一个虚拟的力场中,该力场由引力场和斥力场构成。引力场是由目标点产生的,它吸引智能汽车向目标点移动。引力势场函数衡量汽车和目标点之间的距离与引力的关系,距离越小,引力越大,从而促使汽车加速行驶。斥力场由障碍物产生,它使智能汽车接近障碍物时受到斥力作用,从而避免碰撞。斥力势场函数决定汽车与障碍物之间的距离和斥力,当汽车过于接近障碍物时,斥力急剧增大,从而促使汽车改变行驶方向。势能函数是引力场和斥力场的综合体现,它反映智能汽车在整个环境中的势能分布。在寻找最优路径的过程中,智能汽车需要避免陷入局部最小值,这通常通过动态调整势能函数中的参数实现。通过不断迭代和计算,人工势场法算法最终会收敛到一条从起点到目标点的无碰撞路径,使智能汽车能够安全、高效地到达目的地。

引力势场函数表示为

$$U_{\text{att}}(q) = \frac{1}{2} k \rho^2(q, q_g) \quad (2-1)$$

式中,$U_{\text{att}}(q)$ 为引力势场函数;k 为引力增益系数;$\boldsymbol{\rho}(q, q_g)$ 表示一个矢量,矢量值为智能移动体任意点 q 位置和目标点 q_g 位置之间的欧氏距离 $|q-q_g|$,矢量方向为两个位置连线上从智能移动体位置指向目标点位置。

目标点对智能移动体产生的引力为

$$F_{\text{att}}(q) = -\nabla U_{\text{att}}(q) = k \rho(q, q_g) \quad (2-2)$$

假设智能移动体位置为 (x, y),目标点位置为 (x_g, y_g),则引力势场函数可表示为

$$U_{\text{att}}(x, y) = \frac{1}{2} k [(x-x_g)^2 + (y-y_g)^2] \quad (2-3)$$

目标点对智能移动体产生的引力可表示为

$$F_{\text{att}}(x, y) = k \sqrt{(x-x_g)^2 + (y-y_g)^2} \quad (2-4)$$

引力是智能移动体与目标点之距离的函数,随着二者距离的减小而减小,在智能移动体到达目标点时,引力为 0,完成路径规划。

斥力势场函数表示为

$$U_{\text{rep}}(q) = \begin{cases} \frac{1}{2} m \left[\frac{1}{\rho(q, q_0)} - \frac{1}{\rho_0} \right]^2 & 0 \leq \rho(q, q_0) \leq \rho_0 \\ 0 & \rho(q, q_0) > \rho_0 \end{cases} \quad (2-5)$$

式中,$U_{\text{rep}}(q)$ 为斥力势场函数;m 为斥力增益系数;ρ_0 为正常数,表示障碍物对智能移动体产生作用的最大距离;$\boldsymbol{\rho}(q, q_0)$ 表示一个矢量,矢量值为智能移动体任意点 q 位置和障碍物点 q_0 位置之间的欧氏距离 $|q-q_0|$,矢量方向为两个位置连线上从障碍物位置指向智能移动体位置。

障碍物对智能移动体产生的斥力为

$$F_{\text{rep}}(q) = \begin{cases} m \left[\frac{1}{\rho(q, q_0)} - \frac{1}{\rho_0} \right] \frac{1}{\rho^2(q, q_0)} \nabla \rho(q, q_0) & 0 \leq \rho(q, q_0) \leq \rho_0 \\ 0 & \rho(q, q_0) > \rho_0 \end{cases} \quad (2-6)$$

假设智能移动体位置为(x,y)，障碍物位置为(x_0, y_0)，则斥力势场函数可表示为

$$U_{\text{rep}}(x,y) = \begin{cases} \dfrac{1}{2}m\left[\dfrac{1}{\sqrt{(x-x_0)^2+(y-y_0)^2}}-\dfrac{1}{\rho_0}\right]^2 & 0\leqslant\sqrt{(x-x_0)^2+(y-y_0)^2}\leqslant\rho_0 \\ 0 & \sqrt{(x-x_0)^2+(y-y_0)^2}>\rho_0 \end{cases} \quad (2-7)$$

当$0\leqslant\sqrt{(x-x_0)^2+(y-y_0)^2}\leqslant\rho_0$时，障碍物对智能移动体产生的$x$轴斥力可表示为

$$F_{\text{repx}}(x,y) = m\left[\dfrac{1}{\sqrt{(x-x_0)^2+(y-y_0)^2}}-\dfrac{1}{\rho_0}\right]\left\{\dfrac{x-x_0}{\sqrt{[(x-x_0)^2+(y-y_0)^2]^3}}\right\} \quad (2-8)$$

障碍物对智能移动体产生的y轴斥力可表示为

$$F_{\text{repy}}(x,y) = m\left[\dfrac{1}{\sqrt{(x-x_0)^2+(y-y_0)^2}}-\dfrac{1}{\rho_0}\right]\left\{\dfrac{y-y_0}{\sqrt{[(x-x_0)^2+(y-y_0)^2]^3}}\right\} \quad (2-9)$$

当智能移动体与障碍物间的距离大于ρ_0时，斥力为0，而当二者间距离小于ρ_0且逐渐缩小时，斥力会越来越大，因此能够使智能移动体远离障碍物，安全地到达目标点。

根据引力势场函数和斥力势场函数，可以得到整个运行空间的势能函数。因智能移动体的全局势场值为智能移动体所受的斥力场和引力场之和，故势能函数为

$$U(q) = U_{\text{att}}(q) + U_{\text{rep}}(q) \quad (2-10)$$

智能移动体所受合力为

$$F(q) = F_{\text{att}}(q) + F_{\text{rep}}(q) \quad (2-11)$$

智能移动体在合力的作用下运动到目标点，最终完成路径规划过程。

3. 人工势场法的基本原理

人工势场法是一种模拟物理场中粒子运动规律的路径规划方法。其基本原理在于构建一个虚拟势场，其中目标点产生引力场，吸引智能移动体向目标移动；障碍物产生斥力场，防止智能移动体与其发生碰撞。通过计算智能移动体所处位置的综合势场（引力与斥力的合力），确定下一步的运动方向，从而引导智能移动体避开障碍物，安全高效地到达目标位置。

4. 人工势场法的特点

人工势场法的特点及改进方法见表2-31。

表2-31 人工势场法的特点及改进方法

项目		描述
优点	设计思路简单直观	通过模拟引力场和斥力场，智能汽车能够直观地感知并响应环境中的障碍物和目标点
	计算量相对较小	与一些复杂的路径规划算法相比，人工势场法的计算量较小，适用于对实时性要求较高的场景
	实时避障能力强	智能汽车能够根据环境的变化实时调整运动轨迹，有效避开障碍物
	平滑的轨迹控制	求解汽车所受引力和斥力的合力并将其作为控制输入，实现平滑轨迹控制

续表

项目		描述
缺点	局部最优问题	当引力和斥力在某个点达到平衡时,智能汽车可能陷入局部最优解,无法继续向目标点移动
	障碍物附近问题	当目标点附近有障碍物时,斥力很大,而引力较小,导致智能汽车难以到达目标点
	远离目标点问题	当智能汽车距离目标点较远时,引力很大,较小的斥力可能无法有效发挥作用,导致汽车可能碰到障碍物
	动态避障能力有限	在动态环境中的避障能力较弱,可能无法及时作出反应
改进方法	引入动态势场	考虑障碍物的动态特性和环境的变化,引入动态势场的概念,提高算法对动态环境的适应性
	改进势场函数	对引力势场函数和斥力势场函数进行改进,使其能够更好地反映环境的实际情况,减少陷入局部最优解的可能性
	结合其他算法	将人工势场法与其他路径规划算法(如 A* 算法、Dijkstra 算法等)结合,利用各自的优势,提高全局路径规划的准确性
	增加约束条件	在算法中增加一些约束条件(如道路约束、安全距离等),进一步提高路径规划的安全性和可行性

5. 人工势场法的步骤

利用人工势场法进行智能汽车路径规划的步骤见表 2-32。

表 2-32 利用人工势场法进行智能汽车路径规划的步骤

序号	步骤	描述
1	构建势场模型	在智能汽车所在的环境中,为目标点和障碍物分别定义引力场及斥力场。引力场使汽车朝目标点移动,而斥力场用于避开障碍物
2	计算引力	根据智能汽车当前位置和目标点的距离,计算目标点对汽车的引力。引力值通常与当前位置和目标点之间的距离成反比,即距离越小,引力越大
3	计算斥力	计算智能汽车周围障碍物的斥力,斥力值通常与汽车当前位置到障碍物的距离和障碍物的属性有关。当汽车靠近障碍物时,斥力增大,迫使汽车远离障碍物
4	计算合力	将引力和斥力叠加,计算得到智能汽车所受的合力。合力将指导汽车沿着势场下降的方向移动,即同时考虑接近目标点和避开障碍物
5	生成路径	根据计算得到的合力,确定智能汽车下一步的移动方向和速度。通过不断迭代计算合力和更新汽车位置,逐步生成从起点到目标点的路径

续表

序号	步骤	描述
6	路径优化与平滑	在得到初始路径后，可以根据需要进一步对路径进行优化和平滑处理（可能包括去除冗余点、平滑转角等操作），以提高路径的可行性和舒适性
7	实时调整与更新	在智能汽车行驶过程中，根据实际情况对势场和路径进行实时调整、更新，包括对障碍物的动态识别和处理，以及对目标点位置变化的响应

利用人工势场法进行智能汽车路径规划时，需要注意以下事项。

（1）利用人工势场法进行智能汽车路径规划时，应合理设置势场函数，确保目标点的引力与障碍物的斥力平衡，避免陷入局部最小值。

（2）需关注势场更新策略，确保实时反映环境变化，以应对动态障碍物和路况变动，提高路径规划的灵活性和适应性。

（3）考虑车辆动力学约束，将车辆行驶特性融入势场设计，确保规划路径的可行性和平滑性，提升行驶过程中的安全性和舒适性。

（4）优化算法性能，减小计算量，提高实时性，以适应智能汽车在复杂环境中快速规划路径的需求。

6. 人工势场法的应用

人工势场法在智能汽车领域的应用包括但不限于以下场景。

（1）城市道路交通规划。在城市道路交通规划中，人工势场法能够有效地帮助汽车避开拥堵路段，选择最优行驶路径。通过构建包含道路网络、交通信号灯、障碍物等元素的势场模型，人工势场法可以计算出汽车在不同位置的势能值，进而规划出最短路径。这不仅能提高行驶效率，还有助于减少城市交通拥堵。

（2）泊车辅助系统。泊车辅助系统是汽车智能化发展的重要方向，而人工势场法为泊车路径规划提供有效的解决方案。通过构建包含停车位、障碍物、车辆轮廓等元素的势场模型，人工势场法可以规划出汽车从当前位置到停车位的最优路径，不仅减少了泊车过程中的碰撞风险，还提高了泊车效率和准确性。

（3）山区道路路径规划。在山区道路行驶时，汽车需要面对复杂的路况和多变的地形。人工势场法可以根据山区的地形特点，构建出包含坡度、弯道、障碍物等元素的势场模型。在这个势场中，汽车可以根据势能值及其变化趋势，选择合适的行驶速度和方向，避免过度加速或减速，确保行驶的安全性和舒适性。

（4）智能汽车避障。人工势场法为智能汽车避障提供高效、直观的解决方案。该方法通过构建包含障碍物斥力场和目标点引力场的人工势场，引导智能汽车在安全区域内行驶。在行驶过程中，汽车根据势场中的合力调整方向，自动避开障碍物，并朝着目标点行驶。

图2.46所示为基于人工势场法的路径规划。

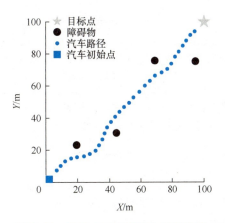

图 2.46 基于人工势场法的路径规划

【案例练习 2-5】

利用人工势场法进行智能汽车城市道路避障路径规划

1. 案例描述

智能汽车在城市道路行驶中需精准规划避障路径以确保行驶安全。借助先进的传感器和算法,智能汽车实时感知周围环境,包括车辆、行人及道路标识等。通过高效处理这些信息,智能汽车能够构建道路模型并预测障碍物动态。在路径规划上,智能汽车采用优化算法(如人工势场法),综合考虑道路状况、交通规则及车辆动态,生成平滑且安全的行驶轨迹;同时,实时调整路径以应对突发状况,如突然出现的行人或故障车辆。

2. 案例实施步骤

利用人工势场法进行智能汽车城市道路避障路径规划的实施步骤见表 2-33。

表 2-33 利用人工势场法进行智能汽车城市道路避障路径规划的实施步骤

序号	步骤	描述
1	环境建模与势场设置	对城市道路环境进行建模,包括道路网络、障碍物位置、交通规则等信息
		将目标点作为引力场的中心,并定义引力势场函数与距目标点的距离成反比
		将障碍物设置为斥力场的中心,并根据障碍物的尺寸和形状定义斥力势场函数。斥力势场函数应能够反映障碍物对智能汽车运动的阻碍程度
2	势场力计算	在智能汽车当前位置,根据引力势场函数计算目标点的引力。引力方向指向目标点,其值与距目标点的距离成反比
		根据斥力势场函数计算各个障碍物的斥力。斥力方向指向远离障碍物的方向,其值与距障碍物的距离和障碍物的尺寸有关
		将引力和斥力进行矢量合成,得到智能汽车在当前位置的总势场力。总势场力的方向和大小决定智能汽车下一步的移动方向和速度

续表

序号	步骤	描述
3	路径规划	根据总势场力的方向和大小，确定智能汽车下一步的移动方向和速度。智能汽车将沿着势场力减小的方向移动，以避开障碍物并朝目标点前进
		智能汽车在移动过程中需要不断更新位置，并重新计算势场力和规划路径。这可以通过传感器获取实时环境信息，并结合地图数据和交通规则实现
4	路径优化与调整	人工势场法可能导致路径出现局部最优或振荡等问题，因此需要对规划路径进行优化与调整
		可以采用平滑算法对路径进行平滑处理，消除不必要的转折和抖动，使路径更加符合实际驾驶需求
		根据智能汽车的动态性能约束（如最大转向角、最大加速度等），对路径进行适当调整，以确保汽车在实际行驶中的可行性
5	确定终止条件、结果输出	当智能汽车成功到达目标点或遇到无法逾越的障碍物时，路径规划过程终止
		输出规划的避障路径，该路径描述智能汽车从起点到目标点的安全行驶轨迹

由于人工势场法可能存在局部最小值等问题，因此在实际应用中需要结合其他优化算法或策略来提高路径规划的可靠性和效率。

2.3.6　RRT算法

案例阅读2-11

想象你在一片茂密的森林中迷路了，你的目标是找到森林尽头的湖泊。RRT算法就像你手中的魔法指南针。你从起点出发，每走一步，魔法指南针都会随机指向一个方向。每当你遇到树木、岩石等障碍物时，指南针立即调整方向以避开它们。这样，你不断接近目标点。最终，当你抵达湖泊时发现自己的足迹已经连成一条曲折但畅通的路径。这就是RRT算法：在未知环境中快速探索，并找到一条通往目标点的无碰撞路径。

1. RRT算法的定义

RRT算法是一种基于采样的路径规划方法。RRT算法通过构建一棵随机扩展的树来搜索可行路径，从而在复杂的环境中实现高效的路径规划。

RRT算法利用随机采样和局部最优搜索构建一棵树，该树的根节点通常位于起点位置，而树的扩展通过随机选择目标空间中的点并寻找当前树中与其最近的节点作为父节点来实现。找到父节点后，计算从父节点到随机点的局部最优路径，并将其作为新的树枝添加到树中。由此，RRT算法能够快速地探索整个空间，并在遇到障碍物时灵活避障。

RRT 算法构建随机树示意图如图 2.47 所示。图中，Q_{init} 为起点，Q_{goal} 为目标点，Q_{rand} 为随机点，$Q_{nearest}$ 为邻近点，Q_{new} 为新节点。

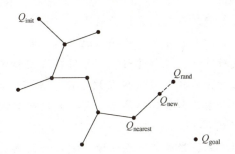

图 2.47　RRT 算法构建随机树示意图

2. RRT 算法涉及的基本概念

RRT 算法涉及的基本概念见表 2-34。

表 2-34　RRT 算法涉及的基本概念

序号	基本概念	描述	意义
1	采样点	在规划空间中随机生成的点，用于指导树的扩展方向	RRT 算法能够探索未知空间，在遇到障碍物时自动调整扩展方向
2	邻近点	当前树中与采样点最近的节点，用于确定树扩展的起点	通过找到邻近点，确保树的扩展是向着采样点方向进行的，从而逐步逼近目标点
3	新节点	从邻近点向采样点方向扩展生成的新的节点，用于扩展树的结构	添加新节点能够不断逼近目标点，并最终找到一条从起点到目标点的可行路径
4	障碍物检测	利用传感器（如激光雷达、摄像头等）实时识别和定位周围环境中的障碍物，将其位置、形状及大小等信息精确标记在算法构建的空间地图中	确保路径规划的安全性，避免智能移动体与障碍物碰撞，优化导航效率
5	碰撞检测	判断树在扩展过程中是否与障碍物发生碰撞	确保生成的路径不会与障碍物发生冲突，保证路径的安全性
6	步长	树在扩展过程中的每步长度，会影响路径的平滑和搜索效率	步长的选择需要根据具体问题调整，以平衡路径的平滑度和搜索效率
7	目标偏差	控制树向目标点扩展的倾向程度，用于提高收敛速度	设置目标偏差可以在一定程度上影响树的扩展方向，使其更快地逼近目标点
8	重规划	当环境发生变化或找到的路径不可行时，重新运行 RRT 算法	确保智能汽车在不同场景下都能找到合适的行驶路径

概念解读 2-6

通过智能泊车的例子来解读 RRT 算法中的基本概念。在 RRT 算法中，采样点是随机生成的点，这些点代表智能汽车可能尝试的泊车位置和方向。邻近点是当前树中离采样点最近的节点，它决定树的生长方向。选择邻近点后，算法会根据一定步长从邻近点向采样点方向扩展，生成新节点。这个过程中，障碍物检测和碰撞检测至关重要，它们可确保新节点不与障碍物发生碰撞。目标偏差用于衡量新节点与目标位置之间的差距，它指导算法朝着目标方向搜索。如果目标偏差过大，算法就会调整搜索策略，通过重新规划路径寻找更接近目标的路径。在智能泊车系统中，RRT 算法不断重复上述过程，通过不断地采样、寻找邻近点、生成新节点、进行障碍物检测及碰撞检测，构建一棵能够连接起始位置和目标泊车位的随机树。当树触及目标位置时，算法便找到一条可行的泊车路径。

3. RRT 算法的基本原理

RRT 算法的基本原理是通过在状态空间中随机采样并扩展搜索树来寻找从起点到目标点的路径。该算法的核心思想是在搜索过程中不断尝试新的方向和位置，以便快速覆盖整个状态空间，从而找到可行路径。

具体来说，RRT 算法从起点开始构建一棵搜索树，在每次迭代中，算法都随机生成一个目标点，并在搜索树中找到离该目标点最近的节点作为父节点。然后，算法尝试从父节点向目标点方向扩展，生成一个新节点。如果新节点满足约束条件（如障碍物避让、动力学约束等），则将其加入搜索树，否则放弃该扩展。通过不断重复这个过程，搜索树逐渐扩展并覆盖整个状态空间，直到搜索树中的某个节点接近或到达目标点。

4. RRT 算法的特点

RRT 算法的特点及改进方法见表 2-35。

表 2-35 RRT 算法的特点及改进方法

项目		描 述
优点	高效性	通过快速扩张树形结构来探索空间，能够迅速找到可行路径，适用于实时决策和规划
	环境适应性	能够处理复杂的环境和动态障碍物，具有较强的环境适应性
	局部最优性	在局部区域进行路径搜索，通常能够得到局部最优解，满足大多数应用场景的需求
缺点	路径质量较差	生成的路径可能较粗糙，存在棱角和不够光滑的问题，需要进行后处理以提高路径质量
	不适合全局规划	在全局路径规划方面可能不如其他方法准确，容易陷入局部最优解
	计算效率降低	在复杂环境中，可能需要进行大量采样和碰撞检测，导致计算效率降低

续表

项目		描述
改进方法	目标偏置采样	通过在采样过程中增加目标点的权重,引导RRT算法更快地朝目标点搜索,提高搜索效率
	平滑处理	对RRT算法生成的路径进行平滑处理,如使用B样条曲线等消除路径中的棱角,提高路径质量
	结合其他算法	将RRT算法与其他路径规划算法(如A*算法、Dijkstra算法等)结合,利用各自的优势,提高全局路径规划的准确性
	智能采样策略	根据环境特点和障碍物分布,设计智能采样策略,减少不必要的采样和碰撞检测,提高计算效率

5. RRT算法的步骤

利用RRT算法进行智能汽车路径规划的步骤见表2-36。

表2-36 利用RRT算法进行智能汽车路径规划的步骤

序号	步骤	描述
1	初始化	确定起点和目标点,并在起点处创建随机树的根节点
2	随机采样	在智能汽车的配置空间中随机选择一个采样点
3	寻找邻近点	在随机树中查找离采样点最近的节点
4	生成新节点	从邻近点向采样点方向延伸一段距离,生成一个新节点
5	碰撞检测	检查新节点与障碍物是否发生碰撞。如果碰撞,则放弃该新节点,回到步骤2重新采样
6	添加新节点	如果新节点与障碍物之间还会发生碰撞,将其添加到随机树中,并连接至邻近点
7	检查目标点	检查新节点是否接近或达到目标点。如果是,则路径规划成功,可以通过回溯找到从起点到目标点的路径
8	迭代扩展	如果新节点未达到目标点,重复步骤2至步骤7,继续扩展随机树,直到找到目标点或达到预设的最大迭代次数
9	路径平滑与优化	对找到的路径进行平滑处理,去除不必要的转折和冗余部分,提高路径的效率和可行性

利用RRT算法进行智能汽车路径规划时,需要注意以下事项。

(1)利用RRT算法进行智能汽车路径规划时,应合理选择起点和目标点,确保规划路径的有效性和可行性,避免路径过于曲折或超出车辆行驶范围。

(2)RRT算法中树的扩展策略对路径规划质量影响较大,需根据实际道路条件和车辆性能进行优化,提高路径的平滑性和安全性。

(3) 考虑实时交通信息的变化，应动态调整 RRT 算法的参数和策略，以适应不同路况和驾驶需求，提高路径规划的实时性和准确性。

(4) 优化 RRT 算法的性能，减少计算时间和内存消耗，提高路径规划的效率和稳定性，确保智能汽车快速响应并准确执行规划路径。

6. RRT 算法的应用

RRT 算法在智能汽车领域的应用包括但不限于以下场景。

(1) 自动驾驶汽车路径规划。在自动驾驶汽车领域，RRT 算法能够根据道路网络、交通规则及实时交通信息，为自动驾驶汽车规划出最优行驶路径。这不仅有助于提高汽车的行驶效率，还能降低交通事故的风险。

(2) 智能泊车系统。智能泊车系统是自动驾驶汽车的重要功能，而 RRT 算法在其中扮演着重要角色。利用 RRT 算法，智能泊车系统能够自主搜索合适的停车位，并规划出安全、高效的泊车路径，简化了泊车过程，提高了泊车的便捷性和安全性。

(3) 车辆避障与碰撞预警系统。RRT 算法可以应用于车辆避障与碰撞预警系统。通过实时分析汽车的传感器数据，RRT 算法能够预测潜在的障碍物和碰撞风险，并提前规划出避障路径。这有助于减少交通事故，提高道路安全性。

(4) 复杂路况下的行驶优化。在复杂路况下（如拥堵的城市街道或崎岖的山路），RRT 算法能够根据实时路况信息动态调整汽车的行驶轨迹。通过不断优化行驶路径，RRT 算法能够帮助汽车更好地应对各种挑战，提高行驶的稳定性和舒适性。

图 2.48 所示为基于 RRT 算法的路径规划示意图。

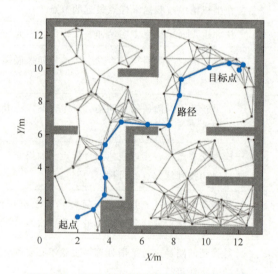

图 2.48　基于 RRT 算法的路径规划示意图

【案例练习 2-6】

利用 RRT 算法进行非结构化道路的智能汽车路径规划

1. 案例描述

在非结构化道路环境中，智能汽车面临着道路不规则、障碍物多样、路况复杂等挑战。在非结构化道路中,智能汽车需要从起点出发,绕过各种障碍物,最终到达指定的目标点。这些障碍物可能是树木、石块、坑洼等,它们的位置和形状都是不确定的。

2. 案例实施步骤

利用RRT算法进行非结构道路的智能汽车路径规划的实施步骤见表2-37。

表2-37 利用RRT算法进行非结构道路的智能汽车路径规划的实施步骤

序号	步骤	描述
1	环境建模	将道路环境划分为一系列网格或点,每个网格或点都包含关于道路特征和障碍物位置的信息。这些信息可以通过激光雷达、摄像头等传感器获取
2	初始化	在起点位置初始化一个随机扩展树,并设定目标点位置
3	随机采样	在可行驶区域内随机生成一个采样点。采样点的生成需要考虑障碍物的位置和形状,以及道路的曲率和坡度等特征
4	扩展树结构	从随机扩展树中选择邻近点向采样点方向扩展,并进行碰撞检测,确保路径不与障碍物发生碰撞。如果发生碰撞或超出可行驶区域则放弃
5	添加新节点	如果成功扩展到采样点附近且没有发生碰撞,则在扩展路径的末端添加一个新节点,并将其加入随机扩展树
6	迭代优化	重复采样扩展步骤,直到目标点被包含在树中或达到预设的迭代次数。在迭代过程中,可以调整采样策略和扩展步长,以提高路径规划的效率和质量
7	提取路径	当目标点被包含在随机扩展树中时,沿着树结构逐步向目标点移动。提取路径需要考虑智能汽车的行驶能力和动力学约束,确保行驶安全

在实际应用中,还需要考虑智能汽车的感知能力、定位精度及实时性要求等,以确保路径规划的准确性和可靠性。

2.3.7 PRM算法

案例阅读2-12

想象一下你是一位园艺师,要在一片广阔的土地上设计一条灌溉管道路径。这时,PRM算法就如同你的智能灌溉规划器。首先,算法会在土地上的关键位置随机放置一些水管接口,就像为植物预设了水源点。其次,算法尝试连接这些水管接口,形成一条条潜在的灌溉管道,随着管道连接的增多,一个覆盖整片土地的灌溉网络逐渐形成。最后,你通过这个灌溉网络找到从水源到每片植物区域的最优灌溉路径。这就是PRM算法的魅力:构建随机路径地图,帮助你高效地完成复杂的灌溉规划任务。

1. PRM算法的定义

PRM算法是一种解决高维空间中路径规划问题的有效算法。该算法结合随机采样和图搜索的优点,通过构建从起点到目标点的可行路径图,实现在复杂环境中快速、高效地找到最优或次优路径的目标。

PRM算法主要分为两个阶段:离线学习阶段和在线查询阶段。在离线学习阶段,PRM算法通过自由配置空间随机生成可行采样点,并使用快速路径规划器连接这些可行采样点,从而构成概率路线图。在线查询阶段,PRM算法根据起点、目标点、路标地图信息,采用启发式搜索算法从路标图搜索出一条可行路径。PRM算法可以有效避免对位姿空间中的障碍物进行精确建模,并有效解决复杂的运动动力学约束下的路径规划问题。基于PRM算法的路径规划示意图如图2.49所示。

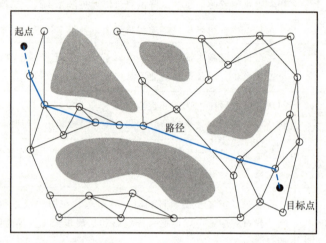

图 2.49 基于 PRM 算法的路径规划示意图

2. PRM 算法涉及的基本概念

PRM算法涉及的基本概念见表2-38。

表 2-38 PRM 算法涉及的基本概念

序号	基本概念	描述	意义
1	构形空间	描述智能移动体或对象所有可能位置和姿态的空间	为智能移动体路径规划提供全面的搜索域,确保算法能全面考虑智能移动体运动的所有可能性,提高路径规划的全面性与效率
2	采样点	在构形空间随机生成的点	代表潜在的路径点,有助于构建概率路线图
3	连接	采样点之间的可行路径段	构建概率路线图的基本元素,表示路径的连通性
4	碰撞检测	判断采样点之间的连接是否穿越障碍物	确保生成的路径安全,避免与障碍物发生碰撞
5	概率路线图	由采样点和连接构成的图结构	表示从起点到目标点的潜在路径集合

续表

序号	基本概念	描述	意义
6	启发式搜索	利用问题特定信息指导搜索方向	提高路径搜索的效率,快速找到可行路径
7	在线查询	根据起点和目标点,在概率路径图中搜索路径的过程	实时响应路径规划请求,提供有效的路径解决方案
8	局部最小值	在搜索过程中陷入的局部最优解	可能导致算法无法找到全局最优路径,需要采取避免措施
9	渐近最优性	算法随着迭代次数的增加,逐渐逼近最优解的性质	确保最终找到的路径趋近于全局最优解

 概念解读 2-7

用自动驾驶汽车在城市中导航的例子来解读 PRM 算法中的基本概念。自动驾驶汽车需要在复杂的城市环境中找到安全的行驶路径,这个环境就是构形空间,它包括所有可能的汽车位置和姿态。为了简化问题,算法会在构形空间随机选择一些位置作为采样点,这些采样点代表汽车可能经过的安全地点,比如路口或空地。算法会尝试在采样点之间建立连接,形成潜在的行驶路径。这些连接必须通过碰撞检测来确保不与障碍物(如其他汽车、行人或建筑物)发生碰撞。经过多次采样和连接,算法会构建出概率路线图,它展示自动驾驶汽车在城市中潜在的行驶路径。当需要规划从起点到目标点的具体路径时,算法会使用启发式搜索快速找到一条合适的路径。而在线查询功能允许实时根据起点和目标点的变化查询新的路径。在搜索过程中,有时会遇到局部最小值,即找到的路径并非最优。但随着搜索的深入,渐近最优性将确保算法最终找到接近最优的行驶路径。

3. PRM 算法的基本原理

PRM 算法的基本原理是通过概率性采样构建空间路线图,从而解决复杂环境中的路径规划问题。首先算法在构形空间随机选择采样点,这些采样点代表潜在的路径点。然后算法尝试在采样点之间建立连接,形成潜在的路径。在此过程中,算法会进行碰撞检测,确保路径不与障碍物发生碰撞。通过多次采样和连接,算法最终构建出一个概率路线图,该图展示从起点到目标点的潜在路径集合。当需要规划具体路径时,算法会在概率路线图上进行启发式搜索,以找到满足条件的最优或近似最优路径。

PRM 算法的核心思想是通过概率性采样和构建空间路线图来简化路径规划问题,并在此基础上进行高效的路径搜索。PRM 算法特别适用于高维空间和复杂约束下的路径规划问题,可以为自动驾驶、机器人导航等提供有效的解决方案。

4. PRM 算法的特点

PRM 算法的特点及改进方法见表 2-39。

表 2-39　PRM 算法的特点及改进方法

项目		描　　述
优点	环境适应性强	适用于大面积、高纬度复杂约束的空间，可以处理多种障碍物和道路条件
	高效	通过采样和碰撞检测能够快速生成路径，提高路径规划效率
	灵活	通过调整采样点的数量和分布来适应不同的场景及需求
	概率完备	PRM 算法是一种概率完备算法，即在一定条件下，随着采样点的增加，找到可行路径的概率趋近于 1
缺点	狭窄通路问题	在狭窄通道可能难以采样出可行路径，导致路径规划失败
	参数敏感	PRM 算法的性能受采样点数量、邻域大小等的影响较大，不合理的参数设置可能导致路径规划失败
	计算复杂度较高	在采样和碰撞检测阶段需要进行大量计算，可能导致较高的计算复杂度
改进方法	改进采样策略	采用基于障碍物的采样、高斯采样等策略，提高采样点的质量和效率，特别是在狭窄通道等关键区域的采样
	优化碰撞检测	通过改进碰撞检测算法，减少搜索障碍物点，提高碰撞检测的效率，进而提升路径规划的整体效率
	结合其他算法	将 PRM 算法与其他路径规划算法（如 A* 算法、RRT 算法等）结合，利用各自的优势，提高路径规划的效率和准确性
	引入学习机制	利用机器学习等技术，对 PRM 算法进行训练和优化，提高算法在特定场景下的路径规划性能

5. PRM 算法的步骤

利用 PRM 算法进行智能汽车路径规划的步骤见表 2-40。

表 2-40　利用 PRM 算法进行智能汽车路径规划的步骤

序号	步　　骤	描　　述
1	初始化	确定智能汽车起点和目标点，在配置空间随机生成一组节点作为路标
2	构建局部连接	对于每个路标，搜索其附近的其他路标，并建立局部连接。连接的条件是两点之间无障碍且连线是可行路径
3	构建全局图	合并所有局部连接，形成一个全局图结构，即概率路线图
4	查询路径	在概率路线图中使用图搜索算法（如 A* 算法）查询从起点到目标点的路径
5	碰撞检测	对查询到的路径进行碰撞检测，确保路径上无障碍物阻挡

续表

序号	步骤	描述
6	路径优化	对规划路径进行平滑处理，去除冗余和不必要的转折，提高路径的可行性
7	输出路径	输出优化后的路径，智能汽车按照该路径行驶

利用PRM算法进行智能汽车路径规划时，需要注意以下事项。

（1）利用PRM算法进行智能汽车路径规划时，需确保路标的选取和连接策略能够充分反映道路网络结构，以得到高效且可靠的路径。

（2）考虑实时路况的变化，应定期更新路标和路线图，以确保路径规划的时效性和准确性。

（3）关注算法的计算效率和内存消耗，采用合适的优化方法（如剪枝策略、哈希表等），提高路径规划的速度和性能。

（4）在路径规划过程中，应充分考虑智能汽车的运动特性和交通规则，确保规划出的路径既符合车辆行驶要求又满足安全性要求。

6. PRM算法的应用

PRM算法在智能汽车领域的应用包括但不限于以下场景。

（1）自动驾驶汽车路径规划。PRM算法能够为自动驾驶汽车规划出安全、高效的行驶路径。通过构建概率路线图，PRM算法能够充分考虑道路结构、交通规则及实时交通信息，为自动驾驶汽车提供可靠的导航支持。

（2）智能泊车系统。PRM算法能够应用于智能泊车系统，帮助车辆自主搜索合适的停车位，并规划出无碰撞的泊车路径。通过构建概率路线图，PRM算法能够处理复杂的泊车环境，提高泊车效率和成功率。

（3）车辆避障与碰撞预警系统。PRM算法可以应用于车辆避障与碰撞预警系统中。其结合汽车的传感器数据，实时检测周围的障碍物和潜在风险，并通过构建概率路线图来规划避障路径。这有助于减少交通事故的发生，提高道路安全性。

（4）高级驾驶辅助系统。高级驾驶辅助系统通过提供各种辅助功能来提升驾驶的舒适性和安全性。PRM算法可以应用于高级驾驶辅助系统，如用于车道保持、自适应巡航控制等。通过构建概率路线图，PRM算法能够帮助智能汽车准确地识别道路标线和周围车辆，从而实现更精确的驾驶辅助。

图2.50所示为基于PRM算法的路径规划。

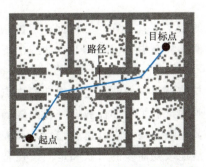

图2.50 基于PRM算法的路径规划

【案例练习 2-7】

利用 PRM 算法进行复杂环境中智能汽车路径规划

1. 案例描述

在复杂的道路环境中,智能汽车面临多种挑战,包括道路曲折多变、障碍物众多且动态变化等。这些因素使传统的路径规划方法难以胜任,因此需要寻求一种更加高效、灵活的算法来解决路径规划问题。在本案例中,假设智能汽车在一个包含多种障碍物(如车辆、行人、道路施工区域等)的复杂道路环境下行驶。智能汽车需要从起点出发,避开所有障碍物,并最终到达指定的目标点。

2. 案例实施步骤

利用 PRM 算法进行复杂环境中智能汽车路径规划的实施步骤见表 2-41。

表 2-41 利用 PRM 算法进行复杂环境中智能汽车路径规划的实施步骤

序号	步骤	描述
1	构形空间采样	智能汽车构形空间随机采样点代表智能汽车在行驶过程中可能到达的位置和方向。采样点的数量和分布可以根据道路环境的复杂程度调整
2	构建概率路线图	基于采样点构建概率路线图,尝试建立无碰撞路径连接。考虑障碍物并进行碰撞检测,形成安全路径网络,优化智能汽车路径规划
3	图搜索与路径提取	构建概率路线图后,采用图搜索算法寻找最优路径。考虑路径长度、平滑度和安全性等因素,从概率路线图中提取路径作为智能汽车行驶轨迹
4	实时更新与调整	智能汽车行驶中要实时更新和调整路径,故需重新构建概率路线图或者局部优化和调整旧图,以提高路径规划的效率和准确性

在智能汽车的实际应用中,PRM 算法可以根据实时感知的道路和障碍物信息,动态地更新概率路线图,以适应环境的变化。这使智能汽车能够在行驶过程中,不断地调整和优化路径,以适应各种复杂的道路情况。

2.3.8 贝塞尔曲线

1. 贝塞尔曲线的定义

贝塞尔曲线是一种强大的数学工具,它能够根据一组控制点绘制平滑的曲线,并且在多个领域有广泛应用。通过调整控制点可以灵活改变曲线的形状,从而满足不同的图形设计和创作需求。

贝塞尔曲线主要由线段与节点组成,节点是可拖动的支点,线段像可伸缩的皮筋。这种特性使贝塞尔曲线能够精确地绘制平滑的曲线,并且曲线的形状可以通过调整控制点改变。在贝塞尔曲线的定义中,起点、终止点(也称锚点)和控制点起着关键作用。调整控制点的位置和数量,可以灵活地改变曲线的形状和走向。在智能汽车路径规划中,贝塞尔曲线可以用于生成平滑且连续的行驶轨迹。

图 2.51 所示为贝塞尔曲线示意图。

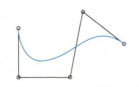

图 2.51 贝塞尔曲线示意图

2. 贝塞尔曲线的类型

根据控制点的数量和位置，贝塞尔曲线可以是一阶的、二阶的、三阶的，甚至是更高阶的。一阶贝塞尔曲线由两个控制点定义，形成一条直线；二阶贝塞尔曲线由三个控制点定义，形成一条平滑的曲线；三阶贝塞尔曲线由四个控制点定义，形成一条更复杂的平滑曲线。

(1) 一阶贝塞尔曲线。一阶贝塞尔曲线需要两个控制点，假设分别为 P_0、P_1，则贝塞尔曲线上的生成点可以表达为

$$p_1(t) = P_0 + (P_1 - P_0)t = (1-t)P_0 + tP_1 \tag{2-12}$$

t 的取值范围为 $[0, 1]$。一阶贝塞尔曲线很好理解，就是根据 t 得到的线性插值。

一阶贝塞尔曲线需要两个控制点生成一条直线，如图 2.52 所示。

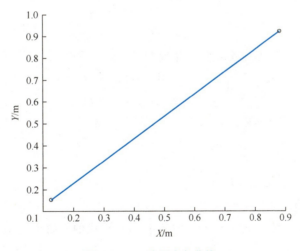

图 2.52 一阶贝塞尔曲线

(2) 二阶贝塞尔曲线。二阶贝塞尔曲线需要三个控制点，假设分别为 P_0、P_1、P_2，P_0 和 P_1、P_1 和 P_2 构成一阶函数，即

$$\begin{cases} p_{1,1}(t) = (1-t)P_0 + tP_1 \\ p_{1,2}(t) = (1-t)P_1 + tP_2 \end{cases} \tag{2-13}$$

在生成的两个一阶点基础上，可以生成二阶贝塞尔点

$$p_2(t) = (1-t)p_{1,1} + tp_{1,2} \tag{2-14}$$

贝塞尔点与三个控制点的关系为

$$p_2(t)=(1-t)^2 P_0 + 2t(1-t)P_1 + t^2 P_2 \qquad (2-15)$$

二阶贝塞尔曲线需要三个控制点生成一条曲线,如图 2.53 所示。

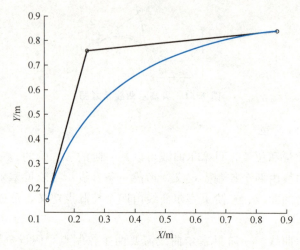

图 2.53 二阶贝塞尔曲线

(3) 三阶贝塞尔曲线。三阶贝塞尔曲线需要四个控制点,假设分别为 P_0、P_1、P_2、P_3,P_0 和 P_1、P_1 和 P_2、P_2 和 P_3 构成一阶函数,即

$$\begin{cases} p_{1,1}(t)=(1-t)P_0 + tP_1 \\ p_{1,2}(t)=(1-t)P_1 + tP_2 \\ p_{1,3}(t)=(1-t)P_2 + tP_3 \end{cases} \qquad (2-16)$$

在生成的三个一阶点基础上,可以生成两个二阶贝塞尔点

$$\begin{cases} p_{2,1}(t)=(1-t)p_{1,1} + tp_{1,2} \\ p_{2,2}(t)=(1-t)p_{1,2} + tp_{1,3} \end{cases} \qquad (2-17)$$

在生成的两个二阶点基础上,可以生成三阶贝塞尔点

$$p_3(t)=(1-t)p_{2,1} + tp_{2,2} \qquad (2-18)$$

整理后可得

$$p_3(t)=(1-t)^3 P_0 + 3t(1-t)^2 P_1 + 3t^2(1-t)P_2 + t^3 P_3 \qquad (2-19)$$

三阶贝塞尔曲线需要四个控制点生成一条曲线,如图 2.54 所示。

(4) n 阶贝塞尔曲线。通常定义 $n+1$ 个控制点组成的 n 阶贝塞尔曲线的表达式为

$$p_n(t)=\sum_{i=0}^{n} C_n^i (1-t)^{n-i} t^i P_i = \sum_{i=0}^{n} B_{i,n}(t) P_i \qquad (2-20)$$

式中,P_i 为控制点的坐标值;t 为时间参数;C_n^i 为多次项系数;$B_{i,n}(t)=C_n^i(1-t)^{n-i}t^i$ 为伯恩斯坦基函数。

伯恩斯坦基函数的一阶导数为

$$B'_{i,n}(t)=n[B_{i-1,n-1}(t) - B_{i,n-1}(t)] \qquad (2-21)$$

3. 贝塞尔曲线的特点

贝塞尔曲线的特点及改进方法见表 2-42。

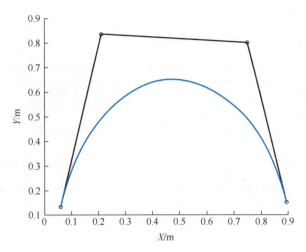

图 2.54 三阶贝塞尔曲线

表 2-42 贝塞尔曲线的特点及改进方法

项目		描述
优点	形状控制灵活	贝塞尔曲线的形状可以通过调整控制点的位置和数量灵活控制,从而适应不同道路形状和行驶需求
	平滑	贝塞尔曲线具有天然的平滑性,能够生成连续路径,提高驾驶的舒适性和安全性
	易于计算	计算相对简单,可以在短时间内生成路径,满足实时性要求
	可视化效果好	在图形表示上具有直观性,便于理解和分析路径规划结果
缺点	固定阶数	贝塞尔曲线的阶数由控制点的数量决定,一旦确定就不可更改,这限制了其在复杂道路环境下的灵活性
	局部修改困难	贝塞尔曲线的形状改变需要调整所有控制点,难以实现局部修改,提高了路径规划的复杂性
	高阶曲线波动大	当贝塞尔曲线的阶数较高时,曲线可能出现较大波动,影响路径的准确性和稳定性
改进方法	结合其他路径规划方法	将贝塞尔曲线与其他路径规划方法(如搜索法、势场法等)结合,利用各自的优势,提高路径规划效率和准确性
	引入自适应阶数调整机制	根据道路形状和行驶需求,动态调整贝塞尔曲线的阶数,适应不同场景下的路径规划需求
	实现局部控制点调整	通过优化算法,实现贝塞尔曲线局部控制点的独立调整,提高路径规划效率和灵活性
	约束高阶曲线波动	对高阶贝塞尔曲线进行约束,可以采用平滑处理技术对曲线进行平滑处理,避免其出现较大波动,保证路径的准确性和稳定性

4. 贝塞尔曲线的步骤

利用贝塞尔曲线进行智能汽车路径规划的步骤见表2-43。

表2-43 利用贝塞尔曲线进行智能汽车路径规划的步骤

序号	步骤	描述
1	确定起点和目标点	确定智能汽车开始行驶的位置和最终到达的目标位置
2	选择贝塞尔曲线的阶数	根据路径复杂度和规划需求,选择合适的贝塞尔曲线阶数。二阶贝塞尔曲线可以实现平滑曲线,而高阶贝塞尔曲线可以构建更复杂的路径
3	确定控制点	根据起点、目标点及路径上的关键点,设置贝塞尔曲线的控制点。控制点的数量和位置决定曲线的形状
4	构建贝塞尔曲线	利用起点、控制点和目标点,按照贝塞尔曲线的数学公式构建曲线,可以通过计算机图形学中的算法实现
5	路径平滑和优化	对生成的贝塞尔曲线进行平滑处理,消除可能存在的突变点或不必要的转折。根据实际需求进行路径优化,如缩短路径长度、减少转弯次数等
6	考虑障碍物和交通规则	将路径中的障碍物和交通规则纳入考虑范围,确保规划出的路径既安全又符合交通规则。这可能需要调整控制点的位置或增加约束条件
7	验证路径可行性	在实际环境中验证规划路径的可行性。可以通过模拟实验或在实际汽车上进行测试来验证路径的准确性和可靠性
8	调整和优化	根据验证结果,对路径进行必要的调整和优化,以满足实际需求和提高行驶性能

利用贝塞尔曲线进行智能汽车路径规划时,需要注意以下事项。

(1) 利用贝塞尔曲线进行智能汽车路径规划时,需确保控制点选取合理,以保证曲线的平滑性和连续性,同时避免过度拟合导致的不合理路径。

(2) 根据车辆的动力学特性和行驶需求,调整贝塞尔曲线的阶数和参数,以确保规划路径既符合车辆性能又满足行驶安全要求。

(3) 考虑实时路况的复杂性,应动态调整贝塞尔曲线的控制点位置和权重,以适应不同交通场景和道路条件。

(4) 注重算法的效率和实时性,优化贝塞尔曲线的计算过程,减小计算量,确保智能汽车快速响应并准确执行规划路径。

5. 贝塞尔曲线的应用

贝塞尔曲线在智能汽车领域的应用包括但不限于以下场景。

(1) 路径规划与控制。贝塞尔曲线可用于描述汽车的行驶轨迹,使轨迹更加平滑、连续。通过计算和优化贝塞尔曲线的参数,智能汽车的控制系统可以精确控制汽车的行驶速度和方向,实现更加稳定、安全的自动驾驶。

(2) 车辆避障与碰撞预警系统。贝塞尔曲线可以用于车辆避障与碰撞预警系统。通过对周围环境的感知和处理，系统可以利用贝塞尔曲线描述潜在的障碍物轨迹和汽车的运动轨迹。通过对比两条曲线的位置关系，系统可以判断是否存在潜在的碰撞风险，并提前采取相应的避障措施，确保行驶安全。

(3) 车身曲线设计。设计师可以利用贝塞尔曲线的特性，通过调整控制点的位置和曲线的弯曲程度塑造优雅、流畅的车身线条。这不仅有助于提升汽车的外观美感，还能改善汽车的空气动力学性能。

【案例练习 2-8】

利用贝塞尔曲线进行智能汽车弯道路径规划

1. 案例描述

假设有一辆智能汽车需要从起点 A 经过一个弯道行驶至目标点 B。这个弯道是双向四车道道路上的一个右转弯，且有一定的曲率。为了安全、高效地完成这一行驶任务，利用贝塞尔曲线进行路径规划。

2. 案例实施步骤

利用贝塞尔曲线进行智能汽车弯道路径规划的实施步骤见表 2-44。

表 2-44 利用贝塞尔曲线进行智能汽车弯道路径规划的实施步骤

序号	步骤	描述
1	场景分析与控制点确定	分析场景获取道路信息，确定一系列控制点。选取起点 A、目标点 B 及弯道上的几个关键点作为控制点
2	构建贝塞尔曲线	基于控制点，利用贝塞尔曲线构建路径。选择合适的阶数和权重，确保贝塞尔曲线平滑地经过所有控制点，符合汽车行驶特性和道路约束
3	路径优化与调整	构建贝塞尔曲线后，根据汽车行驶参数对路径进行优化和调整。同时，需要考虑与周围车辆的相对位置和速度，以避免发生碰撞
4	路径验证与执行	完成路径规划和优化后，进行路径验证，检查路径是否满足行驶要求。如果验证通过，智能汽车就可按照优化后的贝塞尔曲线路径行驶

随着智能汽车技术的不断发展和应用场景的拓展，基于贝塞尔曲线的路径规划方法的研究将更深入。例如，可以结合深度学习等技术对控制点的选择和权重进行智能调整，以提高路径规划的精度和效率；还可以考虑与其他路径规划方法结合，形成更加全面、高效的智能汽车路径规划方案。

2.3.9 B 样条曲线

1. B 样条曲线的定义

B 样条曲线是 B 样条基函数的线性组合（由给定区间上所有基函数组成的一个线性组

合)。B样条基函数是一组非负、局部支撑的函数,其值在定义域内是有限的,且仅在局部范围内非零。B样条基函数的定义通常依赖一组控制点及相应的权重。

B样条曲线是通过一组控制点和相应的权重来定义的参数化曲线。调整控制点的位置和权重,可以灵活地控制曲线的形状和走向。B样条曲线具有局部调整性,即修改某个控制点只影响曲线上该点附近的局部区域,而不影响整体形状。此外,B样条曲线还具有连续性和凸包性等优良性质,故其适合用于智能汽车路径规划。

图2.55所示为一组B样条曲线示意图。

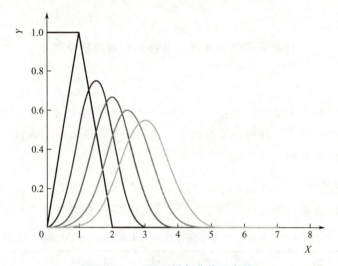

图2.55 一组B样条曲线示意图

设 $P_0, P_1, \cdots, P_n$ 共 $n+1$ 个控制点,则 k 阶B样条曲线定义为

$$p(u) = [P_0, P_1, \cdots, P_n] \begin{bmatrix} B_{0,k}(u) \\ B_{1,k}(u) \\ \vdots \\ B_{n,k}(u) \end{bmatrix} = \sum_{i=0}^{n} P_i B_{i,k}(u) \qquad (2-22)$$

基函数定义为

$$B_{i,k}(u) = \begin{cases} \begin{cases} 1 & u_i \leqslant u \leqslant u_{i+1} \\ 0 & u < u_i, u > u_{i+1} \end{cases} & k = 0 \\ \dfrac{u - u_i}{u_{i+k} - u_i} B_{i,k-1}(u) + \dfrac{u_{i+k+1} - u}{u_{i+k+1} - u_{i+1}} B_{i+1,k-1}(u) & k \geqslant 1 \end{cases} \qquad (2-23)$$

式中,u 为参数化变量;u_i 为具体的参数化变量取值;B 为基函数。

2. B样条曲线的类型

根据节点矢量中节点分布情况的不同,B样条曲线有三种:均匀B样条曲线、准均匀B样条曲线、分段贝塞尔曲线。

在均匀B样条曲线的节点矢量中,节点沿参数轴均匀分布或等距分布。准均匀B样条曲线的节点矢量中,两端节点具有重复度 $k+1$,即 $u_0 = u_1 = \cdots = u_k$,$u_{n+1} = u_{n+2} = \cdots = u_{n+k+1}$,所有内节点均匀分布,具有重复度1。在分段贝塞尔曲线的节点矢量中,两端节点的重复度与准均匀 B 样条曲线两端节点的重复度相同（为 $k+1$），对任意分布的节点矢量为 $U=[u_0,u_1,\cdots,u_{n+k+1}]$。

不同 B 样条曲线的主要区别是节点矢量。对于具有 $n+1$ 个控制点 $(P_0,P_1,\cdots,P_n)$ 的 k 次 B 样条曲线，无论是哪种 B 样条曲线都具有 $n+k+2$ 个节点，如图 2.56 所示。

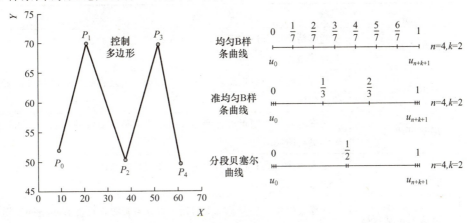

图 2.56　不同类型 B 样条曲线的节点

三种 B 样条曲线对应的节点矢量分别为 $\left[0,\dfrac{1}{7},\dfrac{2}{7},\dfrac{3}{7},\dfrac{4}{7},\dfrac{5}{7},\dfrac{6}{7},1\right]$、$\left[0,0,0,\dfrac{1}{3},\dfrac{2}{3},1,1,1\right]$、$\left[0,0,0,\dfrac{1}{2},\dfrac{1}{2},1,1,1\right]$

均匀 B 样条曲线如图 2.57 所示，准均匀 B 样条曲线如图 2.58 所示，分段贝塞尔曲线如图 2.59 所示。

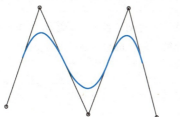

图 2.57　均匀 B 样条曲线

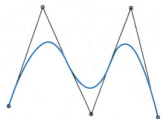

图 2.58　准均匀 B 样条曲线

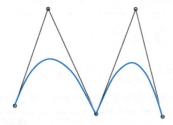

图 2.59　分段贝塞尔曲线

3. B样条曲线的特点

B样条曲线的特点及改进方法见表2-45。

表2-45　B样条曲线的特点及改进方法

项目		描述
优点	高拟合精度	能够精确拟合道路形状,包括曲线和直线过渡区域,为智能汽车提供准确的路径指引
	平滑	具有连续的导数性质,使生成的路径平滑且自然,提高驾驶的舒适性和安全性
	局部可调	允许对局部控制点进行调整,而不影响整体曲线的形状,为路径规划提供更高的灵活性
	稳定	生成的路径具有较好的稳定性,即使在复杂的交通环境下也能保持较好的路径跟踪性能
缺点	算法复杂度较高	计算过程相对复杂,需要消耗较多计算资源,可能影响路径规划的实时性
	对初始控制点敏感	B样条曲线的形状受初始控制点的影响较大,如果初始控制点设置不当,就可能导致生成的路径偏离实际道路
	难以处理突变情况	在遇到突发状况或道路突变时,B样条曲线可能无法迅速调整路径规划,影响智能汽车的响应速度
改进方法	优化算法设计	针对B样条曲线计算复杂度较高的问题,可以通过优化算法设计,减小计算量,提高实时性,如采用高效的数值计算方法或并行计算技术
	改进控制点选择方法	研究道路和车辆特性改进初始控制点,提高B样条曲线的拟合精度。同时,引入自适应控制点调整机制,根据实时交通情况动态调整控制点位置
	结合其他路径规划方法	将B样条曲线与其他路径规划方法结合,充分利用各种方法的优点,提高路径规划的整体性能
	强化学习与预测模型的应用	强化学习帮助智能汽车选择控制点,以优化路径规划。结合预测模型对道路情况和车辆行为进行预测,提前调整路径规划策略

4. B样条曲线的步骤

利用B样条曲线进行智能汽车路径规划的步骤见表2-46。

表2-46　利用B样条曲线进行智能汽车路径规划的步骤

序号	步骤	描述
1	确定路径起点和目标点	根据智能汽车的起始位置和目标位置,确定路径的起点和目标点。这些点是路径规划的基础,也是B样条曲线的端点

续表

序号	步　骤	描　述
2	选择B样条曲线的阶数和控制点数量	根据路径规划的复杂性和精度要求，选择合适的B样条曲线阶数和控制点数量。阶数决定曲线的形状复杂度，控制点数量影响曲线的平滑度和精细度
3	定义控制点序列	在路径起点和目标点之间，根据路径的形状要求设置一系列的控制点。这些控制点将用于构建B样条曲线，并控制曲线的走向和形状
4	构造B样条曲线	利用选定的阶数、控制点数量和控制点序列，构造出路径的B样条曲线，确保生成的曲线满足路径规划需求
5	曲线平滑度和连续性检查	对生成的B样条曲线进行平滑度和连续性检查，确保路径过渡平稳和行驶流畅
6	考虑障碍物和交通规则	在路径规划中，必须考虑实际环境中的障碍物和交通规则，对B样条曲线进行必要的调整，以确保路径的安全性和合规性
7	路径优化与调整	根据路径规划的具体需求，对B样条曲线进行优化和调整，以满足智能汽车的行驶需求

利用B样条曲线进行智能汽车路径规划时，需要注意以下事项。

(1) 利用B样条曲线进行智能汽车路径规划时，需确保曲线的阶数和控制点数量选择合理，以保证路径的平滑性和连续性，避免急转弯或突变。

(2) 考虑车辆动力学特性和行驶速度，对B样条曲线进行优化和调整，确保规划路径既能满足汽车行驶要求又能保证舒适性。

(3) 实时路况和环境变化对路径规划有重要影响，需动态调整B样条曲线的参数和控制点，以适应不同驾驶场景和道路条件。

(4) 关注算法效率和实时性，优化B样条曲线的计算过程，减少计算时间，确保智能汽车快速响应并准确执行规划路径。

5. B样条曲线的应用

B样条曲线在智能汽车领域的应用包括但不限于以下场景。

(1) 自动驾驶汽车路径规划。为了确保汽车行驶平稳并避免抖动问题，路径规划需要确保路径的二阶导数连续。B样条曲线正好满足这一需求，因此其可以用于自动驾驶汽车的路径规划。精确控制B样条曲线的参数，可以保证路径的平滑性和连续性，从而提高自动驾驶汽车的安全性和舒适性。

(2) 汽车表面设计。汽车外观的美观性和空气动力学性能对市场竞争力至关重要。B样条曲线可应用于汽车表面设计，以创建具有吸引力的流线型外观。设计师可以利用B样条曲线的特性，精确地描述汽车表面的曲线和曲面，从而实现更加美观和符合空气动力学要求的外观设计。

(3) 车辆动力学模拟。在车辆动力学模拟中，B样条曲线用于描述车辆的运动轨迹和姿态变化。利用 B 样条曲线的参数化表示，可以精确地模拟车辆在不同路况和驾驶条件下的动力学行为。

【案例练习 2-9】

利用 B 样条曲线进行智能汽车停车路径规划

1. 案例描述

智能汽车在停车过程中需要准确、高效地规划出一条合适的路径，以确保汽车安全、平稳地停入停车位。假设一辆智能汽车需要停入一个标准的平行停车位，停车位的尺寸和位置已知。为了确保汽车准确、平稳地停入停车位，可以利用 B 样条曲线进行路径规划。

2. 案例实施步骤

利用 B 样条曲线进行智能汽车停车路径规划的实施步骤见表 2-47。

表 2-47　利用 B 样条曲线进行智能汽车停车路径规划的实施步骤

序号	步　骤	描　　述
1	确定停车位与汽车初始位置	智能汽车通过传感器获取停车位的位置和尺寸信息，以及汽车的初始位置和方向
2	确定控制点	根据停车位的位置和汽车的初始状态，智能地选择一系列控制点。这些控制点应能反映汽车从初始位置到停车位入口的主要移动轨迹和转向点
3	构建 B 样条曲线	基于选定的控制点，利用 B 样条曲线构建停车路径。调整基函数的权重和控制点的位置，可以优化曲线的形状和光滑性，确保路径的平滑和安全
4	路径验证与优化	构建 B 样条曲线后，验证路径是否与障碍物发生碰撞，并且满足汽车行驶特性和停车需求。必要时，可以对控制点进行微调，进一步优化路径
5	实时调整与执行	智能汽车实时感知环境信息，对路径进行实时调整，以适应动态变化的停车环境。智能汽车按照优化后的 B 样条曲线路径进行停车操作

随着自动驾驶技术的不断发展和应用，可以进一步探索 B 样条曲线与其他路径规划方法的结合，以及结合深度学习等技术对路径规划进行智能优化，以提高智能汽车的停车效率和安全性。

2.3.10　三次样条曲线

1. 三次样条曲线的定义

三次样条曲线是一种分段定义的曲线，每个分段都是一个三次多项式。这种曲线经过一组给定的控制点，并且在每个控制点处，曲线的一阶导数和二阶导数都是连续的。因此，三次样条曲线既能保证曲线的平滑性，又能精确地经过给定的控制点。三次样条曲线的特性包括连续性、平滑性和可调整性。在智能汽车路径规划中，三次样条曲线能够根据预设的控制点生成平滑且连续的路径，有效避免汽车行驶过程中路径的突变和颠簸。

图 2.60 所示为三次样条曲线把带有折点的曲线变成连续的曲线。

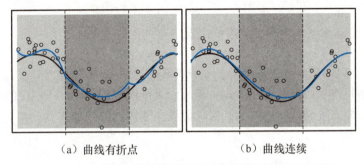

（a）曲线有折点　　　　　　　（b）曲线连续

图 2.60　三次样条曲线把带有折点的曲线变成连续的曲线

2. 三次样条曲线的数学描述

三次样条曲线是一种分段多项式曲线，每段多项式都是三次的。如图 2.61 所示，设有 n 个离散点，希望用一条光滑的曲线依次经过 n 个离散点。

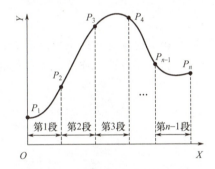

图 2.61　分段三次样条曲线示意图

用若干段低阶多项式曲线分别插值相邻的两个点，然后将其首尾相连构成一条光滑的完整曲线。n 个离散点对应 $n-1$ 个区间段，也就是要求解 $n-1$ 段三次曲线，每段三次曲线的表达式为

$$y_i = f_i(x) = a_{i,0} + a_{i,1}x + a_{i,2}x^2 + a_{i,3}x^3 \tag{2-24}$$

式中，$f_i(x)$ 为第 i 段三次曲线函数；$a_{i,j}$ 为第 i 段三次曲线的 j 次项系数。

因每段三次曲线有四个待定系数，故 $n-1$ 段三次曲线总共有 $4(n-1)$ 个待定系数，只有构造 $4(n-1)$ 个独立方程才能获得唯一解。换言之，需要设定 $4(n-1)$ 个独立的边界条件，构造边界条件的过程其实就是探索多段三次曲线的等式约束过程，可以从以下几个方面考虑。

（1）邻接点的函数值相等。希望每一段的三次曲线的首末两个点函数值等于离散点，其表达式为

$$\begin{cases} f_i(x_i) = a_{i,0} + a_{i,1}x_i + a_{i,2}x_i^2 + a_{i,3}x_i^3 = y_i \\ f_i(x_{i+1}) = a_{i,0} + a_{i,1}x_{i+1} + a_{i,2}x_{i+1}^2 + a_{i,3}x_{i+1}^3 = y_{i+1} \end{cases} \tag{2-25}$$

改写成矩阵形式为

$$\begin{bmatrix} 1 & x_i & x_i^2 & x_i^3 \\ 1 & x_{i+1} & x_{i+1}^2 & x_{i+1}^3 \end{bmatrix} \begin{bmatrix} a_{i,0} \\ a_{i,1} \\ a_{i,2} \\ a_{i,3} \end{bmatrix} = \begin{bmatrix} y_i \\ y_{i+1} \end{bmatrix} \qquad (2-26)$$

式中，x_i 和 y_i 分别代表离散点的横坐标和纵坐标。

因此，根据邻接点的函数值相等这一等式约束可以构造 $2(n-1)$ 个边界条件。

(2) 邻接点的一阶导数相等。为了保证曲线在邻接点的导数连续，需要保证邻接点的一阶导数相等，即

$$f_i'(x_{i+1}) = f_{i+1}'(x_{i+1})$$

$$a_{i,1} + 2a_{i,2}x_{i+1} + 3a_{i,3}x_{i+1}^2 = a_{i+1,1} + 2a_{i+1,2}x_{i+1} + 3a_{i+1,3}x_{i+1}^2 \qquad (2-27)$$

改写成矩阵形式为

$$\begin{bmatrix} 0 & 1 & 2x_{i+1} & 3x_{i+1}^2 \end{bmatrix} \begin{bmatrix} a_{i,0} \\ a_{i,1} \\ a_{i,2} \\ a_{i,3} \end{bmatrix} = \begin{bmatrix} 0 & 1 & 2x_{i+1} & 3x_{i+1}^2 \end{bmatrix} \begin{bmatrix} a_{i+1,0} \\ a_{i+1,1} \\ a_{i+2,1} \\ a_{i+3,1} \end{bmatrix} \qquad (2-28)$$

因此，根据邻接点的一阶导数相等这一等式约束可以构造 $n-2$ 个边界条件。

(3) 邻接点的二阶导数相等。为了保证曲率连续，邻接点的二阶导数也需要相等，即

$$f_i''(x_{i+1}) = f_{i+1}''(x_{i+1})$$

$$2a_{i,2} + 6a_{i,3}x_{i+1} = 2a_{i+1,2} + 6a_{i+1,3}x_{i+1} \qquad (2-29)$$

改写成矩阵形式为

$$\begin{bmatrix} 0 & 0 & 2 & 6x_{i+1} \end{bmatrix} \begin{bmatrix} a_{i,0} \\ a_{i,1} \\ a_{i,2} \\ a_{i,3} \end{bmatrix} = \begin{bmatrix} 0 & 0 & 2 & 6x_{i+1} \end{bmatrix} \begin{bmatrix} a_{i+1,0} \\ a_{i+1,1} \\ a_{i+2,1} \\ a_{i+3,1} \end{bmatrix} \qquad (2-30)$$

根据邻接点的二阶导数相等这一等式约束可以构造 $n-2$ 个边界条件。

(4) 端点边界条件。端点边界条件分为自然边界、固定边界、扭结边界。针对自然边界，指定端点的二阶导数为 0，即

$$f_1''(x_1) = f_{n-1}''(x_n) = 0$$

$$2a_{1,2} + 6a_{1,3}x_1 = 2a_{n-1,2} + 6a_{n-1,3}x_n = 0 \qquad (2-31)$$

改写成矩阵形式为

$$\begin{bmatrix} 0 & 0 & 2 & 6x_1 \end{bmatrix} \begin{bmatrix} a_{i,0} \\ a_{i,1} \\ a_{i,2} \\ a_{i,3} \end{bmatrix} = \begin{bmatrix} 0 & 0 & 2 & 6x_n \end{bmatrix} \begin{bmatrix} a_{i+1,0} \\ a_{i+1,1} \\ a_{i+2,1} \\ a_{i+3,1} \end{bmatrix} = 0 \qquad (2-32)$$

根据端点边界条件这一等式约束可以构造两个边界条件。

可以将上述的 $4(n-1)$ 个等式约束用矩阵表达式统一表达，最后构成一个线性矩阵方程，从而用 MATLAB 进行矩阵计算，求解得到 $4(n-1)$ 个待定系数。

3. 三次样条曲线的特点

三次样条曲线的特点及改进方法见表 2-48。

表 2-48 三次样条曲线的特点及改进方法

项目		描 述
优点	拟合精度高	能够准确拟合道路形状，特别是在曲线和直线过渡区域
	连续、平滑	曲线具有连续性，使汽车行驶更加平稳，提高驾驶舒适性
	适应性强	适用于任意形状的结构化道路，能够针对路径规划需求设计不同的二次代价函数
	运算速度高	采用成熟的凸优化求解方法，使路径规划计算效率高，实时性强
缺点	误差估计难	在拟合道路时，误差估计较难，可能影响路径规划的精确性
	不适合全局路径规划	主要关注局部路径的优化，对于全局路径规划，可能存在一定的局限性
	对复杂环境适应性不足	在面对复杂多变的交通环境时，可能无法提供最优路径规划方案
改进方法	结合其他路径规划方法	将三次样条曲线与其他路径规划方法（如 A* 算法、Dijkstra 算法等）结合，提高全局路径规划的能力
	优化误差估计方法	引入更精确的误差估计方法（如最小二乘法等），可以提高路径规划的准确性
	强化学习技术	利用强化学习技术，使智能汽车能够根据实时交通环境动态调整路径规划策略，提高适应性

4. 三次样条曲线的步骤

利用三次样条曲线进行智能汽车路径规划的步骤见表 2-49。

表 2-49 利用三次样条曲线进行智能汽车路径规划的步骤

序号	步 骤	描 述
1	确定路径起点和目标点	根据智能汽车当前位置和目的地，确定路径的起点和目标点
2	收集环境数据	使用传感器或其他设备收集智能汽车周围环境信息，如障碍物位置、道路宽度等
3	定义控制点	在起点和目标点之间，根据环境数据选择或计算合适的控制点，这些控制点将用于定义样条曲线的形状
4	构建三次样条曲线	使用选定的控制点，构建三次样条曲线。通常，要保证三次样条曲线在每个控制点处的二阶导数连续，以保证曲线的平滑性

续表

序号	步骤	描述
5	路径优化	根据安全性和效率要求，对构建的三次样条曲线进行优化，可能包括调整控制点的位置、增加或减少控制点等
6	碰撞检测	使用碰撞检测算法，检查优化后的三次样条曲线是否与环境中的障碍物发生碰撞
7	路径调整	如果发生碰撞，根据碰撞情况调整三次样条曲线的形状或选择新的控制点，直至找到一条无碰撞的路径
8	路径输出	将最终确定的三次样条曲线作为智能汽车的行驶路径输出给汽车的控制系统
9	实时更新与监控	在智能汽车行驶过程中，持续收集周围环境数据，并根据需要实时更新和监控行驶路径，确保汽车能够安全、高效地到达目的地

利用三次样条曲线进行智能汽车路径规划时，需要注意以下事项。

（1）利用三次样条曲线进行智能汽车路径规划时，应确保样条曲线在关键点的连续性和平滑性，避免路径突变导致汽车行驶不稳定。

（2）充分考虑车辆动力学特性，根据车速、转向能力等参数调整样条曲线的参数，确保规划路径符合车辆实际行驶需求。

（3）实时交通信息对路径规划至关重要，需根据路况变化动态调整样条曲线的控制点，确保规划路径的实时性和有效性。

（4）优化算法性能，提高样条曲线的计算效率，确保智能汽车在复杂环境下快速、准确地完成路径规划任务。

5. 三次样条曲线的应用

三次样条曲线在智能汽车领域的应用包括但不限于以下场景。

（1）汽车外形设计。在汽车外形设计中，三次样条曲线用于创建流线型、美观的车身轮廓。设计师可以通过调整三次样条曲线的控制点和参数，实现车身线条的平滑过渡和优雅造型。这有助于提高汽车的空气动力学性能，降低风阻，提高燃油经济性。

（2）车辆路径规划与控制。在自动驾驶和智能驾驶系统中，三次样条曲线用于规划和控制车辆的行驶路径。由于三次样条曲线具有连续性和光滑性，其可以确保车辆行驶过程中的平稳性和舒适性。同时，调整曲线的参数，可以实现对汽车行驶速度、加速度等动态性能的优化，提高驾驶的安全性和稳定性。

（3）碰撞检测与模拟。在汽车碰撞检测与模拟中，三次样条曲线可用于描述汽车变形和碰撞过程的动态变化。通过拟合碰撞过程中的数据点，可以生成连续的三次样条曲线，从而精确地模拟汽车的变形和碰撞过程。这有助于分析碰撞对汽车结构和性能的影响，为汽车安全设计和改进提供重要依据。

【案例练习 2-10】

利用三次样条曲线进行智能汽车路径规划

1. 案例描述

假设智能汽车在一个结构化道路环境中行驶,需要从弯道进入直道。为了规划一条平滑且安全的路径,可以利用三次样条曲线进行路径规划。

2. 案例实施步骤

智能汽车从弯道进入直道的路径规划实施步骤见表 2-50。

表 2-50 智能汽车从弯道进入直道的路径规划实施步骤

序号	步骤	描述
1	确定控制点	可以选择在弯道起点、弯道中点、弯道终点及直道起点等设置控制点
2	构建三次样条曲线	选定控制点,利用三次样条曲线数学表达式构建曲线。分段三次多项式连接邻接点,确保曲线在控制点处一阶导数和二阶导数连续,实现平滑过渡
3	路径平滑处理	可以通过调整控制点的位置或引入额外的约束条件对路径进行平滑处理。例如,可以在曲线关键点设置曲率限制,以避免曲线过于陡峭或急转弯
4	路径优化与验证	根据智能汽车的行驶特性和道路条件对路径进行优化和验证,确保其在实际行驶中满足安全性、舒适性和效率性等方面的要求

随着智能汽车技术的不断发展,可以进一步探索和研究三次样条曲线在路径规划中的应用。例如,可以引入更复杂的约束条件和优化算法,以提高路径规划效率和质量;还可以结合其他传感器和感知技术,实现更加精准、智能的路径规划。

路径规划常用方法的比较见表 2-51。

表 2-51 路径规划常用方法的比较

算法	优势	局限性
Dijkstra 算法	适用于带权重的图结构,一定能找到最优路径(如果存在)	计算量大,实时性较差;难以应对动态变化的路径环境
A* 算法	搜索速度高,效率高;对环境反应迅速,搜索路径直接;启发式搜索,指导性强	计算量大,实时性差;搜索效率随控制点增多而降低;不总能找到全局最优解
蚁群算法	对最优解有强大的搜索能力,并行性和鲁棒性高,易实现	搜索时间长,计算效率低;局部最优可能导致全局最优解被忽略;参数设置敏感,影响结果稳定性
遗传算法	随机搜索,全局搜索能力强;可扩展性强,可与其他算法组合;跳出局部最优的能力较好	局部搜索能力较弱,精度不够;解具有不确定性,无法确定最优解与实际最优解的差值;依赖初始解和参数设定

续表

算　　法	优　　势	局　限　性
人工势场法	设计思路简单直观，计算量小；实时性好，能实时调整运动轨迹	存在局部极小点问题，可能陷入局部最优；当障碍物较多时，零势能点增加，增加陷入局部最优的风险
RRT算法	快速有效地搜索高维空间，适用于动态环境中的路径规划	路径可能出现锯齿，需要平滑处理；可能存在搜索效率低的问题
PRM算法	构建路线图，适用于特定查询；可利用经典算法进行路径搜索；适用于静态或缓慢变化的环境	预处理阶段的计算量大，不适合实时变化的环境；对复杂环境的适应性有限；对动态变化的适应性较弱
贝塞尔曲线	平滑性好，可调整形状；计算复杂度适中	局部控制能力有限，不易实现局部调整；路径调整可能影响整体形状
B样条曲线	局部控制能力强，可局部调整；路径连续性较好	计算相对复杂，可能增加计算负担；形状调整可能影响路径的整体平滑性
三次样条曲线	平滑性高，连续性好；可根据需求调整路径形状；计算效率较高	局部敏感，可能出现不连续的二阶导数；对路径的复杂性和变化适应性有限；可能不适用于高度动态变化的路径环境

这些算法和曲线在智能汽车路径规划中各有应用优势和局限性，在实际应用中，需根据具体场景和需求选择、调整，以充分利用其优势并克服局限性。同时，结合多种算法和曲线的优势，可以形成更加综合、高效的路径规划解决方案。

2.4　路径规划的仿真

智能汽车路径规划仿真是利用计算机技术对智能汽车在特定环境下的路径规划过程进行模拟和分析的一种方法。它旨在构建一个高度真实的仿真环境，以测试和优化智能汽车的路径规划算法。

【仿真实例 2-1】　如图 2.62 所示，$V_1 \sim V_7$ 为某城市七个不同地点的分布，它们之间的连线为可行驶路径，它们之间的数据代表路径长度，单位为 km，智能汽车拟从 V_1 点

【仿真程序】

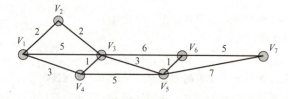

图 2.62　某城市七个不同地点的分布

出发，目标点是 V_7，利用 Dijkstra 算法进行路径规划，寻找智能汽车从 V_1 点到 $V_2 \sim V_7$ 点的最短路径。

解： Dijkstra 算法流程图如图 2.63 所示。

编写 MATLAB 程序，可以输出 V_1 到 $V_2 \sim V_7$ 点的最短距离和最短路径。

V_1 到 V_2 的最短距离为 2km，最短路径为 $V_1 \to V_2$。

V_1 到 V_3 的最短距离为 4km，最短路径为 $V_1 \to V_2 \to V_3$。

V_1 到 V_4 的最短距离为 3km，最短路径为 $V_1 \to V_4$。

V_1 到 V_5 的最短距离为 7km，最短路径为 $V_1 \to V_2 \to V_3 \to V_5$。

V_1 到 V_6 的最短距离为 8km，最短路径为 $V_1 \to V_2 \to V_3 \to V_5 \to V_6$。

V_1 到 V_7 的最短距离为 13km，最短路径为 $V_1 \to V_2 \to V_3 \to V_5 \to V_6 \to V_7$。

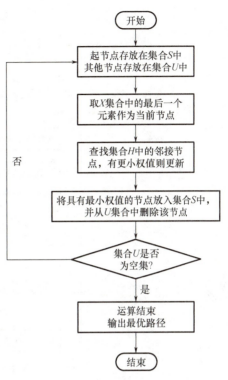

图 2.63　Dijkstra 算法流程图

【仿真实例 2-2】　如图 2.64 所示，智能汽车起点坐标为（3，3），目标点坐标为（29，22），图中有很多障碍物，利用 A* 算法规划智能汽车从起点到目标点的最短路径。

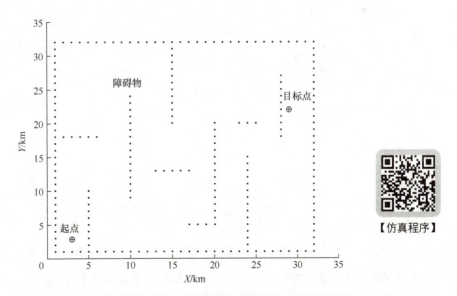

图 2.64　利用 A* 算法规划智能汽车从起点到目标点的最短路径

解： A* 算法流程图如图 2.65 所示。

编写 MATLAB 程序，可以求出智能汽车从起点到目标点的最短路径，如图 2.66 所示。

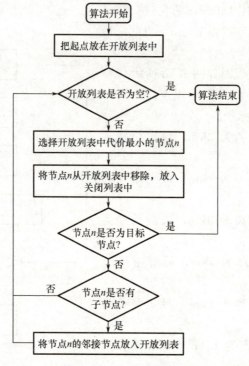

图 2.65　A*算法流程图

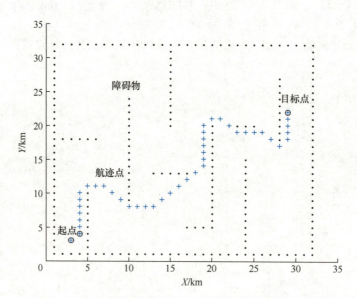

图 2.66　利用 A*算法规划智能汽车从起点到目标点的最短路径

【仿真实例 2-3】　有一辆智能汽车要行驶 31 个地点，需要选择最短路径，路径的限制是每个地点只能去一次，而且最后要回到原来出发的地点。31 个地点的坐标为（1304，2312）（3639，1315）（4177，2244）（3712，1399）（3488，1535）（3326，1556）（3238，1229）（4196，1004）（4312，790）（4386，570）（3007，1970）（2562，1756）（2788，1491）（2381，1676）（1332，695）（3715，1678）（3918，2179）（4061，2370）（3780，

2212)（3676，2578）（4029，2838）（4263，2931）（3429，1908）（3507，2367）（3394，2643）（3439，3201）（2935，3240）（3140，3550）（2545，2357）（2778，2826）（2370，2975）]。汽车从地点14出发，最后回到地点14。利用蚁群算法对智能汽车进行路径规划。

解：蚁群算法的流程图如图2.67所示。

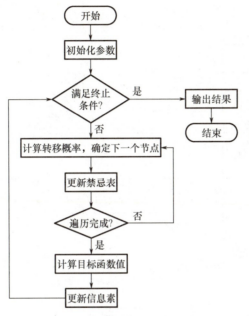

图 2.67 蚁群算法的流程图

【仿真程序】

选取50个蚂蚁，最大迭代次数为200，编写MATLAB程序，可以得到智能汽车行驶31个地点的最短距离为15828.7082m；最短路径为14→12→13→11→23→16→5→6→7→2→4→8→9→10→3→18→17→19→24→25→20→21→22→26→28→27→30→31→29→1→15→14。蚁群算法汽车优化路径如图2.68所示。

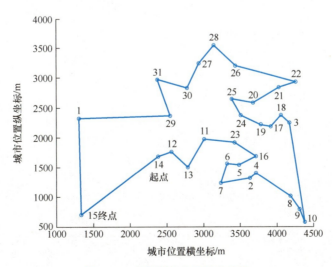

图 2.68 蚁群算法汽车优化路径

【仿真实例 2-4】 已知智能汽车起点坐标为（10，5），目标点坐标为（90，90），5个障碍物的坐标分别为（20，20）（40，21）（50，55）（65，35）和（85，73），利用人工势场法对智能汽车进行路径规划。

解：人工势场法的算法流程图如图 2.69 所示。

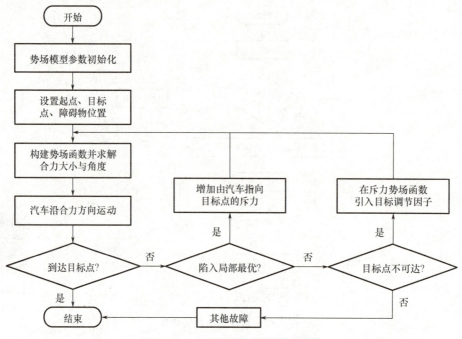

图 2.69　人工势场法的算法流程图

设定引力增益系数为 1，斥力增益系数为 4，障碍物影响的最大距离为 15，编写MATLAB 程序，可以得到利用人工势场法对智能汽车进行路径规划，结果如图 2.70所示。

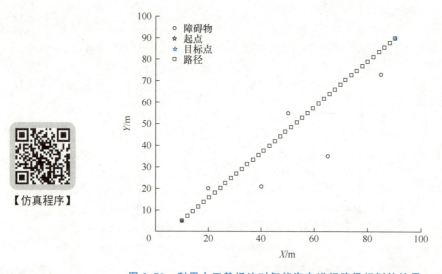

图 2.70　利用人工势场法对智能汽车进行路径规划的结果

【仿真实例 2-5】 如图 2.71 所示，图中起点坐标为（5，5），目标点坐标为（500，500），有两个障碍物，利用 RRT 算法规划智能汽车从起点到目标点的路径。

图 2.71 利用 RRT 算法规划智能汽车从起点到目标点的路径

解：RRT 算法的流程图如图 2.72 所示。

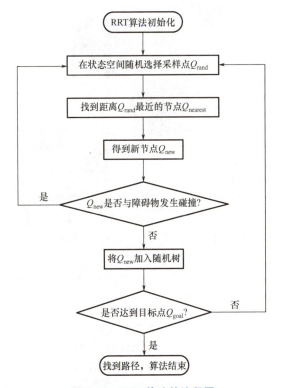

图 2.72 RRT 算法的流程图

【仿真程序】

编写 MATLAB 程序，可以求出从起点到目标点的路径，如图 2.73 所示。运行程序，可以看到路径随机搜索过程。可以看出，这条路径不一定是最优路径。另外，由于 RRT 算法是随机搜索，因此每次运行的结果都是不一样的，而且有时会搜索失败。

【仿真实例 2-6】 如图 2.74 所示，起点坐标为（3，3），目标点坐标为（19，18.5），有 8 个障碍物，利用 PRM 算法规划智能汽车从起点到目标点的路径。

解：PRM 算法的流程图如图 2.75 所示。

【仿真程序】

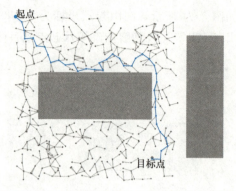

图 2.73 利用 RRT 算法规划从起点到目标点的路径

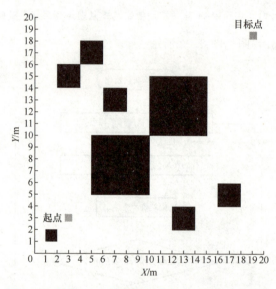

图 2.74 利用 PRM 算法规划从起点到目标点的路径

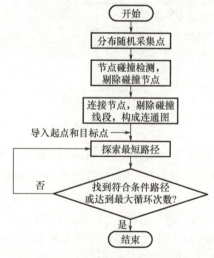

图 2.75 PRM 算法的流程图

随机生成 50 个节点，每个节点允许的最大邻近子节点数量为 20，编写 MATLAB 程序，利用 PRM 算法规划智能汽车从起点到目标点的路径，结果如图 2.76 所示。

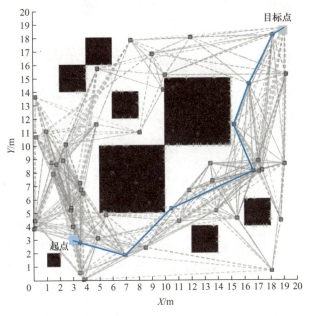

图 2.76　利用 PRM 算法规划智能汽车从起点到目标点的路径结果

如果改变采样点数量，随机生成 30 个节点，每个节点允许的最大邻近子节点数量为 10，则结果如图 2.77 所示。可以看出，采样点数量对智能汽车路径规划结果的影响较大。

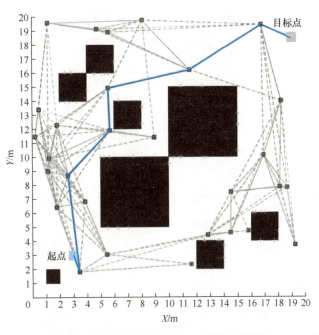

图 2.77　采样点数量对路径规划结果的影响

【仿真实例 2-7】 图 2.78 所示为利用三次样条曲线对智能汽车进行路径规划，前车为障碍车，后车需要换道避障。设有 $A(0，-1.75)$、$B(10，-1.75)$、$C(20，-1.75)$、$D(30，1.75)$、$E(40，1.75)$、$F(50，1.75)$ 共六个离散点，利用三次样条曲线对智能汽车进行路径规划。

【仿真程序】

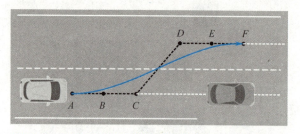

图 2.78 利用三次样条曲线对智能汽车进行路径规划

解：MATLAB 的分段三次埃尔米特（Hermite）插值多项式库函数 pchip，该函数可以直接计算分段三次样条，返回每段多项式的四个系数，然后根据此系数调用 ppval 库函数，生成一系列插值点，从而得到三次样条曲线。图 2.79 所示为智能汽车路径规划仿真场景图。图 2.80 所示为智能汽车路径规划的航向角变化图。图 2.81 所示为智能汽车路径规划的曲率变化图。

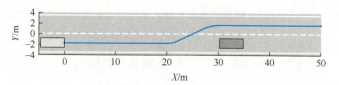

图 2.79 智能汽车路径规划仿真场景图

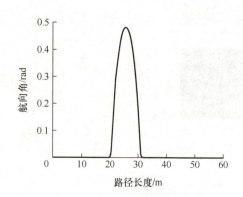

图 2.80 智能汽车路径规划的航向角变化图

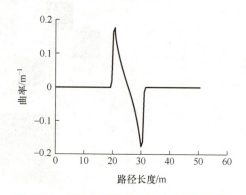

图 2.81 智能汽车路径规划的曲率变化图

一、名称解释

1. 智能汽车路径规划
2. 可视图法

3. 语义地图法

4. 蚁群算法

5. 人工势场法

二、问答题

1. 智能汽车路径规划的要求有哪些？

2. 智能汽车路径规划的约束条件有哪些？

3. 智能汽车路径规划是如何分类的？

4. 智能汽车路径规划的步骤有哪些？

5. 智能汽车路径规划的算法有哪些？

三、拓展题

1. 如图 2.82 所示，利用 Dijkstra 算法求 A 点到 G 点的最短路径。

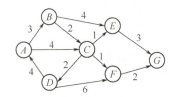

图 2.82　利用 Dijkstra 算法求 A 点到 G 点的最短路径

2. 如图 2.83 所示，利用 A^* 算法求节点 a 到节点 z 的最短路径。

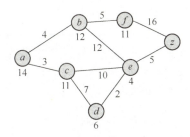

图 2.83　利用 A^* 算法求节点 a 到节点 z 的最短路径

【在线答题】

第 3 章 智能汽车的行为决策技术

教学目标

通过本章的学习，读者能够掌握智能汽车行为决策的基本问题，掌握智能汽车常用决策方法的基本原理、特点、步骤及应用。

教学要求

知识要点	能力要求	参考学时
概述	掌握智能汽车行为决策的定义、要求、约束条件、内容、步骤及方法	2
基于有限状态机的智能汽车决策方法	掌握有限状态机的基本概念与基本原理、特点、步骤及应用	
基于博弈论的智能汽车决策方法	掌握博弈论的基本概念与基本原理、特点、步骤及应用	3
基于支持向量机的智能汽车决策方法	掌握支持向量机的基本概念与基本原理、特点、步骤及应用	
基于马尔可夫决策过程的智能汽车决策方法	掌握马尔可夫决策过程的基本概念与基本原理、特点、步骤及应用	3
基于强化学习的智能汽车决策方法	掌握强化学习的基本概念与基本原理、特点、步骤及应用	

导入案例

智能汽车在行驶过程中常常需要面对静态障碍物（如路面上的障碍物、路旁的树木或建筑物等）。这些障碍物可能突然出现在汽车的行驶路径上，要求汽车迅速作出避让决策。图3.1所示为智能汽车的避障行驶。

图 3.1　智能汽车的避障行驶

什么是智能汽车的行为决策？智能汽车行为决策有哪些应用场景？智能汽车如何作行为决策？行为决策有哪些方法？通过本章的学习，读者可以得到答案。

3.1　概　　述

3.1.1　智能汽车行为决策的定义

 案例阅读 3-1

小李计划周末自驾去郊外游玩，他需要提前进行多项决策。首先，他要根据目的地和路况选择合适的行车路线，以避开拥堵路段。其次，他需要考虑停车问题，选择具有充足停车位的地点或预订停车位。最后，小李还需决策携带的物品（如应急工具、食品和饮用水等），以备不时之需。这些决策旨在确保出行安全、顺利和舒适，展现了汽车出行中决策的重要性。

智能汽车行为决策是指智能汽车在行驶过程中，根据感知到的环境信息、汽车状态信息及驾驶任务，通过一定的算法和规则，确定最优驾驶行为的过程。这些驾驶行为包括但不限于加速、减速、转向、换道、停车等。行为决策的目标是确保智能汽车在各种交通场景下安全、舒适、高效地完成任务。

行为决策层收到全局路径后，结合感知环境信息、交通规则信息、汽车状态信息、驾驶场景信息等，推导判断下一分钟或下一秒的情况，并作出车道保持、车辆跟随、车道变换和制动避撞等适合当前交通环境的驾驶行为。如图3.2所示，自车在检测到前方存在低速行驶汽车且左侧车道满足换道条件后，作出向左变道的驾驶行为决策。

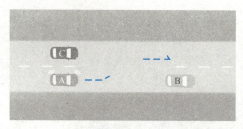

A—自车；B—同车道低速行驶汽车；C—左侧车道正常行驶汽车。

图 3.2　行为决策示意图

智能汽车行为决策系统先分析道路环境，明确自身所处的驾驶场景，然后在此基础上针对特定的驾驶场景，基于基本交通规则和驾驶经验组成的驾驶先验知识，在驾驶任务、定位信息等要素条件下，选择此场景下的最优驾驶行为，如图 3.3 所示。

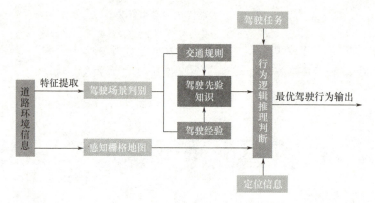

图 3.3　智能汽车行为决策系统

3.1.2　智能汽车行为决策的要求

智能汽车行为决策的要求主要有准确性要求、实时性要求、鲁棒性要求、可解释性要求、安全性和合规性要求等。

1. 准确性要求

智能汽车行为决策的首要要求是准确。行为决策系统必须准确识别交通环境中的障碍物、道路标识、交通信号等信息，并准确判断汽车的当前状态，包括位置、速度、方向等。此外，行为决策系统还需准确理解驾驶任务，确保作出的决策与驾驶目标一致。为提高决策准确性，可以采用先进的感知算法、数据融合技术及机器学习算法等技术手段。

例如，在一个繁忙的城市十字路口，智能汽车通过高精度传感器捕捉前方突然冲出的行人。其行为决策系统迅速分析，预判行人的行走轨迹，并评估多种应对策略。在毫秒级时间内，系统作出准确的决策——平稳避让行人。这一决策避免了潜在的事故，确保了行人和车辆的安全。这一例子充分说明了智能汽车行为决策准确的重要性。通过先进的算法和较高的计算能力，智能汽车能够在复杂的交通环境中迅速作出正确的决策，为人们的出行提供安全保障。

2. 实时性要求

智能汽车行为决策的另一个重要要求是实时。在高速行驶或紧急情况下，行为决策系统必须在极短时间内作出响应，以确保汽车安全。因此，行为决策系统需要具备较高的数据处理能力，能够在短时间内获取、处理和分析信息，并作出相应的决策。同时，行为决策系统还需具备优化算法，以提高决策速度并降低计算资源消耗。

例如，在高速公路上，智能汽车通过先进的传感器实时捕捉前方汽车的动态变化。突然，前方汽车紧急制动，此时智能汽车的行为决策系统需要立即响应。系统快速分析、处理传感器数据，结合当前车速和路况，瞬间作出减速或换道的决策并立即执行。这一实时决策避免了潜在的追尾风险，保障了行车安全。这一例子充分说明了智能汽车实时行为决策的重要性。对于高速行驶的车辆，任何延迟都可能导致严重后果。因此，智能汽车必须具备快速响应和实时决策的能力，以应对复杂多变的交通环境。

3. 鲁棒性要求

鲁棒性是智能汽车行为决策的重要考量因素。在复杂多变的交通环境中，行为决策系统可能面临各种不确定性因素和干扰因素，如天气变化、道路状况、传感器噪声等。因此，行为决策系统需要具有强大的鲁棒性，能够在各种情况下保持稳定的性能并准确地决策。为保证强大的鲁棒性，可以采用多传感器融合、故障检测和隔离等技术手段。

例如，在雨雪交加的恶劣天气中，智能汽车面临低能见度和路面湿滑等挑战。此时，其行为决策系统必须展现出强大的鲁棒性。系统不仅要准确识别道路标线、交通信号等信息，还要在传感器受到干扰时依然保持稳定的性能。又如，在一次行驶中，智能汽车遇到突然横穿马路的行人，其鲁棒性强的行为决策系统迅速作出反应，成功避免危险。这两个例子充分说明强大的鲁棒性对智能汽车行为决策的重要性。在复杂多变的道路环境中，智能汽车必须应对各种不确定性因素和干扰因素，保持稳定的决策能力和执行能力，确保行驶安全。

4. 可解释性要求

智能汽车行为决策的结果应可解释。这意味着行为决策系统应该能够提供清晰、明确的决策依据和理由，以便驾驶人或监管机构了解并信任系统的决策过程。可解释性要求有助于增强系统的透明度和可信度，提高用户接受度。为实现可解释性要求，可以采用基于规则或模型的方法，将决策过程以易理解的方式呈现给用户。

例如，一辆智能汽车在复杂的城市交通中遇到行人穿越马路，在作出减速避让的决策后，行为决策系统能够清晰地解释其决策过程。系统根据行人的运动轨迹、汽车的速度及交通规则，通过可视化界面向乘客展示决策逻辑。这样的解释不仅增强了乘客对智能汽车行为的信任度，也为开发者提供了优化算法的宝贵反馈。这个例子说明了智能汽车行为决策可解释的重要性。行为决策系统提供的清晰决策依据和解释，能够增强智能汽车与乘客的互动和信任，同时有助于提高算法的透明度和可优化性。

5. 安全性和合规性要求

智能汽车行为决策必须安全、合规，包括确保决策过程不导致汽车失控或违反交通规则，以及遵守相关的法律法规和道德准则。为实现安全性和合规性要求，可以对行为决策系统进行严格的安全验证和测试，确保其在各种情况下都能保持稳定和安全的性能；同时，关注法律法规的动态变化，及时调整和优化决策系统以适应新的要求。

例如，一辆智能汽车在行驶过程中，遇到前方汽车突然减速。其行为决策系统立即分析情况，并在保证安全的前提下，作出减速并保持车距的决策。这一决策不仅避免了潜在的追尾风险，还确保了行驶安全。同时，智能汽车的决策过程完全符合交通规则。这个例子充分说明了智能汽车行为决策安全、合规的重要性。面临复杂和变化的交通环境时，智能汽车必须在保证安全的前提下作出符合法律法规的决策，以确保乘客和行人的安全，同时遵守交通秩序。

智能汽车为实现这些行为决策要求，需要采用先进的技术手段和方法，并不断优化和改进行为决策系统。随着技术的不断进步和交通环境的日益复杂，对智能汽车行为决策的要求不断提高。

3.1.3　智能汽车行为决策的约束条件

智能汽车行为决策的约束条件主要有法律法规约束、安全性约束、舒适性约束和可行性约束等。

1. 法律法规约束

法律法规是智能汽车行为决策的首要约束条件。智能汽车的行为决策系统必须遵守国家和地区的交通规则，包括但不限于速度限制、车道规定、交通信号遵守等。此外，法律法规还可能对智能汽车的行为决策过程有更细化的规定，如决策过程中的责任归属、数据安全和隐私保护等。因此，在开发智能汽车行为决策系统时，必须确保系统识别和遵守相关法律法规，以避免可能的法律风险。

例如，一辆智能汽车在行驶过程中，遇到前方交通信号灯变为红色。按照法律法规要求，汽车应停车等待。此时，智能汽车的行为决策系统迅速响应，准确识别交通信号灯，并控制汽车平稳停车。这一决策过程充分体现了智能汽车在遵守交通法规方面的能力。这个例子展示了智能汽车行为决策受到法律法规约束的重要性。在自动驾驶技术的运用中，智能汽车必须严格遵守交通规则，确保行驶安全，避免发生违法行为。这也是智能汽车被广泛接受和合法上路的关键。

2. 安全性约束

智能汽车行为决策的安全性约束是指在制定驾驶决策时，必须始终将安全性作为首要考虑因素，确保在各种道路和交通环境下都能作出最安全的驾驶选择。安全性约束旨在减少事故风险，保护乘客和其他道路使用者的生命安全。具体来说，安全性约束涉及对汽车周围环境的精准感知和判断，如识别行人、车辆、障碍物等，并预测其动态变化。在此基础上，智能汽车的行为决策系统会快速计算并选择最合适的驾驶行为，如减速、避让或停车等，以避免潜在的碰撞或危险情况。此外，安全性约束还体现在对汽车自身状态的监控和管理，如确保汽车制动系统、转向系统等关键部件正常运行，以及防止汽车因故障或意外情况而发生失控。

例如，在繁忙的城市道路上，一辆智能汽车在行驶过程中检测到前方有行人闯红灯。

根据安全性约束，智能汽车的行为决策系统立即启动紧急制动程序，确保在避免碰撞的同时，最大限度地保护行人和车辆。这一决策迅速且精准，不仅避免了潜在的事故，还展现出智能汽车在应对突发情况时的优异性能。这个例子充分展示了智能汽车行为决策受到安全性约束的重要性。在复杂的交通环境中，智能汽车必须始终将安全放在首位，确保在任何情况下都能作出最安全、最合理的决策。

3. 舒适性约束

智能汽车行为决策的舒适性约束是指在制定驾驶决策时，需充分考虑乘员的驾乘体验，以确保行驶过程尽可能舒适。舒适性约束涉及多个方面，包括但不限于车内环境的调控、行驶平稳性的维护及减少不必要的颠簸或振动等。

例如，在长途高速公路行驶过程中，智能汽车检测到前方即将进入弯道。为了提供更舒适的驾乘体验，其行为决策系统不仅控制汽车平稳减速，还自动调整悬架系统，以减少转弯时的侧倾感。同时，汽车智能调节车内温度和音乐音量，营造出更加舒适的乘车环境。这一系列决策体现了智能汽车对乘员舒适性的高度重视。这个例子展示了智能汽车行为决策受到舒适性约束的重要性。在追求行驶安全的同时，智能汽车注重提升乘员的驾乘体验，通过优化行为决策，为乘员创造更加舒适、愉悦的旅程。

4. 可行性约束

智能汽车行为决策的可行性约束是指在制定行为决策时，必须考虑汽车自身的物理性能、技术能力及外部环境因素，确保决策能够在现实条件下得到有效执行。可行性约束包括但不限于汽车的操控性能、动力输出、感知系统的能力范围，以及道路条件、交通规则等外部因素。

例如，一辆智能汽车在通过狭窄道路时，需要避让路边停靠的车辆。其行为决策系统迅速评估汽车的机动性能和道路的宽度，判断能否安全通过。考虑可行性约束，系统最终决定降低车速，小心翼翼地通过，避免发生剐蹭。这一决策既确保了行车安全，又充分考虑了汽车的实际情况和道路的可行性。这个例子展示了智能汽车行为决策受到可行性约束的重要性。在实际操作中，智能汽车必须根据自身实际情况和道路条件，作出切实可行的决策，以确保行车安全。

智能汽车行为决策受到法律法规、安全性、舒适性和可行性等约束条件的限制。这些约束条件相互交织、相互影响，共同构成智能汽车行为决策系统的复杂环境。为了得到更加安全、舒适、高效的自动驾驶体验，需要深入研究这些约束条件，并在系统设计和优化过程中充分考虑它们的影响。未来，随着技术的不断进步和法律法规的完善，智能汽车行为决策的约束条件也将发生变化。

3.1.4 智能汽车行为决策的内容

智能汽车行为决策的内容主要包括车道保持与换道决策、车速控制决策、障碍物避让决策、停车与起动决策、交通信号响应决策和紧急状况处理决策等。

1. 车道保持与换道决策

智能汽车需要在行驶过程中实时判断所在车道的情况，并作出相应的决策。如果车道畅通，智能汽车就保持当前车道行驶；如果前方有障碍物或需要换道超车，智能汽车就根据环境感知信息和汽车状态，选择合适的时机进行换道操作。换道决策需要考虑相邻车道的交通状况、车辆的相对速度和距离等因素。

2. 车速控制决策

车速控制是智能汽车行为决策的关键环节。根据道路条件、交通状况及汽车状态，智能汽车需要实时调整车速，确保行驶的安全性和舒适性。例如，在高速公路上行驶时，智能汽车需要根据交通流量和限速要求，选择合适的车速；在城区道路或拥堵路段行驶时，智能汽车需要适时减速或停车等待。

3. 障碍物避让决策

智能汽车在行驶过程中可能会遇到各种障碍物，如车辆、行人、动物等。面对这些障碍物，智能汽车需要作出及时、准确的避让决策，包括判断障碍物的类型、大小和移动速度，评估潜在的风险，并选择合适的避让策略（如减速、换道或停车等）。

4. 停车与起动决策

停车和起动是智能汽车在城市和居民区等场景中常见的行为决策。停车时，智能汽车需要寻找合适的停车位，并评估停车空间。在起动时，智能汽车需要判断周围环境是否安全（如是否有行人或障碍物等），并根据汽车状态和目标规划，决定合适的起动时间和方式。

5. 交通信号响应决策

在交通信号灯控制的路口，智能汽车需要根据交通信号的指示，作出相应的行驶决策。例如，在红灯亮起时，智能汽车需要停车等待；在绿灯亮起时，智能汽车需要根据交通状况和安全距离，判断是否可以安全通过路口。

6. 紧急状况处理决策

面对突发状况或紧急事件（如汽车故障、行人突然闯入等），智能汽车需要迅速作出反应，并采取相应的处理措施，包括启动紧急制动系统、发出警报提示或进行紧急避让等。这些决策需要基于环境感知和汽车状态信息进行快速分析和处理。

智能汽车的各种行为决策相互关联、相互影响，共同构成智能汽车的驾驶行为。通过不断优化及改进决策算法和模型，智能汽车的驾驶性能和安全性提高，推动自动驾驶技术不断发展和应用。

3.1.5 智能汽车行为决策的步骤

智能汽车行为决策的步骤见表3-1。

表3-1 智能汽车行为决策的步骤

序号	步骤	描述
1	环境感知	通过传感器和摄像头等设备收集汽车周围环境信息，包括道路状况、交通信号、障碍物、其他汽车和行人等

续表

序号	步　骤	描　述
2	数据处理与分析	对收集的环境信息进行预处理、特征提取和分类识别,提取对决策有用的关键信息
3	行为规划	根据处理后的信息,考虑交通规则、道路状况及汽车自身状态等因素,制订智能汽车的行驶计划或目标路径
4	决策生成	在行为规划的基础上,根据安全性约束、舒适性约束和可行性约束作出具体的驾驶决策,如加速、减速、转向、避让等
5	决策执行	将生成的驾驶决策转化为具体的控制指令,通过汽车控制系统执行,如调整速度、制动和转向等
6	监控与反馈	对决策执行过程进行实时监控,收集执行结果和反馈信息,对决策效果进行评估和调整,以提高后续决策的准确性和效率

在实施智能汽车行为决策的过程中,要注意以下事项。

(1) 数据收集与处理的准确性至关重要。智能汽车依赖大量传感器数据进行环境感知和行为决策。因此,首先要确保传感器数据的准确、完整。此外,数据的处理和分析方法也需要经过严格的验证及优化,以提取对决策有用的关键信息。

(2) 合理的行为规划是决策成功的关键。规划行驶路径或目标时,智能汽车需要充分考虑道路条件、交通规则、障碍物及汽车自身状态等因素。合理的行为规划能够确保汽车在遵守规则的同时高效、安全行驶。

(3) 决策生成的可靠性和实时性也是不可忽视的要点。决策生成过程需要根据当前环境和汽车状态快速、准确地作出合适的驾驶选择。同时,行为决策系统需要具备较高的可靠性,以确保在各种复杂路况和突发情况下作出正确的判断。

(4) 监控与反馈机制的完善也是至关重要的。通过对决策执行过程的实时监控和反馈收集,及时发现和纠正决策中存在的问题,从而提高决策的质量和准确性。此外,监控与反馈机制还可以帮助智能汽车不断学习和优化自身的决策能力。

3.1.6　智能汽车行为决策的方法

根据应用场景和决策策略的不同,智能汽车行为决策的方法主要有基于规则的决策方法、基于学习的决策方法、基于优化算法的决策方法和基于多源信息融合的决策方法等。

1. 基于规则的决策方法

基于规则的决策方法是通过预设一系列交通规则和行驶策略,根据汽车当前的状态及周围环境信息进行规则匹配和推理,从而得到合适的行驶策略。这种方法简单易行,适用于结构简单、规则明确的场景。但是,它难以处理复杂多变的交通环境和突发事件。有限状态机是典型的基于规则的决策方法。

例如,在一个繁忙的城市交叉口,一辆智能汽车准备通过。它通过传感器收集周围环境信息,包括交通信号、行人动态及其他汽车的位置和速度。根据预设的规则,智能汽车识别到当前是绿灯,且前方没有行人和其他障碍物阻挡。因此,它作出加速通过交叉口的决策。同时，规则规定了安全距离和速度限制，以确保汽车在行驶过程中的稳定性和安全性。这个例子展示了基于规则的智能汽车行为决策的基本流程。通过收集环境信息、应用预设规则，智能汽车能够作出合适的行驶选择，实现安全、高效行驶。

2. 基于学习的决策方法

基于学习的决策方法是通过训练大量数据，使模型学习到不同场景下的行驶策略。这种方法可以根据历史数据和实时信息，预测未来的交通状态并作出相应的决策。常见的基于学习的决策方法有深度学习、强化学习等，这种方法能够处理复杂多变的交通环境，但需要大量的数据支持和计算资源。支持向量机属于基于学习的决策方法，它通过训练数据学习并优化一个决策边界，使这个边界在新的数据上作出正确的决策。

例如，在一段复杂的城市路况中，一辆智能汽车面临多个可能的行驶决策。通过深度学习算法，智能汽车预先训练大量的行驶数据，从而学会在不同情境下作出最佳决策。当前，智能汽车检测到前方突然出现行人，且道路左侧有一个可用的停车位。基于之前的学习经验，智能汽车作出决策——减速避让行人，并在确认安全后停到空的停车位。这个例子展示了基于学习的智能汽车行为决策的优势。通过不断学习和积累经验，智能汽车能够更加灵活、准确地应对复杂的行驶环境，提升行驶的安全性和智能性。

3. 基于优化算法的决策方法

基于优化算法的决策方法是通过建立数学模型和优化算法，将行为决策问题转化为优化问题，从而找到最优或次优行驶决策。这种方法可以综合考虑车辆的动力学特性、交通规则和行驶目标等因素，实现全局最优决策。但是，它的计算复杂度高，对实时性要求较高。博弈论作为一种基于优化算法的决策方法，在决策制定中具有重要的应用价值。通过综合考虑参与者的策略互动和利益关系，以及利用优化算法求解最优解或均衡解，博弈论能够为复杂决策问题提供有效的解决方案。马尔可夫决策过程可以视为一种基于优化算法的决策方法。它利用优化算法来找到最优决策，并通过定义状态转移概率和回报函数来指导智能移动体的决策过程。

例如，在一段拥堵的高速公路上，一辆智能汽车通过优化算法进行行为决策。智能汽车感知到前方交通拥堵，需要选择最优行驶路径以尽快到达目的地。智能汽车利用优化算法，综合考虑当前路况、汽车性能、行驶目标等因素，计算出多条可能的行驶路径及其预计耗时。经过比较和评估，智能汽车选择了一条能够最大限度减少拥堵、提高行驶效率的路径。这个例子展示了基于优化算法的智能汽车行为决策的高效性和精准性。通过算法的计算和优化，智能汽车能够在复杂的交通环境中作出最佳行驶选择，实现更加智能、高效的行驶。

4. 基于多源信息融合的决策方法

基于多源信息融合的决策方法是利用多种传感器和信息源，对周围环境进行全方位的感知和理解，从而得到更准确的行驶策略。这种方法可以综合考虑视觉信息、雷达信息、地图信息等，提高了决策的准确性和可靠性；但是，它需要对多源信息进行融合和处理，对算法的要求较高。

例如，在繁忙的城市街道，一辆智能汽车正在利用多源信息融合进行行为决策。它综合高清摄像头捕捉的图像、雷达感知的障碍物距离和速度、GPS 提供的地理位置信息识别行人、车辆等，并准确判断它们的动态和意图。在此基础上，智能汽车作出避让行人、调整车速等决策，确保安全、高效行驶。这个例子充分展示了多源信息融合在智能汽车行为决策中的重要作用。基于多源信息融合的决策方法可提高决策的准确性和可靠性。

智能汽车各类决策方法的比较见表 3-2。

表 3-2 智能汽车各类决策方法的比较

路径规划算法	优 势	不 足
基于规则的决策方法	（1）简单直观：规则设计直观，易理解 （2）可控性强：规则明确，可以精确控制决策行为 （3）实时性好：决策速度快，满足实时性要求	（1）适应性差：对于复杂多变的环境，规则的适应性较差 （2）灵活性不足：规则修改和调整较困难，灵活性较差 （3）难以处理复杂情况：对于涉及多个因素或模糊性的情况，处理存在不足
基于学习的决策方法	（1）自适应性：通过学习，自动适应环境变化 （2）泛化能力强：可以对未见过的情况进行决策 （3）不断优化：通过不断学习，优化决策性能	（1）数据需求大：需要大量的数据进行训练 （2）计算复杂度高：训练和学习过程计算量大 （3）透明度和可解释性不足：决策过程难以解释，透明度较低
基于优化算法的决策方法	（1）全局优化：找到最优解或近似最优解 （2）处理约束能力强：能够综合考虑多种约束条件 （3）理论基础扎实：基于数学和算法理论，可靠性高	（1）计算量大：优化过程可能需要大量计算 （2）实时性差：对于需要快速决策的情况，可能难以满足要求 （3）初始条件敏感：结果可能受初始条件的影响
基于多源信息融合的决策方法	（1）信息丰富：融合多种信息源，提高决策准确性 （2）鲁棒性强：提高系统的稳定性和可靠性 （3）应对复杂场景：适用于复杂多变的交通环境	（1）信息同步问题：需要解决不同信息源之间的同步问题 （2）计算量大：融合多个信息源需要高性能计算 （3）融合策略设计复杂：需要设计合适的融合策略

每种决策方法都有其独特的优势和适用场景，在实际应用中，需要根据具体需求和环境选择合适的决策方法，或者将多种决策方法相结合，以使决策更加准确、可靠。

3.2 基于有限状态机的智能汽车决策方法

案例阅读 3-2

> 以电梯为例,可以将其视为一个有限状态机。在这个模型中,电梯的状态可以是"静止在某一楼层""向上移动"或"向下移动"等。每个状态都有对应的操作,比如开门、关门、移动等。当乘客按下楼层按钮时触发状态转移,比如从"静止在某一楼层"转移到"向上移动"。转移的条件就是乘客的操作,比如按下楼层按钮。在转移过程中,电梯会执行相应的动作,比如关门、启动电动机等。有限状态机可以清晰地描述电梯系统的行为,包括各状态之间的转移及每个状态下的操作。这种模型可以更加精确地控制电梯的运行,提高运行效率和安全性。

基于有限状态机的智能汽车决策方法是模拟人类的思维过程,从而得到控制策略。它将汽车行为划分为多个有限状态,根据环境感知信息在状态间转移,实现智能决策。

3.2.1 有限状态机的基本概念与基本原理

1. 有限状态机的定义

有限状态机是一种用于建模和控制系统行为的数学模型。它包含有限数量的状态,以及在这些状态之间转移的规则。每个状态都代表系统的一种特定行为或状况,而转移规则定义在接收到特定输入或事件时,系统如何从当前状态转移到下一个状态。构建有限状态机能够更好地控制系统的状态转移,从而确保系统的正确性和可靠性。

例如,自动售货机是一个典型的有限状态机,有"空闲""投币""选择商品""出货"等状态。当顾客靠近时,自动售货机处于"空闲"状态;投入硬币后,自动售货机进入"投币"状态;选择商品后,自动售货机转移到"选择商品"状态;最后,完成支付并出货,自动售货机回到"空闲"状态等待下一位顾客。这个过程中,自动售货机根据用户的操作和输入,在有限的状态集合中转移,体现了有限状态机的核心思想。

2. 有限状态机涉及的基本概念

有限状态机涉及的基本概念见表 3-3。

表 3-3 有限状态机涉及的基本概念

序号	基本概念	描述	意义
1	状态	系统在某个特定时刻的行为或状况的描述	反映系统的当前情况或属性
2	事件	触发状态转移的外部输入或条件	确定状态转移的时机和方式
3	转移函数	描述在不同状态下,如何根据事件进行状态转移的规则	定义状态转移的逻辑和过程

续表

序号	基本概念	描　述	意　义
4	初始状态	有限状态机开始运行时的状态	标识系统的起始点和起始条件
5	接受状态	有限状态机完成某项任务或达到特定条件时的状态	表示系统的目标或任务完成的标志
6	状态转移图	状态转移关系的图形化表示	直观地展示状态转移的流程和路径
7	状态转移表	记录所有可能状态转移情况的表格	提供状态转移的详细信息和参考依据

概念解读 3-1

以智能汽车在路口决策为例，解读有限状态机中的基本概念。在路口，智能汽车面临多种状态，如"等待红灯""准备起步""正常行驶"等。当红灯变绿灯或前方车辆移动时，这些事件触发状态转移。转移函数根据当前状态和事件，决定车辆应如何行动，如加速或减速。初始状态通常是等待红灯，而接受状态是安全通过路口。状态转移图展示了这些状态及其转移关系，而状态转移表详细列出了每个状态下的事件及其对应的新状态。

3. 有限状态机的基本原理

有限状态机的基本原理是通过离散的状态转移来描述和控制系统行为。它基于一系列预定义的状态和事件及其转移规则。在有限状态机中，系统根据当前状态和接收的输入事件，通过转移函数确定下一个状态。这种基于状态和事件的机制使得有限状态机能够处理复杂的逻辑和行为模式。此外，有限状态机还具备初始状态和接受状态的概念，定义系统的起始条件和终止条件。通过构建状态转移图和状态转移表，有限状态机能够清晰地展示系统在不同状态下的行为及状态之间的转移关系。

3.2.2　有限状态机的特点

有限状态机的特点及改进方法见表 3-4。

表 3-4　有限状态机的特点及改进方法

项目		描　述
优点	逻辑清晰、易于理解	将复杂的决策过程分解为一系列状态和状态转移，使决策逻辑清晰易懂，便于开发和调试
	灵活性高	通过定义不同的状态和状态转移条件，有限状态机可以适应不同的驾驶场景和需求，具有较高的灵活性
	实时性强	由于有限状态机的决策过程相对简单，因此其响应速度高，能够满足智能汽车实时决策的需求
	资源消耗低	相较于复杂的决策算法，基于有限状态机的决策方法所需的计算资源和内存消耗较少，有利于降低成本和提高效率

续表

项目		描　述
缺点	难以处理复杂场景	面对复杂的交通环境和多变的情况，有限状态机可能难以涵盖所有可能的决策情况，导致决策效果不佳
	状态定义和转移条件设置依赖经验	有限状态机的性能很大程度上取决于状态的定义和状态转移条件的设置，而这些往往依赖开发者的经验和主观判断
	缺乏全局优化能力	基于有限状态机的决策方法通常只关注当前状态和局部最优解，缺乏全局优化能力，可能导致整体性能下降
	对异常情况的处理能力有限	当遇到异常情况或未定义的状态时，基于有限状态机的决策方法可能无法作出有效的响应
改进方法	使用层次化有限状态机	将复杂的有限状态机分解为多个层次，每个层次处理不同级别的状态和转移，有助于降低状态机的复杂性，提高系统的可维护性
	引入参数化状态	在状态中添加参数，使状态的行为可以根据参数进行调整，从而提高系统的灵活性和可适应性
	结合其他技术	结合使用其他技术（如模糊逻辑、神经网络、深度学习等），处理连续变化或模糊性问题，扩展有限状态机的应用场景和性能

3.2.3　基于有限状态机的智能汽车决策的步骤

基于有限状态机的智能汽车决策的步骤见表3-5。

表3-5　基于有限状态机的智能汽车决策的步骤

序号	步　骤	描　述
1	定义状态和事件	明确智能汽车决策过程中的状态（如行驶、停车等）及触发状态转移的事件（如遇到红灯、检测到障碍物等）
2	构建状态转移图	根据定义的状态和事件构建状态转移图，展示各状态之间的转移关系及条件
3	定义状态和状态转移的行为	为每个状态及状态转移定义具体的行为（如加速、减速、转向等），确保决策过程有明确的执行动作
4	执行决策过程	智能汽车根据实时感知的环境信息和状态转移图，执行相应的决策行为
5	监控和调整	持续监控决策过程的效果，根据实际效果和新的环境信息调整状态定义、转移条件和行为，优化决策性能

实施基于有限状态机的智能汽车决策方法时，需要注意以下事项。

(1) 确保状态划分合理且全面，涵盖所有可能的驾驶情境，以便准确反映汽车行驶过程中的状态变化。

(2) 明确状态转移条件和触发机制,确保决策逻辑清晰、连贯,防止由对转移条件判断失误导致的不合理状态转移。

(3) 制定详细且切实可行的行为策略,以适应不同状态下的驾驶需求,提高决策的正确性和有效性。

(4) 持续监控和优化有限状态机,根据实际驾驶数据和反馈进行调整,以确保决策方法适应不断变化的道路环境和交通状况。

3.2.4 有限状态机的应用

有限状态机在智能汽车领域的应用包括但不限于以下场景。

1. 泊车辅助系统

泊车辅助系统是智能汽车的一个重要的系统,其中有限状态机发挥着关键作用。在泊车过程中,汽车需要经历多个阶段,如寻找合适车位、调整汽车位置、控制车速等。有限状态机通过定义不同的状态及状态之间的转移规则,精确控制汽车的行为。在每个状态下,汽车会根据传感器数据和当前状态信息执行相应的操作,从而实现安全、高效的泊车。

2. 智能驾驶决策系统

智能驾驶决策系统也是智能汽车的一个重要系统,其中有限状态机扮演着重要角色。在复杂的交通环境中,智能汽车需要实时分析交通状况,并作出准确的驾驶决策。有限状态机通过定义一系列状态及状态转移条件,使汽车能够根据当前交通状况切换到最适合的驾驶模式。这种基于状态的决策机制有助于提高驾驶的安全性和稳定性,减少事故风险。

3. 交通信号灯识别与响应

交通信号灯识别与响应是智能汽车的重要功能,其中有限状态机发挥着重要作用。智能汽车需要准确识别交通信号灯的状态,并根据交通信号灯的变化调整自身行驶状态。有限状态机通过定义交通信号灯的不同状态(如红灯、黄灯、绿灯)及状态之间的转移规则,使汽车能够根据不同的交通信号灯状态作出相应响应。这种基于状态的响应机制有助于提高汽车在交通路口的行驶效率和安全性。

图 3.4 所示为代客泊车系统状态机框架,图中各事件含义见表 3-6。

表 3-6 各事件含义

代号	事件含义	值	
		0	1
E1	汽车功能	定点召回	代客泊车
E2	是否在切换区域	否	是
E3	是否在召回点区域	否	是
E4	泊入是否完成	未完成	完成

续表

代号	事件含义	值	
		0	1
E5	泊出是否完成	未完成	完成
DE1	前车是否处于跟车范围	不处于	处于
DE2	前车是否处于制动范围	不处于	处于
DE3	是否存在换道需求	不存在	存在
DE4	是否完成换道	未完成	完成
DE5	是否允许换道	不允许	允许
DE6	是否进入目标区域	未进入	进入
BE1	车辆碰撞风险	不存在	存在

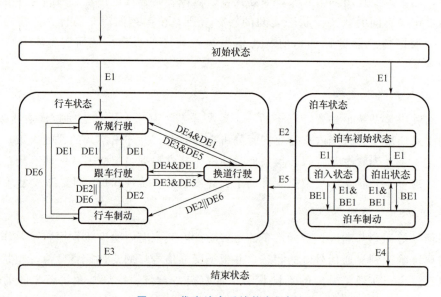

图 3.4 代客泊车系统状态机框架

【案例练习 3-1】

基于有限状态机的智能汽车路口决策系统

1. 案例描述

一辆智能汽车正行驶在城市道路，接近一个有交通信号灯的路口。汽车需要实时感知交通信号灯的状态（红灯、黄灯、绿灯），同时需要获取周围车辆的位置、速度及行驶方向等信息。根据这些信息，汽车作出合适的驾驶决策，如减速、停车或继续行驶。

2. 案例实施步骤

基于有限状态机的智能汽车路口决策的实施步骤见表 3-7。

表 3-7 基于有限状态机的智能汽车路口决策的实施步骤

序号	步骤	描述
1	定义状态及初始化	明确智能汽车的路况（如畅通、拥堵、异常等），并初始化当前状态，为后续决策奠定基础，确保系统启动时状态清晰
2	感知信息与收集数据	通过传感器实时感知路况信息，收集道路条件、车辆信息、行人信息等数据。确保数据的正确性和时效性，为决策提供有力支持
3	判断状态及其转移	根据收集的数据，判断当前状态是否发生变化。若发生变化，则根据预设的状态转移规则，更新当前状态
4	执行相应状态的行为	根据当前状态，执行相应的驾驶行为，如加速、减速、换道等。确保决策与路况状态匹配，提高驾驶的安全性和舒适性
5	循环监控与更新	持续监控路况状态和驾驶行为，根据实时数据更新有限状态机。通过循环迭代，不断优化决策性能，确保智能汽车适应多变的道路环境

在实际应用中，基于有限状态机的智能汽车路口决策系统通过感知设备获取交通信号灯状态、周围车辆信息及道路条件等数据。然后，根据当前状态和状态转移规则，系统确定下一个状态并执行相应的驾驶决策。例如，当汽车检测到红灯时，系统会自动进入红灯停车状态，并执行减速停车的操作。当红灯变为绿灯且道路安全时，系统会自动转移到绿灯行驶状态，并执行加速行驶的操作。通过这种方式，基于有限状态机的智能汽车决策系统能够有效地处理路口决策问题，提高驾驶的安全性和可靠性。

3.3 基于博弈论的智能汽车决策方法

案例阅读 3-3

在猜拳游戏中，两位参与者同时出手（石头、剪刀、布），根据一定规则判断输赢。每位参与者在出手前都要考虑对方的可能选择，以让自己赢得比赛。这种相互预测和策略选择的过程正是博弈论的核心。

基于博弈论的智能汽车决策方法运用博弈论原理，在智能汽车行驶过程中，通过预测和分析其他交通参与者的行为制定最优驾驶策略，以实现安全、高效行驶的目标。

3.3.1 博弈论的基本概念与基本原理

1. 博弈论的定义

博弈论是一种研究决策过程中参与者之间策略相互影响的数学理论和方法。它探讨在特定条件下，理性的参与者如何根据他人的可能行动来制定自己的最优决策，以达到最大化自身效用或收益的目的。

在智能汽车的决策过程中，可以将其他汽车、行人、交通信号等视为不同的决策主体,智能汽车根据博弈论的原理来制定最优的行驶策略。

2. 博弈论涉及的基本概念

博弈论涉及的基本概念见表3-8。

表3-8 博弈论涉及的基本概念

序号	基本概念	描述	意义
1	参与者	在博弈中独立行动、决策以追求各自目标的个体或组织	参与者是博弈论研究主体,不同参与者及其特点直接影响博弈的结构和结果
2	策略集	每位参与者可选择的全部可能行动的集合	策略集定义参与者在博弈中的行动范围,是制定决策的基础
3	信息	参与者制定决策时拥有的知识和数据,包括对自身和其他参与者行为及结果的了解程度	信息对博弈结果至关重要,完全信息和不完全信息下的博弈可能产生截然不同的结果
4	收益	参与者根据所选策略及博弈结果获得的效用或利益	收益是参与者追求的目标,也是评价策略质量的标准
5	均衡	所有参与者策略选择的一种稳定状态。在该状态下,没有参与者能通过单方面改变策略来提高自己的收益	均衡是博弈论分析的核心,它揭示博弈的稳定性和可预测性
6	结果	博弈结束后,由所有参与者策略选择共同决定的状态或收益分配	结果是博弈论分析的最终目标,它反映参与者之间策略互动和相互影响的结果

概念解读3-2

以自动驾驶汽车面对十字路口交通进行决策为例,解读博弈论中的基本概念。参与者即智能汽车和其他交通参与者,如行人、其他汽车等;策略集是智能汽车可选择的各种驾驶动作,如加速、减速、转向等;信息包括汽车感知到的交通信号、周围车辆动态等;智能汽车根据信息制定策略,以最大化行驶效率和安全性,即收益;均衡状态是当所有交通参与者都作出最优决策时,交通流畅且安全的状态;最终,智能汽车成功通过十字路口,既保证自身安全又提高道路使用效率,即结果。

3. 博弈论的基本原理

博弈论的基本原理在于探究决策过程中参与者之间的策略互动和相互影响。在博弈中,每个参与者都基于自身利益最大化原则,根据所掌握的信息和其他参与者的可能行动来制定策略。这些策略选择不仅影响自身收益,还影响其他参与者的利益。博弈论通过分析不同策略组合下的收益情况,揭示博弈的均衡状态,即所有参与者都选择最优策略时的稳定结果。

4. 博弈论的类型

博弈论根据不同的分类标准,可以分为以下几种类型。

(1) 合作博弈和非合作博弈。根据博弈参与者之间是否达成某种既定的合作协议,可以将博弈划分为合作博弈和非合作博弈。在合作博弈中,所有博弈参与者对博弈的框架及彼此的信息、收益是已知的,参与者之间遵守博弈规则,即在合作的前提下进行博弈;在非合作博弈中,因博弈参与者之间不存在协议关系,故每个参与者都会进行自主决策,不存在合作关系。

(2) 静态博弈和动态博弈。根据博弈参与者采取行动策略的顺序,可以将博弈划分为静态博弈和动态博弈。在静态博弈中,每个参与者并不知道其他参与者的下一步策略,所有博弈参与者只能根据目前的博弈态势同时选择博弈策略;在动态博弈中,博弈一方根据其他参与者已经作出的动作选择下一步博弈策略,博弈参与者的策略选择存在时间上的先后顺序。

(3) 完全信息博弈和非完全信息博弈。根据博弈参与者(一方)对其他博弈参与者的信息的知晓程度,可以将博弈划分为完全信息博弈和非完全信息博弈。博弈信息是指参与者的特征、策略集及收益函数等元素。在完全信息博弈中,博弈一方完全知晓其他参与者的博弈信息;在非完全信息博弈中,博弈一方只知晓部分或完全不知晓其他参与者的博弈信息。

(4) 零和博弈与非零和博弈。根据所有参与者的收益之和是否为零,可以将博弈划分为零和博弈与非零和博弈。在零和博弈中,所有博弈参与者的总收益为零,也就是说,博弈一方获得正收益意味着其他参与者只能获得负收益;在非零和博弈中,博弈参与者的收益总和不为零,也就是说,博弈参与者可能达到双赢或者多赢的结果。

3.3.2 博弈论的特点

博弈论的特点及改进方法见表3-9。

表3-9 博弈论的特点及改进方法

项目		描述
优点	考虑多方交互	综合考虑多个智能移动体(如其他汽车、行人等)的决策行为和相互影响,从而作出更加合理、安全的决策
	适应性强	能够根据不同场景和交通状况灵活调整策略,适应复杂多变的驾驶环境
	优化决策效果	通过博弈论的分析和优化,智能汽车能够在竞争与合作中找到最优或次优决策方案,提高行驶效率和安全性
	揭示竞争关系	能够清晰地揭示智能汽车与其他交通参与者之间的竞争关系,有助于更好地理解和应对各种交通状况

续表

项目		描 述
缺点	模型复杂度高	构建和求解基于博弈论的智能汽车决策模型通常需要较高的数学水平及计算能力,增加实现的难度和成本
	信息不完全或不对称	在实际驾驶环境中,往往存在信息不完全或信息不对称的情况,从而导致博弈论模型的分析结果失真或失效
	参数敏感、难以准确估计	博弈论模型的性能往往对参数的选择和设置比较敏感,而实际中这些参数往往难以准确估计,提高了决策的不确定性
	计算量大且耗时	对于复杂场景和实时决策需求,基于博弈论的智能汽车决策方法可能计算量大且耗时,难以满足实际应用的需求
改进方法	简化模型与优化算法	通过简化模型结构和优化算法设计,降低计算复杂度,提高决策效率
	引入近似解和启发式方法	在某些情况下,可以引入近似解或启发式方法来快速获得满意的决策方案,避免陷入复杂的计算过程
	考虑信息不完全和不对称	在建模过程中,应充分考虑信息不完全或信息不对称的情况,通过引入相应的处理机制来提高模型的准确性和实用性
	结合其他决策方法	将基于博弈论的智能汽车决策方法与其他决策方法(如基于规则的决策、基于深度学习的决策等)结合,综合利用各种方法的优点,提高决策的全面性和准确性
	利用大数据和机器学习技术	利用大数据和机器学习技术优化博弈论模型的参数选择和设置,降低决策的不确定性,提高模型的稳定性和可靠性

3.3.3 基于博弈论的智能汽车决策的步骤

基于博弈论的智能汽车决策的步骤见表 3-10。

表 3-10 基于博弈论的智能汽车决策的步骤

序号	步 骤	描 述
1	确定决策主体与决策环境	明确智能汽车作为决策主体,分析周围车辆、行人等环境因素,为后续构建博弈论模型奠定基础
2	构建博弈论模型	根据决策环境,构建智能汽车与其他交通参与者的博弈论模型,明确各方策略及支付函数
3	分析博弈结构	深入剖析博弈论模型的均衡状态、策略空间等结构特性,揭示各参与者的相互影响机制

续表

序号	步骤	描述
4	选择或优化策略	基于博弈分析结果,为智能汽车选择合适的行驶策略,并持续优化以提升决策效果
5	实时调整与迭代	根据实际路况及反馈数据,实时调整决策策略,不断迭代优化博弈论模型,提高智能汽车行为决策的准确性与实时性

实施基于博弈论的智能汽车决策方法时,需要注意以下事项。

(1) 应用博弈论时,要深入分析各交通参与者的利益和行为,确保模型准确反映实际交通状况,避免决策偏差。

(2) 实时获取和更新路况、交通规则等信息,以确保决策的准确性,避免因信息滞后而导致安全问题。

(3) 注重决策方法的实时性和效率,优化算法,减少计算时间,确保智能汽车迅速作出合理决策。

(4) 对决策方法进行充分的测试和验证,保证其在实际应用中的可靠性和稳定性,避免在实际道路上出现不可预见的问题。

3.3.4 博弈论的应用

博弈论在智能汽车领域的应用包括但不限于以下场景。

1. 路径规划

在智能汽车行驶过程中,路径规划是一项关键任务。博弈论能够帮助智能汽车在复杂的交通环境中,与其他汽车、行人等交通参与者进行策略互动,以实现最优路径选择。通过构建博弈论模型,智能汽车可以预测其他交通参与者可能的行为,并根据这些信息调整自身路径规划策略,最大化行驶效率和安全性。

2. 自动驾驶决策

自动驾驶汽车需要在瞬息万变的交通场景中作出决策,如避让行人、超越前方汽车、换道等。博弈论可以帮助自动驾驶汽车分析不同决策对其他交通参与者的影响,并预测其反应。通过综合考虑各方利益和可能的策略互动,自动驾驶汽车可以作出更加合理、安全的决策,提高道路使用效率和安全性。

3. 车辆协同控制

车辆协同控制是智能汽车领域的一个重要研究方向,旨在实现多辆汽车之间的协同行驶和资源共享。博弈论可以为车辆协同控制提供有效的决策框架。通过构建博弈论模型,智能汽车可以与其他汽车协商并共同制定行驶策略,以实现更高效的交通流和减少拥堵。这种协同控制方式不仅可以提高整体交通效率,还可以提升驾驶的舒适性和安全性。

图3.5所示为智能网联汽车换道博弈整体算法框架。

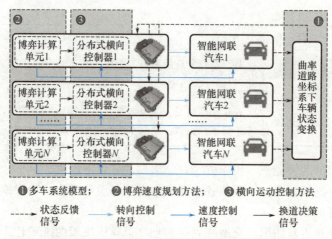

图 3.5　智能网联汽车换道博弈整体算法框架

【案例练习 3-2】

基于博弈论的智能汽车十字路口决策系统

1. 案例描述

假设一辆智能汽车正行驶在一个繁忙的十字路口，周围有其他汽车、非机动车及行人。汽车需要根据交通规则和实时交通状况与其他交通参与者博弈，作出最合适的行驶策略。

2. 案例实施步骤

基于博弈论的智能汽车十字路口决策的实施步骤见表 3-11。

表 3-11　基于博弈论的智能汽车十字路口决策的实施步骤

序号	步　　骤	描　　述
1	环境感知与数据收集	智能汽车通过传感器感知十字路口环境，收集交通信号、周围车辆位置及速度等数据，为后续决策提供依据
2	构建博弈论模型	基于收集的数据，构建智能汽车与其他交通参与者的博弈论模型，明确各方利益与约束
3	预测其他参与者行为	利用博弈论预测其他交通参与者的可能行为，为制定行驶策略提供参考
4	制定行驶策略	根据预测结果，结合自身目标，制定智能汽车的行驶策略，确保汽车安全、高效通过十字路口
5	执行策略并更新模型	执行行驶策略，实时反馈执行情况，并根据新数据更新博弈论模型，提升决策的准确性
6	循环迭代与优化	不断循环上述步骤，通过迭代优化博弈论模型和行驶策略，提升智能汽车在十字路口的决策性能

基于博弈论的智能汽车行为决策方法是一种创新方法，它运用博弈论指导智能汽车在复杂的交通环境中进行高效、安全的决策。此方法通过建立博弈论模型，分析参与者的策略与收益，帮助智能汽车预测其他交通参与者的行为，并据此选择最优行驶策略。博弈论的运用使智能汽车能够更好地适应多变的交通场景，降低不确定性，提高决策的准确性。同时，它促进了智能汽车与其他交通参与者之间的协同及合作，提升了整体交通效率。

3.4 基于支持向量机的智能汽车决策方法

案例阅读 3-4

支持向量机是一种有效的分类算法，它通过找到最优超平面来分隔不同类别的数据。以垃圾分类为例，支持向量机能够帮助区分可回收垃圾和不可回收垃圾。在这个例子中，可以将垃圾的特征（如材质、质量、形状等）作为输入数据，将垃圾的类型（可回收或不可回收）作为标签。通过训练支持向量机模型，得到最好的分隔这两类垃圾的超平面。这个超平面实际上是基于离它最近的垃圾样本（支持向量）计算得出的。一旦完成模型训练，就可以利用这个超平面对新的垃圾进行自动分类，提高垃圾分类效率和准确性。

基于支持向量机的智能汽车决策方法是通过训练大量数据，利用支持向量机算法构建决策模型，使智能汽车能够准确识别交通场景并作出合理决策。

3.4.1 支持向量机的基本概念与基本原理

1. 支持向量机的定义

支持向量机（support vector machine，SVM）是一种基于统计学习理论的有监督的机器学习算法。支持向量机用来对数据进行分类预测。一个数据集里有两种数据，支持向量机试图找到一个最佳超平面将它们分开，遇到一个新数据但类别未知时，可以利用这个超平面对该数据进行类别预测。由于支持向量机既保证对当前数据的分类正确性，又考虑对将来未知数据的预测准确性，因此其总体能力很强，在解决小样本、数据不平衡及非线性问题时有很大的优势。

用一个例子说明什么是支持向量机。在一个牧场有一群狼和一群羊，需要建立一堵围墙把狼和羊分开，并且尽量在以后出现更多的狼和羊时，围墙仍然适用，如图 3.6 所示。建围墙的人即支持向量机，狼和羊即数据，把狼和羊分开即分类，围墙即超平面。

2. 支持向量机涉及的基本概念

支持向量机涉及的基本概念见表 3-12。

图 3.6 支持向量机定义

表 3-12 支持向量机涉及的基本概念

序号	基本概念	描　述	意　义
1	支持向量	距离超平面最近的样本点，它们决定超平面的位置和参数	决定分类器的决策边界，是支持向量机中最重要的概念
2	超平面	在 n 维空间中，将样本划分为两类的决策边界	实现样本的有效分割，是支持向量机分类器的核心
3	间隔最大化	支持向量机的优化目标，使超平面与支持向量之间的距离最大化	间隔最大化提高支持向量机的分类性能，使分类器对噪声和异常值更具鲁棒性
4	核函数	将非线性可分的数据映射到高维空间，使其在高维空间中线性可分	核函数扩展支持向量机的应用范围，使其能够处理非线性问题
5	软间隔支持向量机	当数据近似线性可分时，允许少量样本点被误分类，以寻找最优超平面	软间隔支持向量机提高分类器的灵活性，对噪声和异常值有更高的容忍度

概念解读 3-3

用避让行人的例子解读支持向量机中的基本概念。在避让行人过程中，支持向量是对决策起关键作用的观测数据（如行人的位置、速度等），它们帮助支持向量机确定决策边界。超平面是决策边界，将避让和不避让两种行为分开，在这个例子中，超平面可能是一个根据行人位置和速度计算出的阈值。间隔最大化意味着支持向量机会尽量让超平面远离支持向量，以提高决策的鲁棒性，这样，即使行人位置稍有变化，汽车也能作出正确决策。当面对复杂的交通环境时，核函数可以将数据映射到高维空间，使非线性问题变得线性可分，有助于支持向量机处理复杂的避让场景。软间隔支持向量机允许一定的误分类率，以适应实际交通中的不确定性。这样，支持向量机在智能汽车行为决策中更加实用和可靠。

3. 支持向量机的基本原理

支持向量机是一种强大的监督学习算法，其核心原理在于寻找一个最优超平面，将不同类别的样本在特征空间分隔开。

支持向量机的基本原理主要包括以下几点：首先，它依赖支持向量，即最接近超平面的样本点，这些样本点对确定超平面的位置至关重要。其次，最大化支持向量到超平面的间隔，实现数据的最大化分离，以提高分类性能。在该过程中，支持向量机还能够有效处理线性不可分问题，通过核函数将数据映射到高维空间，实现非线性分类。最后，为了提高分类器的鲁棒性，引入软间隔支持向量机，允许一定的误分类率，以更好地适应实际数据中的噪声和不确定性。

综上所述，支持向量机通过寻找最优超平面、依赖支持向量、最大化分类间隔及处理非线性问题等，实现高效且准确的分类性能，在机器学习和数据挖掘领域具有较高的应用价值。

3.4.2 支持向量机的特点

支持向量机的特点及改进方法见表 3-13。

表 3-13 支持向量机的特点及改进方法

项目		描 述
优点	高准确率	分类和回归性能出色，能够在高维空间中有效划分数据，从而实现较高的决策准确率
	适用于小样本	在小样本情况下仍能保持良好的性能，这使支持向量机在智能汽车决策中具有一定的优势
	鲁棒性较强	对噪声和异常值有一定的抗干扰能力，能够在复杂环境中保持稳定的决策性能
	良好的泛化能力	通过最大化分类间隔寻找最优决策边界，模型具有良好的泛化能力，能够处理新的、未见过的数据
缺点	计算复杂度较高	在训练过程中需要求解大量二次规划问题，计算复杂度较高，可能导致决策系统响应较慢
	参数敏感	支持向量机的性能受核函数选择和参数设置的影响，不同的参数设置可能导致不同的决策结果
	特征工程依赖性强	支持向量机的性能在很大程度上依赖于特征工程，即需要提取和选择对决策有用的特征。如果特征提取不当或选择不合适，就可能导致决策性能下降
	缺乏可解释性	支持向量机的决策边界往往较复杂，不易直接解释其决策依据和过程，这在一定程度上影响其在某些领域的应用

续表

项目		描述
改进方法	优化算法	采用更高效的优化算法求解支持向量机问题，降低计算复杂度，提高决策系统的响应速度
	参数自适应调整	设计参数自适应调整机制，根据实时环境和车辆状态动态调整支持向量机的参数，以提高决策性能
	特征选择和融合	结合领域知识和数据特性，选择对决策有用的特征并进行融合，以提高决策准确率
	引入集成学习方法	结合集成学习方法（如 bagging、boosting 等），将多个支持向量机模型进行组合，进一步提高决策系统的鲁棒性和泛化能力

3.4.3 基于支持向量机的智能汽车决策的步骤

基于支持向量机的智能汽车决策的步骤见表 3-14。

表 3-14 基于支持向量机的智能汽车决策的步骤

序号	步骤	描述
1	收集数据与预处理	收集智能汽车行驶过程中的多源数据，并进行清洗、标注和归一化，确保数据的质量和一致性，为后续行为决策提供坚实支撑
2	提取特征、构建特征向量	根据行为决策需求，从经过预处理的数据中提取关键特征，构建特征向量，为支持向量机模型提供有效输入
3	构建支持向量机模型	利用选取的特征集训练支持向量机模型，设置合适的核函数和参数，实现行为的分类和决策
4	模型评估与优化	通过交叉验证等方法评估模型性能，根据评估结果调整模型参数和结构，提高行为决策的准确性
5	决策执行与监控	将训练好的模型应用于实际场景，实时接收传感器数据并进行行为决策，监控决策执行效果，确保智能汽车安全、高效行驶

实施基于支持向量机的智能汽车决策方法时，需要注意以下事项。

(1) 实施基于支持向量机的智能汽车决策方法时，需确保数据集的质量和多样性，充分覆盖各种驾驶场景，以提高模型的泛化能力。

(2) 选择合适的核函数和参数，优化支持向量机的性能，确保模型准确识别交通环境和车辆状态，为决策提供有力支持。

(3) 重视模型的实时性和计算效率，优化算法，减少决策时间，确保智能汽车迅速响应变化的环境。

(4) 定期更新和评估模型，根据新的数据和经验进行微调，以保持模型的准确性和适应性，以应对不断变化的交通环境。

3.4.4 支持向量机的应用

支持向量机在智能汽车领域的应用包括但不限于以下场景。

1. 交通场景分类与目标识别

支持向量机在智能汽车领域的一个重要应用是交通场景分类与目标识别。通过训练支持向量机模型，智能汽车能够准确地识别道路类型、交通标志、车辆和行人等关键信息。支持向量机的强大分类能力使得智能汽车能够根据不同的交通场景作出相应的行为决策，如调整行驶速度、换道或执行避让操作。这种应用有助于提升智能汽车的行驶安全性和道路使用效率。

2. 自动驾驶决策系统

自动驾驶决策系统是智能汽车的核心组成部分，而支持向量机在其中发挥着关键作用。支持向量机能够处理复杂的决策问题，帮助智能汽车在实时变化的交通环境中作出正确的驾驶决策。通过训练支持向量机模型，智能汽车可以学习到各种驾驶场景下的最优行为策略，并在实际行驶中根据实时感知数据调整决策。这种应用使智能汽车能够在复杂路况下实现自动驾驶，提高行驶的安全性和稳定性。

3. 车辆协同控制

车辆协同控制是智能汽车领域的一个重要研究方向，而支持向量机为这一领域提供新的解决方案。利用支持向量机的分类和回归能力，智能汽车可以与其他汽车进行协同行驶和资源共享。支持向量机能够分析汽车间的相对位置和速度关系，预测潜在的冲突和碰撞风险，并制定相应的协同控制策略。这种应用有助于提升整个交通系统的通行效率和安全性，减少交通事故。

在进行智能汽车行驶决策推理时，汽车在正常工况和紧急工况下均有多种决策选择，需要进行多值决策分类，因此需要为每种工况建立多个支持向量机二分类器。智能汽车在正常工况下的行驶决策主要包括自由行驶、跟驰及换道三种，在训练时将三种正常行驶决策分别分为三组支持向量机二分类器，即自由行驶和跟驰、自由行驶和换道、跟驰和换道，如图3.7所示。

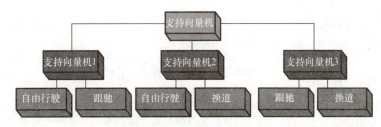

图3.7 智能汽车正常驾驶决策支持向量机二分类器

智能汽车在紧急工况下的应急决策主要包括制动、转向、制动＋转向三种，但最优应急决策是通过对比各决策对应的碰撞严重性间接得出的，故紧急工况下使用支持向量机建立的模型是碰撞严重性预测模型,碰撞严重性主要包括轻微、严重及恶性三种。在训练时将碰撞严重性分别分为三组支持向量机二分类器,即轻微和严重、轻微和恶性、严重和恶性,如图3.8所示。

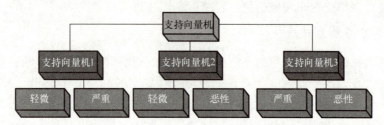

图3.8 智能汽车碰撞严重性预测支持向量机二分类器

对正常工况和紧急工况下的模型进行训练后,正常行驶决策机制模型会得出三个支持向量机二分类训练模型,每种应急决策对应的碰撞严重性预测模型也会得到三个支持向量机二分类训练模型。

【案例练习3-3】

基于支持向量机的智能汽车车道保持决策系统

1. 案例描述

假设一辆智能汽车正在道路上行驶,其主要任务是在车道内保持稳定行驶。为了实现这一目标,智能汽车需要实时感知周围环境,并根据感知信息作出合适的行驶决策。

2. 案例实施步骤

基于支持向量机的智能汽车车道保持决策的实施步骤见表3-15。

表3-15 基于支持向量机的智能汽车车道保持决策的实施步骤

序号	步骤	描述
1	数据收集与处理	收集智能汽车在车道内行驶的大量数据并进行预处理,去除噪声和异常值,确保数据质量
2	特征提取与选择	从数据中提取关键特征(如车道线信息、车辆位置及速度等),选择对车道保持决策有显著影响的特征集
3	训练支持向量机模型	利用选择的特征集训练支持向量机模型,调整参数,使模型能够准确判断车道保持情况
4	模型评估与优化	对训练好的模型进行评估,分析其在不同场景下的性能,并根据评估结果对模型进行优化
5	实时决策与执行	将优化后的模型部署到智能汽车上,实时获取汽车状态信息,进行车道保持决策,并控制汽车执行相应动作
6	监控与反馈	对智能汽车车道保持决策系统进行实时监控,收集反馈信息,不断优化模型,提升车道保持性能

基于支持向量机的智能汽车决策方法为车道保持等自动驾驶任务提供了一种有效的决策方法。通过收集数据、提取特征、训练模型、评估与优化、实时决策与执行等，智能汽车能够作出准确、可靠的行驶决策，从而提高行驶安全性和舒适性。

3.5 基于马尔可夫决策过程的智能汽车决策方法

案例阅读 3-5

马尔可夫决策过程在生活中有着广泛的应用，智能音乐推荐系统是其应用之一。当用户使用音乐播放软件时，系统会根据用户的听歌历史和偏好推荐其可能感兴趣的歌曲。这个过程可以看作马尔可夫决策过程。系统根据当前状态（用户的听歌历史和偏好）选择一系列动作（推荐不同的歌曲），并观察这些动作带来的结果（用户是否喜欢这些歌曲）。基于这些反馈，系统调整其决策策略，不断优化推荐结果。通过应用马尔可夫决策过程，智能音乐推荐系统能够更精准地满足用户的个性化需求，提升用户体验。

基于马尔可夫决策过程的智能汽车决策方法是通过建立决策模型，利用概率转移矩阵和奖励函数，使智能汽车在复杂的交通环境中作出最优决策。

3.5.1 马尔可夫决策过程的基本概念与基本原理

1. 马尔可夫决策过程的定义

马尔可夫决策过程（Markov decision process，MDP）是一种数学模型，用于描述和解决具有马尔可夫性质的序列决策问题。在马尔可夫决策过程中，系统的状态转移具有无后效性，即下一个状态只与当前状态有关，与过去的状态序列无关。决策者根据当前状态选择一个动作，系统根据这个动作和当前状态转移到下一个状态，并给出相应的奖励或惩罚。决策者的目标是寻找一种策略，使其在长期执行过程中累积的奖励或惩罚达到最大化或最小化。马尔可夫决策过程广泛应用于强化学习、自动化控制等领域，是解决上述问题的有力工具。

2. 马尔可夫决策过程涉及的基本概念

马尔可夫决策过程涉及的基本概念见表 3-16。

表 3-16 马尔可夫决策过程涉及的基本概念

序号	基本概念	描述	意义
1	状态	系统所处的不同情况或位置，通常用一个或多个变量表示	描述系统当前的信息，是决策的基础
2	动作	决策者根据当前状态可以选择的行为或操作	决定系统如何从一个状态转移到另一个状态

续表

序号	基本概念	描述	意义
3	状态转移概率	从一个状态转移到另一个状态的概率,取决于当前状态和所选动作	描述系统的动态特性
4	奖励	系统在转移到新状态后给出的反馈,可以是正数、负数或零	反映决策的效果,是优化目标的基础
5	策略	决策者根据当前状态选择动作的规则或方法	决定决策者的行为方式,是实现长期目标的关键
6	价值函数	用于评估状态或动作长期累积奖励的函数	帮助决策者判断哪个状态或动作更有利于实现目标
7	折扣因子	用于平衡短期奖励和长期奖励的权重,取值范围为0~1	决定决策者对未来的重视程度
8	贝尔曼方程	描述价值函数和策略之间关系的方程	求解马尔可夫决策过程的基础,用于迭代计算价值函数和最优策略

概念解读 3-4

以智能汽车超车决策为例,解读马尔可夫决策过程中的基本概念。状态是指智能汽车在超车过程中所处的不同情境,如"正常行驶""准备超车"等;动作是智能汽车根据当前状态采取的行为,如"加速""换道"等;状态转移概率反映智能汽车在不同动作下从当前状态转移到下一状态的可能性;奖励反映每次状态转移后超车决策的效果,如成功超车获得正奖励、碰撞则得到负奖励;策略是智能汽车选择动作的规则;价值函数,即对未来奖励的预测,依此选择最佳动作;折扣因子用于权衡当前奖励与未来奖励的重要性;贝尔曼方程是马尔可夫决策过程的核心,通过迭代计算最优价值函数,进而得出最优策略。

3. 马尔可夫决策过程的基本原理

马尔可夫决策过程是一种强大的数学工具,用于解决具有马尔可夫性质的决策问题。其利用状态、动作、状态转移概率、奖励等基本元素构建决策模型。在马尔可夫决策过程中,状态描述系统的当前情况,而动作是决策者根据当前状态选择的行为。状态转移概率反映系统在不同动作下状态变化的可能性,而奖励是对决策效果的量化评估。决策者的目标是找到一个最优策略,即在每个状态下选择最佳动作,以最大化长期累积奖励。为实现这一目标,马尔可夫决策过程引入价值函数来评估不同状态或动作的价值,并通过贝尔曼方程进行迭代计算,以找到最优策略。综上所述,马尔可夫决策过程的基本原理是利用状态转移概率和奖励信息,通过价值函数和贝尔曼方程求解最优策略,从而实现长期效益最大化。

3.5.2　马尔可夫决策过程的特点

马尔可夫决策过程的特点及改进方法见表 3-17。

表 3-17　马尔可夫决策过程的特点及改进方法

项目		描述
优点	理论支撑强大	建立在马尔可夫链和动态规划等数学理论基础上,为智能汽车决策提供坚实的理论支撑
	适用范围广泛	可用于处理自动驾驶中的多种复杂决策问题,如路径规划、控制算法等
	考虑长期收益	通过最大化长期累积奖励来优化决策,确保智能汽车在行驶过程中获得更好的整体性能
	能够处理不确定性	能够处理环境的不确定性,使智能汽车在多变的道路环境中作出合理决策
缺点	计算复杂度高	求解过程中涉及大量的状态转移和奖励计算,可能导致计算复杂度高,影响决策的实时性
	状态空间庞大	智能汽车决策涉及的状态空间可能庞大,导致建模和求解难度增大
	奖励函数设计困难	设计合适的奖励函数是马尔可夫决策过程的关键,但在实际应用中准确衡量不同动作的质量是一个挑战
	对初始参数敏感	马尔可夫决策过程的性能可能受到初始参数设置的影响,不合理的参数可能导致决策效果不佳
改进方法	优化求解算法	采用更高效的求解算法(如近似动态规划、启发式搜索等),降低计算复杂度,提高决策实时性
	状态空间约简	通过特征提取、聚类等方法,对状态空间进行约简,降低建模和求解难度
	奖励函数自适应调整	设计自适应的奖励函数调整机制,根据实时环境和汽车状态动态调整奖励函数,提高决策的准确性
	引入深度学习技术	结合深度学习技术,利用神经网络强大的表示学习能力,提高马尔可夫决策过程的决策性能和泛化能力

3.5.3　基于马尔可夫决策过程的智能汽车决策的步骤

基于马尔可夫决策过程的智能汽车决策的步骤见表 3-18。

表 3-18 基于马尔可夫决策过程的智能汽车决策的步骤

序号	步骤	描述
1	状态感知与定义	智能汽车通过传感器等设备感知当前环境状态,如道路状况、交通信号、障碍物位置等,并将这些感知数据转化为马尔可夫决策过程的状态表示
2	行动集合确定	根据当前状态和决策目标,确定智能汽车可采取的行动集合,如加速、减速、转向等
3	奖励函数设计	设计合适的奖励函数,以评估每个行动在当前状态下的质量。通常根据交通规则、安全性、行驶效率等因素制定奖励函数
4	策略选择与执行	利用马尔可夫决策过程的优化算法,根据当前状态、行动空间和奖励函数,选择最优行动策略,并控制智能汽车执行该策略
5	状态更新与循环	智能汽车执行行动后,感知环境状态的变化,更新当前状态,并返回步骤 2 进行下一轮决策

实施基于马尔可夫决策过程的智能汽车决策方法时,需要注意以下事项。

(1) 实施基于马尔可夫决策过程的智能汽车决策方法时,需准确定义状态空间和转移概率,确保模型真实反映行驶环境,避免决策失真。

(2) 合理设定奖励函数,确保准确反映行驶目标和约束,优化智能汽车的行为策略,提升决策效果。

(3) 考虑实时性和计算效率,优化马尔可夫决策过程的求解算法,确保智能汽车快速响应环境变化。

(4) 持续监控和更新模型,根据实际驾驶数据和经验进行调整,以适应复杂的交通环境和变化的需求。

3.5.4 马尔可夫决策过程的应用

马尔可夫决策过程在智能汽车领域的应用包括但不限于以下场景。

1. 自动驾驶路径规划

马尔可夫决策过程通过构建环境模型,将道路、交通信号、障碍物等要素抽象成状态空间,并利用状态转移概率描述不同情况下汽车行驶的可能性。通过这种方式,智能汽车能够根据实时感知数据和交通规则,选择最合适的行驶路径,实现安全、高效的自动驾驶。

2. 车辆协同控制

随着智能交通系统的发展,智能汽车之间的协同控制变得越来越重要。马尔可夫决策过程在这一领域的应用主要体现在汽车之间的通信和决策协调上。通过构建汽车之间的通信网络,智能汽车可以实时共享位置、速度、行驶意图等信息。基于这些信息,马尔可夫决策过程可以帮助汽车预测其他汽车的行驶轨迹,并制定相应的协同控制策略,以避免碰撞和提高道路通行效率。

3. 智能车辆决策优化

在复杂的交通环境中,智能汽车需要作出各种决策,如加速、减速、换道等。马尔可夫决策过程通过引入价值函数和奖励机制,对这些决策进行优化。价值函数用于评估不同状态下汽车行驶的长期效益,而奖励机制根据汽车行驶的效果给予相应的奖励或惩罚。通过这种方式,智能汽车可以学习最优决策策略,提高行驶的安全性和舒适性。

基于马尔可夫决策过程的智能汽车行驶意图识别框架如图 3.9 所示。

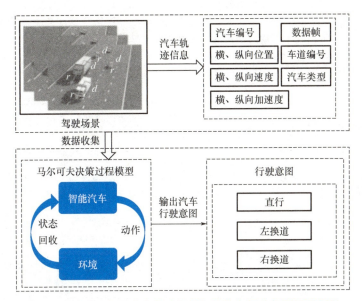

图 3.9 基于马尔可夫决策过程的智能汽车行驶意图识别框架

马尔可夫决策过程在智能汽车中的应用存在一些挑战和限制,在复杂的交通环境和多变的行驶条件下准确地定义状态、动作和奖励函数。此外,马尔可夫决策过程的计算复杂度可能较高,需要采用有效的求解算法来提高实时性。

【案例练习 3-4】

基于马尔可夫决策过程的智能汽车换道决策系统

1. 案例描述

假设一辆智能汽车正在多车道的高速公路上行驶,前方有一辆车速较低的汽车,智能汽车需要通过换道超车以保证行驶效率。在这个场景中,智能汽车需要实时感知周围环境,分析换道的可行性,并作出合适的变道决策。

2. 案例实施步骤

基于马尔可夫决策过程的智能汽车换道决策的实施步骤见表 3-19。

表 3-19 基于马尔可夫决策过程的智能汽车换道决策的实施步骤

序号	步　　骤	描　　述
1	状态定义与初始化	明确智能汽车换道决策的状态空间，包括汽车位置及速度、周围车辆信息等，并初始化当前状态
2	状态转移概率与奖励函数设定	基于历史数据和经验设定状态转移概率矩阵，并定义奖励函数，以反映换道决策的质量
3	感知与状态更新	通过传感器实时感知周围环境，更新汽车状态，为决策提供依据
4	策略选择与执行	根据当前状态和奖励函数，利用马尔可夫决策过程选择最佳换道策略，并执行相应动作
5	实时反馈与模型更新	根据执行结果和实时反馈，调整状态转移概率和奖励函数，实现模型的动态更新
6	循环迭代与优化	不断循环上述步骤，通过迭代优化换道决策模型，提升智能汽车的换道性能和安全性

基于马尔可夫决策过程的智能汽车换道决策方法通过建模汽车与环境之间的交互关系，提供一种有效的决策手段。通过定义状态、设定转移概率和奖励函数、感知环境、选择策略并执行等，智能汽车可以作出准确、可靠的换道决策。

3.6 基于强化学习的智能汽车决策方法

案例阅读 3-6

扫地机器人是强化学习在生活中的一个应用实例。它通过在家庭环境中不断尝试和学习，优化清扫路径、提高清扫效率。开始时，扫地机器人可能只是随机移动或按照预设路径工作。但随着时间的推移，它会根据清扫效果、碰撞次数和电量消耗等反馈，不断调整行动策略。当扫地机器人成功避开障碍物并有效清扫地面时，它会获得正面奖励，从而巩固这一策略；反之，若清扫效果不佳或电量消耗过快，则扫地机器人会收到负面反馈，促使其改进。通过这种不断的试错和学习，扫地机器人最终能够高效且智能地完成清扫任务，为人们的生活带来便利。

基于强化学习的智能汽车决策方法通过智能汽车与环境交互学习，不断优化行驶策略。该方法能够自主学习并适应复杂多变的交通环境，实现决策的智能化、自主化，提升行驶效率和安全性。

3.6.1 强化学习的基本概念与基本原理

1. 强化学习的定义

强化学习是一种通过与环境交互进行学习的机器学习方法。其核心在于智能体通过与环境的不断试错，根据获得的奖励或惩罚信号来优化自身行为策略，以最大化累积奖励为目标。强化学习不需要预先标注的数据，而通过探索和利用平衡来逐步改进策略。

图 3.10 所示为强化学习决策过程示意图，可以看出智能体根据当前观测到的状态 S_t 输出一个动作 A_t，接着每一时间步都会与环境进行交互以获得下一时刻的状态 S_{t+1} 和根据状态得到相应的奖励 R_{t+1}，由此循环往复，直到奖励函数达到收敛或通过每一时刻中的状态判断是否结束。

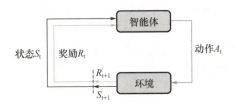

图 3.10　强化学习决策过程示意图

2. 强化学习涉及的基本概念

强化学习涉及的基本概念见表 3-20。

表 3-20　强化学习涉及的基本概念

序号	基本概念	描述	意义
1	智能体	执行学习并与环境交互的实体	负责观察环境状态，选择并执行动作，以获得最大化奖励
2	环境	智能体交互的外部世界	提供状态信息和奖励信号，对智能体的动作作出响应
3	状态	环境在某一时刻的完整描述	智能体根据状态信息作出决策
4	动作	智能体在某一状态下采取的行为	影响环境的状态转移和奖励的发放
5	奖励	环境对智能体执行动作的反馈信号	指导智能体学习，以最大化长期累积奖励为目标
6	策略	智能体根据状态选择动作的规则或方法	决定智能体的行为方式，是实现学习目标的关键
7	价值函数	用于评估状态或动作的价值或期望奖励的函数	帮助智能体预测未来奖励，从而作出更好的决策
8	探索与利用	智能体在学习过程中的两种行为模式	探索帮助智能体发现新的可能性和机会，利用已知信息优化行为
9	学习率	控制智能体更新策略或价值函数速度的参数	影响学习的速度和稳定性，需要根据具体任务调整

▸ 概念解读 3-5

用智能汽车自动泊车的例子来解读强化学习中的基本概念。智能体即汽车的泊车系统，负责决策和控制。环境即停车位及其周围的复杂空间。状态描述汽车与停车位的关系，如距离、角度等。动作即泊车系统执行的操控指令，如调整方向、前进或后退。每次成功泊车，智能体都会获得奖励；若发生碰撞或超出泊车范围，则智能体受到惩罚。奖励机制促使智能体学习更高效的泊车策略。价值函数评估不同状态下执行动作的长期效益，帮助智能体选择最优动作。在学习过程中，智能体需权衡探索与利用：探索新动作以发现更优策略，同时利用已知信息避免失败。学习率控制智能体更新策略的速度，确保稳定而高效的学习过程。

3. 强化学习的基本原理

强化学习是一种通过与环境交互进行决策和学习的机制，主要依赖智能体、环境、状态、动作、奖励等核心概念。首先，智能体在某一状态下，根据自身策略选择一个动作执行。环境会对该动作作出响应，进入新的状态，并给出相应的奖励信号。智能体的目标是最大化长期累积奖励。为了实现这一目标，智能体通过不断试错，利用价值函数评估不同状态下执行不同动作的期望奖励。通过更新价值函数和策略，智能体逐渐学习更优行为模式。在这个过程中，探索与利用的平衡至关重要。智能体需要不断探索新的可能性，以发现更好的策略；同时要充分利用已知信息，避免重复犯错。

综上所述，强化学习的基本原理是通过智能体与环境的交互，不断试错、学习，最终找到最优策略，实现最大化长期累积奖励的目标。

3.6.2 强化学习的特点

强化学习的特点及改进方法见表 3-21。

表 3-21 强化学习的特点及改进方法

项目		描述
优点	自适应学习	允许智能汽车在实际运行过程中不断学习，并根据环境变化自适应地调整决策策略
	无须先验知识	不需要预先提供完整的环境模型和规则，能够直接从与环境的交互中学习决策策略
	长期优化	通过最大化长期累积奖励来优化决策，有助于实现智能汽车的长期自主驾驶目标
	能处理复杂环境	能够处理复杂的交通环境和多种不确定因素，使智能汽车在各种场景下都能作出合理的决策

续表

项目		描 述
缺点	样本效率低	通常需要学习大量样本数据,可能导致智能汽车在决策过程中需要较长的学习时间和大量的试错
	计算成本高	通常需要大量的计算资源来进行策略优化和价值函数估计,可能增加智能汽车的硬件成本
	稳定性问题	强化学习在训练过程中可能存在稳定性问题,如收敛速度低、易陷入局部最优等
	安全风险	在学习初期,智能汽车可能因不成熟的决策策略而引发安全风险
改进方法	采用迁移学习	采用迁移学习技术,将已学知识从其他任务或环境中迁移到智能汽车决策任务中,提高学习效率和性能
	结合深度学习	结合深度神经网络来处理高维状态和动作空间,提高强化学习的表示能力和泛化能力
	使用模拟环境进行预训练	在模拟环境中进行预训练,减少实际环境中的试错次数和学习成本,同时确保安全性
	引入安全约束和保障机制	引入安全约束和保障机制,确保智能汽车在决策过程中始终遵循安全规范,降低安全风险

3.6.3 基于强化学习的智能汽车决策的步骤

基于强化学习的智能汽车决策的步骤见表 3-22。

表 3-22 基于强化学习的智能汽车决策的步骤

序号	步 骤	描 述
1	初始化	设定智能汽车初始状态(如位置、速度、方向等),定义强化学习参数(如学习率、折扣因子等)以及环境模型或模拟平台
2	观测环境	智能汽车通过传感器或其他设备获取当前周围环境信息,包括道路状况、交通信号、障碍物位置等
3	选择行为	根据当前状态和策略(可以是随机策略或已学习策略),智能汽车选择一个行为(如加速、减速、转向等)
4	执行行为	智能汽车执行所选行为,并在环境中产生相应的结果,如位置的改变、速度的调整等
5	接收奖励信号	环境根据智能汽车的行为和当前状态给予一个奖励信号。奖励可以是正数(表示好的行为)或负数(表示不好的行为),用于指导学习过程
6	更新价值函数和策略	智能汽车利用强化学习算法(如 Q-Learning、Policy Gradient 等),根据接收的奖励信号和当前状态,更新价值函数和策略

序号	步骤	描述
7	迭代优化	重复步骤2至步骤6，通过多次与环境交互和学习，智能汽车不断优化决策策略，以适应不同的交通场景和行驶需求

实施基于强化学习的智能汽车决策方法时，需要注意以下事项。

（1）实施基于强化学习的智能汽车决策方法时，需确保环境建模的准确性和状态定义的完整性，以提供有效的学习基础。

（2）选择适当的奖励函数和权重，以正确引导智能汽车的学习方向，避免陷入局部最优或产生不合理行为。

（3）重视强化学习的稳定性和收敛性，合理设置学习参数，确保智能汽车在有限时间内获得有效的决策策略。

（4）持续评估和调整强化学习模型，根据实际驾驶数据和性能反馈进行优化，以适应不断变化的交通环境和行驶需求。

3.6.4 强化学习的应用

强化学习在智能汽车领域的应用包括但不限于以下场景。

1. 行为决策

在行为决策层面，强化学习允许智能汽车根据环境信息和目标任务进行自主决策。通过模拟不同行为并评估其长期回报，智能汽车能够学习在复杂交通环境中的合理行为模式（如换道、超车或停车等），以确保行驶效率和安全性。

2. 路径规划

在路径规划方面，强化学习使智能汽车能够根据实时交通状况进行动态路径选择。通过与环境不断交互并获取反馈，智能汽车能够学习最优行驶路径，有效避开拥堵和障碍物，提高行驶效率。

3. 运动控制

在运动控制方面，强化学习展现了巨大的潜力。通过精确控制汽车的加速、制动和转向等动作，智能汽车能够更加平稳、精确地行驶。强化学习可以根据汽车的实时状态和目标位置优化运动控制策略，提高行驶的舒适性和稳定性。

基于强化学习的驾驶行为决策过程如图3.11所示，将智能汽车的运动状态作为起点，通过高精度传感器实时观测环境及其他交通参与者的运动状态，收集全面的交通环境信息。智能汽车根据当前观测结果，利用学习到的策略选择最佳驾驶动作。智能汽车预测执行该动作后汽车可能达到的下一时刻状态，并依据预定义的奖励函数评估该状态的价值，获得即时奖励。通过不断试错与迭代学习，智能汽车优化其决策策略，以最大化长期累积奖励，从而实现安全、高效的自动驾驶行为决策。这一过程展示了强化学习在复杂驾驶场景中的强大应用潜力。

强化学习在智能汽车中的应用仍面临一些挑战。例如，对于复杂的驾驶任务和场景，

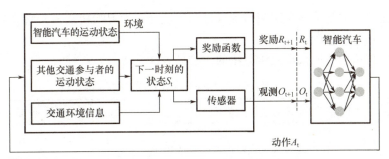

图 3.11 基于强化学习的驾驶行为决策过程

强化学习可能需要大量的时间和计算资源进行训练；同时，设计合适的奖励函数和状态表示也是需解决的关键问题。此外，强化学习的稳定性和鲁棒性需要进一步提高，以应对实际行驶中可能出现的不确定性问题和干扰。

【案例练习 3-5】

基于强化学习的智能汽车避障决策系统

1. 案例描述

假设一辆智能汽车正在道路上行驶，前方突然出现障碍物，智能汽车需要快速作出决策，以免与障碍物发生碰撞。这个场景要求智能汽车实时感知环境，并根据感知信息作出合适的行驶决策。

2. 案例实施步骤

基于强化学习的智能汽车避障决策的实施步骤见表 3-23。

表 3-23 基于强化学习的智能汽车避障决策的实施步骤

序号	步骤	描述
1	环境建模与状态定义	构建智能汽车避障的虚拟或实际环境模型，并定义汽车状态（包括位置、速度、方向及周围障碍物信息）
2	动作空间定义	设定智能汽车可采取的动作集合（如加速、减速、转向等），构建合理的动作空间
3	奖励函数设计	设计奖励函数，反映智能汽车执行不同动作后的避障效果，激励汽车采取更好的避障策略
4	强化学习算法选择与训练	选择合适的强化学习算法，利用大量数据进行训练，使智能汽车能够学习并优化避障策略
5	决策执行与实时反馈	根据学习的策略，智能汽车在实际环境中执行避障动作，并获取实时反馈以调整策略
6	系统评估与优化	评估智能汽车的避障性能，根据评估结果优化算法和参数，提升系统的稳定性和避障效果

基于强化学习的智能汽车决策系统通过与环境交互学习最优决策策略，实现对复杂交通场景的适应和避障行驶。

基于不同理论的智能汽车决策方法的比较见表 3-24。

表 3-24　基于不同理论的智能汽车决策方法的比较

方　法	优　势	局　限　性
基于有限状态机的智能汽车决策方法	易理解和实现；逻辑清晰，适用于简单场景；可解释性强	规则制定复杂且烦琐；规则难以覆盖所有复杂情况；适应性差，难以应对环境变化
基于博弈论的智能汽车决策方法	能够处理多个智能移动体之间的交互，适用于具有竞争或合作关系的场景，可预测其他智能移动体的行为	计算复杂度高；对环境信息的获取和建模要求较高；收敛速度低，可能导致决策延迟
基于支持向量机的智能汽车决策方法	分类能力强，适用于二分类问题；计算速度高，实时性好；鲁棒性强，对噪声数据有一定抗噪性	对大规模数据集的处理效率较低；难以处理多分类问题；对参数的选择敏感，可能影响决策效果
基于马尔可夫决策过程的智能汽车决策方法	能够处理具有马尔可夫性质的环境，通过优化值函数找到最优策略，适用于长期规划问题	对环境状态的表示和建模要求较高；计算复杂度高，尤其在状态空间较大时；难以处理部分可观测的环境
基于强化学习的智能汽车决策方法	能够通过试错学习找到最优策略，适用于复杂、不确定的环境，具有自适应性和泛化能力	需要大量的样本数据进行训练；计算成本高，训练时间长；可能存在稳定性问题，如收敛速度低、易陷入局部最优

智能汽车的决策方法各有优劣，应根据具体应用场景和需求进行选择。基于有限状态机的智能汽车决策方法简单直观，但适应性较差；基于博弈论的智能汽车决策方法适用于多智能移动体交互场景，但计算复杂度高；基于支持向量机的智能汽车决策方法分类能力强，但难以处理大规模数据集；基于马尔可夫决策过程的智能汽车决策方法适用于具有马尔可夫性质的环境，但建模要求较高、计算复杂度高；基于强化学习的智能汽车决策方法具有自适应性和泛化能力，但需要大量数据和计算资源。在实际应用中，可根据决策问题的复杂性、实时性要求、环境信息可获取性等因素综合考虑，选择合适的决策方法，同时可结合多种方法，形成混合决策系统，以更好地应对复杂多变的智能汽车驾驶场景。

一、名称解释

1. 智能汽车行为决策
2. 有限状态机
3. 支持向量机
4. 马尔可夫决策过程

5. 强化学习

二、问答题

1. 智能汽车行为决策的要求有哪些？
2. 智能汽车行为决策的约束条件有哪些？
3. 智能汽车行为决策的内容有哪些？
4. 智能汽车行为决策的步骤有哪些？
5. 智能汽车行为决策的方法有哪些？

三、拓展题

1. 如何建立基于博弈论的智能汽车自动泊车决策系统？
2. 如何建立基于马尔可夫决策过程的智能汽车自适应巡航决策系统？

【在线答题】

第 4 章
智能汽车的运动控制技术

教学目标

通过本章的学习，读者能够掌握智能汽车运动控制的基本问题及智能汽车运动控制，了解汽车运动控制理论、汽车模型和智能汽车运动控制仿真。

教学要求

知识要点	能力要求	参考学时
概述	掌握智能汽车运动控制的定义、分类、要求、约束条件及步骤	2
智能汽车运动控制理论	了解 PID 控制、最优控制、模糊控制、模型预测控制、机器学习、深度学习的原理、特点、步骤及应用	
汽车模型	了解汽车转向几何学模型、汽车运动学模型、汽车动力学模型、汽车换道决策模型和汽车换道轨迹模型	2
智能汽车运动控制	掌握智能汽车纵向控制和横向控制的定义、结构、关键技术及典型应用场景；了解纵、横向控制器模块	2
智能汽车运动控制仿真	了解智能汽车纵向速度控制、智能汽车行驶路径控制、自适应巡航控制系统、车道保持辅助系统及智能汽车自动避障的仿真	

导入案例

某智能汽车采用了先进的运动控制技术。在实际应用中，该智能汽车在高速公路上行驶时，能够根据限速和周围车辆的行驶速度自动调整车速，保持与前车的安全距离。在市区道路上，该智能汽车能够准确识别交通信号和道路标线，自动换道和转弯。图 4.1 所示为智能汽车的跟车行驶。

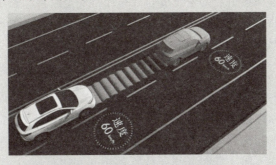

图 4.1 智能汽车的跟车行驶

什么是智能汽车的运动控制？智能汽车运动控制涉及哪些控制理论？智能汽车如何做运动控制？通过本章的学习，读者可以得到答案。

4.1 概　　述

4.1.1 智能汽车运动控制的定义

  案例阅读 4-1

当汽车在高速公路上行驶时，驾驶人通过操作转向盘和加速踏板控制汽车的行驶轨迹和速度。当需要换道时，驾驶人会适时转动转向盘，使汽车按照预定轨迹平稳地进入相邻车道。同时，驾驶人会根据路况和车速调整加速踏板的踩踏力度，以保持合适的行驶速度。这些操作都依赖汽车的运动控制系统，它根据驾驶人的指令和汽车状态信息，精确地控制汽车的转向和动力输出，确保行驶的稳定性和安全性。

智能汽车运动控制是指通过先进的传感器、控制系统和算法，实现对智能汽车行驶状态的精确控制和调节。这一技术涵盖汽车的横向控制、纵向控制及横纵协同控制等方面，旨在确保汽车在复杂多变的交通环境中安全、高效、舒适地行驶。

智能汽车运动控制主要包括以下任务。

1. 横向控制

横向控制主要关注汽车在道路上的行驶轨迹及稳定性。通过精确控制汽车的转向系统，汽车能够按照预定的路径或车道行驶，同时保持稳定的行驶姿态。例如，在繁忙的城市道路上，智能汽车通过高精度传感器实时感知周围环境，当需要换道时，汽车横向控制系统自动计算最优路径，平稳完成换道动作，确保行驶安全。

2. 纵向控制

纵向控制主要关注汽车的行驶速度及与前车或障碍物的距离。通过调节汽车的节气门和制动系统，汽车能够保持适当的速度或与前车保持安全距离，避免追尾或碰撞等事故发生。例如，在高速公路上，智能汽车运用纵向控制技术，自动调节车速并保持与前车的安全距离。面对不同路况和车流变化，纵向控制系统迅速响应，稳定操控，有效缓解驾驶压力。

3. 横纵协同控制

横纵协同控制的原理是综合考虑横向控制和纵向控制的需求，通过协同优化算法和控制系统，实现汽车在不同交通场景下的自适应行驶，包括对弯道、坡道、交叉口等复杂路况的应对能力，以及在不同天气和光线条件下的感知和决策能力。在复杂的交通环境中，智能汽车可以通过横纵协同控制技术实现更高级别的自动驾驶。汽车不仅能够感知并应对周围的横向变化（如车道变换和车辆交会），还能够根据前方路况纵向调整车速及与前车的距离。横纵协同控制使汽车在多种场景中都能保持流畅、安全的行驶状态，提高了行驶的安全性和舒适性。

4.1.2　智能汽车运动控制的分类

智能汽车的运动控制可以按汽车模型、控制理论及控制内容分类。

1. 按汽车模型分类

智能汽车的运动控制按汽车模型分为汽车转向几何学模型、汽车运动学模型和汽车动力学模型。

（1）汽车转向几何学模型。汽车转向几何学模型是智能汽车运动控制中最早使用的汽车模型，其使用一个简单的公式表示智能汽车前轮转向角与期望道路轨迹的几何关系。汽车转向几何学模型在控制时又分为非预瞄和基于预瞄两种方式。

（2）汽车运动学模型。汽车运动学模型揭示汽车在全局坐标系中的位移与汽车的车速、横摆角和前轮转向角的关系。汽车运动学模型可以很好地解决智能汽车编队跟随控制问题。

（3）汽车动力学模型。汽车动力学模型以牛顿运动定律为基本原理，揭示汽车受力与汽车各运动学变量的关系。汽车动力学模型易理解，在应用时算法稍显复杂，其控制精度高于汽车转向几何学模型和汽车运动学模型。但由于普遍使用的线性二自由度汽车模型在建模时需要一定的线性化假设，因此汽车动力学模型在非线性区的控制精度较低。

2. 按控制理论分类

智能汽车的运动控制按控制理论分为经典控制理论、现代控制理论和智能控制理论。

（1）经典控制理论。经典控制理论提出的几种稳定性判据仍应用于智能汽车自主循迹控制，奈奎斯特判据和伯德图是判断智能汽车运动控制稳定性的重要方法。

（2）现代控制理论。现代控制理论是建立在状态空间法基础上的一种控制理论，系统辨识法、滑模变结构法、最优控制等现代控制理论在智能汽车运动控制中得到广泛应用。

（3）智能控制理论。智能控制理论在智能汽车运动控制领域的应用发展迅速。模糊控制不依赖对象的数学模型，而是通过输入、输出信息模仿人脑并利用先验知识进行模糊化推理，在智能汽车运动控制方面有广泛的应用前景；模糊神经网络控制结合模糊控制（知识表达容易）和神经网络控制（自学习能力强）的优势，提高了整个控制系统的表达能力和学习能力，适用于智能汽车在非线性区的自主循迹控制。另外，人工智能中的机器学习和深度学习也开始应用于智能汽车的运动控制。

3. 按控制内容分类

智能汽车的运动控制按控制内容分为横向控制和纵向控制。

（1）横向控制。横向控制分为补偿跟踪控制和预瞄跟踪控制。补偿跟踪控制的输入是当前时刻汽车行驶的状态信息与道路信息的偏差，控制器根据输入偏差进行补偿校正，计算出相应的转向盘转角；预瞄跟踪控制模拟驾驶人驾驶汽车时的预瞄原理，根据未来某一时刻汽车的期望位置与预计位置的差值进行控制。

（2）纵向控制。纵向控制常用于智能汽车的自适应巡航控制，其目的是使智能汽车在循迹时保持期望的既定车速，同时保证与前后车的距离为安全距离。纵向控制归根结底是对汽车发动机（电动汽车是驱动电动机）和制动系统的控制。在乘用车上应用比较成熟的自适应巡航控制和起步停车辅助等都属于纵向控制。

4.1.3　智能汽车运动控制的要求

智能汽车运动控制的要求主要有高精度感知与定位、快速响应与精确控制、协同感知与决策、自适应学习与优化、安全可靠性与鲁棒性等。

1. 高精度感知与定位

智能汽车运动控制的首要要求是实现高精度感知与定位。汽车需要实时获取周围环境信息（包括道路状况、交通信号、障碍物等），以便作出正确的行驶决策。同时，精确定位系统能够确保汽车明确自己在地图上的准确位置，为导航和路径规划提供基础数据。例如，自动驾驶汽车通过激光雷达、高清摄像头和毫米波雷达等传感器实时获取周围环境的三维信息（包括道路标志、行人、车辆等）。同时，结合高精度地图和定位技术（如 GPS 和惯性测量单元），智能汽车能够精确确定自己在环境中的位置，实现厘米级定位精度。这种高精度感知与定位能力使智能汽车能够在复杂路况下实现自主导航和安全行驶。

2. 快速响应与精确控制

智能汽车运动控制要求汽车快速响应各种交通状况，并进行精确控制。在复杂多变的道路环境中，汽车需要快速识别并应对突发情况，如突然出现的行人、车辆或障碍物等。同时，汽车还需要精确控制加速、减速、转向等操作，确保行驶过程的稳定性和安全性。例如，当智能汽车通过传感器检测到前方突然出现的障碍物时，智能汽车系统能够在毫秒级时间内作出反应，迅速计算最优避障路径，并通过精确的转向和制动控制，确保汽车安

智能汽车决策规划与控制技术

全、平稳地避开障碍物。这一过程体现了智能汽车在快速响应和精确控制方面的卓越能力，有效提升了行驶安全性。

3. 协同感知与决策

在智能汽车运动控制中，协同感知与决策也是重要要求。汽车需要与周围车辆、交通基础设施等进行信息交互，共同感知和判断交通状况。通过协同决策，汽车可以更加高效地利用道路资源，减少交通拥堵和事故风险。例如，在车队行驶过程中，每辆智能汽车都配备先进的传感器和通信设备，能够实现与其他汽车的实时信息共享和协同感知。当其中一辆汽车检测到前方有障碍物或路况变化时，迅速将相关信息传递给其他汽车。车队中的每辆汽车根据共享的感知数据，共同决策出最佳行驶方案，确保整个车队的协同行驶和安全。协同感知与决策可提高智能交通系统的整体效率和安全性。

4. 自适应学习与优化

智能汽车运动控制还需要具备自适应学习与优化能力。随着使用时间的增长和数据的积累，汽车应能够不断学习和优化自身运动控制策略，以适应不同道路环境、交通状况及驾驶人习惯。这不仅可以提升汽车的行驶性能，还可以提高乘员的满意度和舒适度。例如，智能汽车通过不断收集和分析行驶数据（包括路况、车流量、交通信号等信息），逐渐学习并理解最佳行驶路线和速度。这种自适应学习能力使智能汽车能够根据实际交通情况动态调整行驶策略，从而提高行驶效率，减少拥堵和能耗。同时，智能汽车通过不断优化算法和参数，提升自动驾驶的准确性和稳定性，为乘员提供更加安全、舒适的出行体验。

5. 安全可靠性与鲁棒性

智能汽车运动控制的核心要求是确保安全可靠性和鲁棒性。汽车在运动控制过程中必须始终保持稳定性，避免由控制失误或系统故障导致的安全事故。同时，运动控制系统还应具备较高的鲁棒性，能够应对各种复杂情况和突发事件，确保汽车在极端条件下的安全性和稳定性。例如，自动驾驶出租车配备了先进的传感器、控制系统和人工智能算法，可在各种复杂路况和天气条件下稳定行驶。即使遇到突发情况（如行人突然横穿马路或前方汽车突然制动），自动驾驶出租车也能迅速作出反应，通过精确的转向和制动控制，避免潜在的危险。这种较高的安全性和鲁棒性，不仅可以保障乘员的出行安全，还可以提升整个智能交通系统的稳定性。

智能汽车运动控制的高精度感知与定位，可以实现对周围环境和车辆位置的精准判断；快速响应与精确控制，可确保汽车在紧急情况下迅速作出安全决策并稳定操控；协同感知与决策，可提升汽车之间的信息共享和协同行驶能力；自适应学习与优化，可使汽车根据实际交通情况不断学习和优化行驶策略；安全可靠性与鲁棒性，可保障汽车在复杂多变的环境中始终稳定行驶，确保乘员安全。这些要求共同构成智能汽车运动控制的核心要素，推动其向更高效、更安全的方向发展。

4.1.4　智能汽车运动控制的约束条件

智能汽车运动控制的约束条件主要有汽车物理性能约束、道路环境约束、交通法规约束和乘员舒适需求约束等。

1. 汽车物理性能约束

智能汽车运动控制的首要约束条件是汽车自身的物理性能,包括汽车的加速性能、制动性能、转向性能及最大行驶速度等。运动控制系统需要在保证安全的前提下,充分利用汽车的性能特点,实现平稳、高效行驶。同时,由于不同型号和类型的汽车具有不同的物理性能,因此运动控制系统需要具有一定的通用性和适应性。例如,自动驾驶汽车在高速公路上超车是一个典型的体现汽车物理性能约束的场景。在超车过程中,智能汽车的运动控制系统需要充分考虑汽车的加速性能、制动性能和转向性能。汽车的加速性能决定其从当前速度提升到超车所需速度的时间,这直接影响超车的安全性和效率。同时,制动性能决定汽车在需要减速或紧急制动时的反应速度和制动距离,这是保证超车过程安全的关键。此外,转向性能也对超车过程有重要影响。汽车需要在保证稳定性的前提下,准确、快速地完成转向动作,以顺利进入和退出超车车道。

2. 道路环境约束

道路环境的复杂性是智能汽车运动控制的一个重要约束条件。道路类型、路况、车道宽度、交通标志等都会对汽车的行驶产生影响。运动控制系统需要实时感知并适应这些变化,确保汽车在不同道路环境下稳定、安全行驶。此外,恶劣的天气条件(如雨雪、雾霾等)也会对汽车的运动控制带来挑战,故运动控制系统需要具备相应的抗干扰能力。例如,城市交叉路口的自动驾驶是一个典型的体现道路环境约束的场景。在交叉路口,智能汽车面临着复杂的道路环境约束。首先,交叉路口往往存在多个方向的车辆和行人,智能汽车需要通过高精度感知与定位技术,准确识别并理解这些交通参与者的行为和意图。其次,交叉路口的交通规则复杂多变,智能汽车需要实时获取并处理交通信号灯的状态、车道标线、交通标志等信息,以确保合法合规行驶。在面临这些道路环境约束时,智能汽车的运动控制系统需要综合考虑多种因素(包括汽车的动力学特性、行驶速度、行驶方向及与其他交通参与者的相对位置等),以实现平稳、安全行驶。

3. 交通法规约束

交通法规是智能汽车运动控制不可忽视的约束条件。汽车在道路上行驶必须遵守交通规则,如限速、禁行、红灯停等。运动控制系统需要内置交通规则库,在行驶过程中实时判断并遵守这些规则。此外,因不同地区的交通规则可能存在差异,故运动控制系统还需要具备一定的灵活性和可配置性。例如,在路口红灯时,智能汽车自动减速并平稳停车,等待交通信号灯变绿后起动。智能汽车通过高精度传感器和控制系统确保行驶安全,严格遵守限速和行车规则,体现智能交通的法规遵从性与行驶高效性。

4. 乘员舒适需求约束

除安全性和稳定性外,乘员的舒适需求也是智能汽车运动控制需要考虑的约束条件。运动控制系统需要保证汽车在行驶过程中的平稳性、减少颠簸和晃动,以提高乘员的乘坐体验。同时,运动控制系统需要考虑乘员的个性化需求(如加速、制动和转向的敏感度等),以便为乘员提供更加舒适和个性化的体验。例如,智能汽车在行驶过程中,运动控制系统会

智能汽车决策规划与控制技术

根据交通情况智能调节车速和加速度，避免急加速和急制动，确保乘员舒适需求。这不仅提升了行车安全性，还满足了乘员对舒适度的需求，展现了智能汽车的人性化设计。

汽车物理性能决定最大行驶速度、加速度及制动性能，限制运动控制的范围；道路环境（如路况、天气等因素）影响汽车的行驶稳定性与安全性；交通法规则规定汽车行驶的规则与标准，确保交通秩序与安全；乘员舒适需求需兼顾行驶平稳性与乘坐舒适性，这些约束条件共同影响智能汽车的运动控制策略与效果。

4.1.5　智能汽车运动控制的步骤

智能汽车运动控制的步骤包括环境感知、决策规划、控制执行、监控与反馈。

1. 环境感知

环境感知是智能汽车运动控制的第一步，也是实现自动驾驶的基础。通过搭载的各种传感器（如激光雷达、毫米波雷达、摄像头、超声波雷达等），汽车能够实时获取周围环境信息，包括道路标识、交通信号、障碍物位置等。这些信息经过处理后，将被用于后续的决策规划和控制执行。

2. 决策规划

在获取环境信息后，智能汽车需要进行决策规划，确定行驶路径和速度。这一过程通常包括全局路径规划和局部路径规划两个层次。全局路径规划主要关注汽车从起点到目标点的整体路线选择，而局部路径规划侧重于根据实时环境信息调整汽车的行驶轨迹和速度。在决策规划过程中，还需要考虑交通规则、道路状况、障碍物避让等，以确保行驶的安全性和高效性。

3. 控制执行

控制执行是智能汽车运动控制的核心环节，它负责将决策规划的结果转化为汽车的实际运动。控制执行通常包括纵向控制和横向控制两方面。纵向控制主要关注汽车的加速、制动等速度控制，而横向控制负责汽车的转向和车道保持等方向控制。为了实现精确的控制，运动控制系统需要根据汽车的动力学特性和实时环境信息，计算出合适的控制参数，并通过汽车控制系统实现对汽车运动的精确控制。

4. 监控与反馈

在智能汽车运动控制的过程中，监控与反馈环节至关重要。通过持续监控汽车的行驶状态和周围环境变化，系统能够及时发现潜在的安全隐患或异常情况，并采取相应的措施。同时，系统需要收集和分析运动控制过程中的各种数据，以便对控制策略进行优化和改进。反馈机制还可以帮助系统不断学习和适应新的环境、交通状况，提高运动控制的智能水平和鲁棒性。

智能汽车运动控制是一个综合性过程，通过传感器等设备对环境进行感知，获取道路、车辆和障碍物等的信息；基于感知数据进行决策规划，确定汽车的运动轨迹和速度等参数；控制执行系统根据决策规划的结果，对汽车的加速、制动和转向等进行控制，实现预期行驶状态；通过监控与反馈机制，对运动控制的效果进行评估和调整，确保汽车行驶的安全性和稳定性。这四个步骤相互关联、相互依赖，共同构成智能汽车运动控制的全过程。

4.2 智能汽车运动控制理论

控制理论是智能汽车运动控制的核心。它根据车辆动力学模型和驾驶目标，设计合适的控制算法和策略，以实现对汽车运动状态的精确控制。常见的控制理论包括经 PID 控制、最优控制、模糊控制、模型预测控制及机器学习、深度学习等。在智能汽车中，控制理论可应用于汽车轨迹跟踪、速度控制、稳定性控制等方面。

4.2.1　PID 控制

案例阅读 4-2

PID 控制就像在烹饪过程中调节炉火大小。想象一下，你正在烹饪一道需要精确控制火候的菜品。你希望炉火保持在适当的温度，既不会太高导致烧焦，又不会太低影响烹饪效果。这就是你的期望输出。PID 控制就如同你不断调整炉火的过程。其中，"P"代表比例控制，就像你根据当前温度与目标温度的差距来初步调整炉火；"I"代表积分控制，就像你根据温度长时间偏离目标值逐步作出更大幅度的调整；"D"代表微分控制，就像你预测温度变化的趋势，提前微调以避免系统产生过冲或振荡现象。通过 PID 控制，你可以实现对炉火温度的精确控制，确保菜品烹饪得恰到好处。

1. PID 控制的原理

PID 控制是自动控制领域常用的控制算法，PID 控制系统的主要任务是设计 PID 控制器。PID 控制器是利用设置给定目标值与实际输出值构成的偏差，对被控对象进行线性控制。PID 控制系统通常由被控对象和 PID 控制器两部分组成。

PID 控制原理如图 4.2 所示，它由比例、积分和微分三个环节构成。图 4.2 中，$u(t)$ 为给定目标值；$e(t)$ 为控制偏差，是 PID 控制器的输入；$r(t)$ 为 PID 控制器的输出，即控制量；$y(t)$ 为被控对象的实际控制输出量。

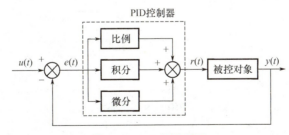

图 4.2　PID 控制原理

控制器的输入（控制偏差）为

$$e(t) = u(t) - y(t) \tag{4-1}$$

PID 控制器将控制偏差的比例、积分和微分通过线性组合构成控制量,并对被控对象进行控制,其控制规律为

$$r(t) = K_p e(t) + K_i \int_0^t e(t) dt + K_d \frac{de(t)}{dt} \tag{4-2}$$

式中,K_p 为比例系数;K_i 为积分系数;K_d 为微分系数。

K_p、K_i、K_d 三个参数对系统的稳定性、响应速度、超调量和稳态精度等有不同的作用,具体如下。

(1) 比例环节。比例环节主要用于提高系统的动态响应速度和减小系统稳态偏差,即提高系统的控制精度。该环节成比例地反映控制系统的偏差信号,一旦产生偏差,控制器就立即起控制作用以减小偏差,使实际值接近目标值。控制作用的强度主要取决于比例系数,比例系数过大,系统的动态特性变差,引起输出振荡,还可能导致闭环系统不稳定;比例系数过小,被控对象会产生较大静差,达不到预期效果,因此要合理地选择比例系数。

(2) 积分环节。积分环节通过累加偏差以抵消静差。但当系统中有较大的扰动或大幅度改变给定值时,由于有较大偏差,以及系统有惯性和滞后,因此在积分项的作用下,往往会导致较大的超调和长时间波动、振荡次数增加和调整时间延长,使系统的稳定性下降。通常用积分系数表示积分作用的强度,积分系数越大,积分作用越强,但积分系数太大会导致系统趋于不稳定。

(3) 微分环节。微分环节根据偏差信号的变化趋势对系统进行修正,在偏差信号值变得太大之前,引入一个有效的修正信号,从而使系统的动作速度提高,减少调节时间。

采用 PID 控制算法简单、方便,只要适当地调节比例系数、积分系数和微分系数,就可以得到比较理想的控制效果。

在实际中,PID 控制器的参数一般通过试验方法、凑试法及试验结合经验公式的方法确定。通过理论分析可知:偏差和偏差变化率与 PID 控制器三个参数存在一定的关系。

PID 控制器的传递函数为

$$G(s) = K_p + \frac{K_i}{s} + K_d s = K_p + \frac{K_p}{T_i s} + K_p T_d s \tag{4-3}$$

式中,s 为拉普拉斯算子;T_i 为积分时间常数;T_d 为微分时间常数。

PID 控制器的系统结构如图 4.3 所示。

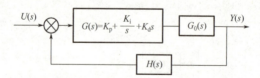

$U(s)$—系统的输入信号;$Y(s)$—系统的输出信号;
$H(s)$—反馈环节的传递函数;$G_0(s)$—被控对象的传递函数。

图 4.3 PID 控制器的系统结构

在已知被控对象传递函数的情况下,对负反馈中的 PID 进行调节,使输出响应最优。

2. PID 控制的特点

PID 控制的特点及改进方法见表 4-1。

表4-1 PID控制的特点及改进方法

项目		描 述
优点	调节简单	相对简单,易理解和实现,适用于多种汽车运动控制场景
	稳定性好	能够有效地减小系统误差,提高汽车运动的稳定性,确保行驶安全
	适应性强	能够适应不同路况和驾驶需求,通过调整参数实现精准控制
缺点	对参数变化敏感	PID控制器的参数需要根据实际系统进行调整,参数变化可能导致控制效果不稳定
	超调与振荡问题	在处理某些系统时,容易出现超调和振荡问题,超调影响汽车的稳定性和舒适性,振荡可能导致系统性能下降,影响驾驶体验
	自适应性较低	在应对PID控制器参数变化或外部干扰时,自适应性较低
改进方法	参数自适应调整	通过引入智能算法(如模糊控制、神经网络等),实现PID控制器参数的在线自适应调整,提高系统的鲁棒性
	误差预处理	对误差信号进行滤波、平滑等预处理,减小噪声和干扰对控制效果的影响
	与其他控制策略结合	将PID控制与其他控制策略(如模型预测控制、模糊控制、神经网络控制等)结合,以充分发挥各自优势,提高系统的整体性能

3. PID控制的步骤

基于PID控制的智能汽车运动控制的步骤见表4-2。

表4-2 基于PID控制的智能汽车运动控制的步骤

序号	步 骤	描 述
1	设定目标值	根据导航、传感器数据或驾驶人指令,设定智能汽车的目标速度、方向或位置等
2	感知实际状态	利用传感器(如雷达、摄像头等)获取智能汽车当前的速度、方向、位置等实际状态信息
3	计算偏差	将目标值与实际状态进行比较,计算出差值(偏差)
4	PID控制算法计算	根据PID控制算法处理偏差,计算出控制量。PID控制算法能够综合考虑偏差大小、变化率等,实现精确控制
5	输出控制指令	将PID控制算法计算得到的控制量转化为具体的控制指令,如节气门开度、制动力度、转向角等
6	控制执行	智能汽车的控制执行系统根据接收的控制指令对汽车进行实际操作,如加速、减速、转向等
7	监控与反馈	不断重复步骤2至步骤6,形成闭环控制,通过反馈机制不断修正,使汽车的运动状态逐渐趋近于目标状态

实施基于PID控制的智能汽车运动控制时，需要注意以下事项。

（1）实施基于PID控制的智能汽车运动控制时，需精确调整PID控制器的参数，确保比例、积分、微分项之间平衡，以实现稳定且响应迅速的控制效果。

（2）考虑汽车动力学特性，合理设计PID控制器结构，以适应不同速度和路况下的运动需求，避免出现控制不稳定或过度调节的情况。

（3）重视实时性和抗干扰性，优化PID控制算法，确保智能汽车迅速响应控制指令，并有效抑制外界干扰对运动控制的影响。

（4）持续监控和评估PID控制效果，根据实际运动数据和性能反馈进行调整，以适应变化的道路环境和驾驶需求，提升运动控制的精确性和可靠性。

4. PID控制的应用

PID控制的应用主要有速度控制、转向控制和稳定性控制等。

（1）速度控制。智能汽车的速度控制是运动控制的重要组成部分。采用PID控制算法，可以根据设定的速度值与实际速度值的偏差，计算出合适的加速度或减速度，从而实现对速度的精确控制。PID控制可以确保智能汽车在加速、减速及匀速行驶过程中保持稳定的速度，提高行驶的安全性和舒适性。

（2）转向控制。在智能汽车的转向控制中，PID控制同样发挥着重要作用。通过设定目标轨迹和当前汽车位置的偏差，PID控制器可以计算出合适的转向角，使汽车按照预设轨迹行驶。PID控制可以有效提高转向的精确性和稳定性，使智能汽车在行驶过程中更好地应对各种路况和驾驶需求。

（3）稳定性控制。智能汽车的稳定性控制是保证行驶安全的关键。PID控制可以通过对汽车姿态、轮速等信息的实时监测和反馈，调整汽车的操控策略，以维持汽车的稳定性。例如，在紧急制动或高速转弯等情况下，PID控制可以确保汽车保持稳定的姿态和行驶轨迹，避免失控或侧翻等危险情况的发生。

【案例练习4-1】

基于PID控制的智能汽车速度控制

1. 案例描述

智能汽车速度控制的原理是通过先进的传感器和控制系统，实现对汽车行驶速度的精确调节。在行驶过程中，智能汽车能够实时感知路况、交通信号及周围车辆的状态，根据这些信息动态调整车速，确保行驶安全与高效。同时，速度控制与汽车的横向控制和纵向控制相互协调，共同构成智能汽车的自动驾驶体系。基于PID控制的智能汽车速度控制通过对实际车速与目标车速的偏差进行计算和反馈，不断调整汽车动力输出或制动力，使车速稳定在预设值，实现精确、平滑的速度控制。

2. 案例实施步骤

基于PID控制的智能汽车速度控制的实施步骤见表4-3。

表 4-3 基于 PID 控制的智能汽车速度控制的实施步骤

序号	步骤	描述
1	确立速度控制目标并构建模型	明确智能汽车速度控制目标,分析汽车动态性能,构建速度控制模型,为 PID 控制器设计提供基础
2	设置 PID 控制器的参数	根据控制需求,设置 PID 控制器的参数(比例系数、积分系数和微分系数),平衡响应速度与控制稳定性
3	采集实时速度信号并进行处理	采集汽车实时速度信号,并对其进行滤波和噪声抑制处理,确保信号的准确性,为 PID 控制提供可靠输入
4	计算速度控制指令并输出	基于 PID 控制算法,计算速度控制指令,通过控制器输出至汽车执行机构,实现精确速度控制
5	系统性能评估与优化	对 PID 控制下的智能汽车速度控制系统进行综合评估,根据反馈数据调整参数,优化控制效果

基于 PID 控制的智能汽车速度控制框图如图 4.4 所示。

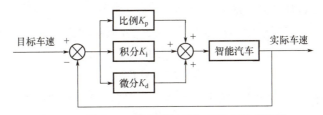

图 4.4 基于 PID 控制的智能汽车速度控制框图

PID 控制的原理是基于比例、积分和微分三个环节的组合,实现对汽车运动的精确控制。PID 控制算法简单实用,通过调整参数可以灵活应对不同的运动需求。在智能汽车中,PID 控制可应用于速度控制、方向控制和稳定性控制等,有效提升汽车的行驶性能和驾驶体验。同时,PID 控制具有较强的鲁棒性,能够抵御一定程度的干扰和噪声,确保智能汽车在各种环境下都能稳定运行。PID 控制常与其他控制方法组合使用。

4.2.2 最优控制

案例阅读 4-3

最优控制就像一位钢琴家演奏复杂曲目时的表现。钢琴家希望通过精妙的演奏技巧,将乐曲的旋律、节奏和情感完美地呈现给听众。为了达到这个目标,钢琴家需要在演奏前进行充分的练习和规划,找到最佳指法、力度和表情,以确保每个音符都准确无误地传达出乐曲的精髓。与此类似,最优控制就是在控制系统中寻找一种最优策略或方法,使系统在满足一定约束条件的同时,达到预定的最优性能指标。这需要深入理解和分析系统的动态特性,选择合适的控制算法,并进行精心的调试和优化。通过这个形象的例子,可以更好地理解最优控制的概念,即在复杂系统中寻找最优解,以实现最佳控制效果。

1. 最优控制的原理

最优控制是现代控制理论的核心,它研究的主要问题如下:在给定的数学模型和初始条件并满足一定约束条件下,寻求最优控制策略,使给定系统从初始状态出发达到终止状态,并使性能指标取极大值或极小值。

最优控制的实现离不开最优化技术,最优化技术用于研究和解决从一切可能的方案中寻找最优方案。也就是说,最优化技术用于研究和解决将最优化问题表示为数学模型及根据数学模型尽快求出最优解两个问题。

设线性系统是可控的,其状态方程式为

$$\dot{X} = AX + BU + EW$$
$$Y = CX + DU \tag{4-4}$$

式中,X 为系统的状态向量;Y 为系统的输出向量;A 为系统矩阵;B 为控制矩阵;C 为输出矩阵;D 为传递矩阵;E 为扰动矩阵;U 为系统的控制向量;W 为系统的扰动量。

评价控制系统性能的二次型性能指标为

$$J = \frac{1}{2}\int_0^\infty (X^\mathrm{T}QX + U^\mathrm{T}RU)\mathrm{d}t \tag{4-5}$$

式中,Q 为状态加权系数矩阵;R 为控制加权系数矩阵。

根据最小值原理,可求使性能指标最小的最优控制规律为

$$U = -KX = -R^{-1}B^\mathrm{T}PX$$
$$K = R^{-1}B^\mathrm{T}P \tag{4-6}$$

式中,K 为最优反馈增益矩阵;P 为对称正定矩阵,由里卡蒂方程按一定的边界条件求得,即

$$-\dot{P} = PA + A^\mathrm{T}P - PBR^{-1}B^\mathrm{T}P + Q \tag{4-7}$$

对于定常系统末值时间 $t_\mathrm{f} = \infty$,此时 P 为常数,按里卡蒂方程求得

$$PA + A^\mathrm{T}P - PBR^{-1}B^\mathrm{T}P + Q = 0 \tag{4-8}$$

只要知道 A、B、R、Q,就可解得 P。

2. 最优控制的特点

最优控制的特点及改进方法见表 4-4。

表 4-4 最优控制的特点及改进方法

项目		描述
优点	全局最优性	通过优化算法得到全局最优解,提高汽车运动的整体性能
	精确度高	数学模型优化能够得到较精确的控制结果,满足复杂运动控制需求
	实时性强	能够实时计算最优解,适应汽车运动状态的变化
缺点	计算量大	需要求解复杂的优化问题,计算量大,对计算资源要求较高
	对模型依赖性强	控制效果很大程度上取决于建立的数学模型的准确性,模型误差可能导致控制效果不佳
缺点	鲁棒性有待提高	对扰动和干扰的抵抗能力有限。一旦遇到突发情况或异常输入,控制系统就可能无法迅速作出调整,导致汽车出现不稳定行为

续表

项目		描述
改进方法	分层控制策略	将全局最优控制分解为多个局部最优控制问题,在降低计算复杂度的同时保持一定的全局性能
	引入自适应机制	引入自适应机制,根据汽车运动状态的实时变化调整控制策略,提高控制的鲁棒性和适应性
	强化学习与最优控制结合	强化学习方法通过不断试错和学习,优化控制策略,提高控制效果

3. 最优控制的步骤

基于最优控制的智能汽车运动控制的步骤见表4-5。

表4-5 基于最优控制的智能汽车运动控制的步骤

序号	步骤	描述
1	确定控制目标	明确智能汽车的运动目标,如路径跟踪、速度控制等
2	建立运动学模型	根据汽车的运动学特性,建立汽车运动学模型
3	设定约束条件	考虑汽车物理特性、安全要求等因素,设定控制过程中的约束条件
4	选择最优控制算法	根据控制目标和约束条件,选择适合的最优控制算法,如线性二次型调节器、动态规划等
5	设计最优控制器	基于选定的最优控制算法,设计能够实现控制目标的控制器
6	实时获取汽车状态	通过传感器和汽车状态估计算法,实时获取汽车的速度、位置、姿态等信息
7	计算最优控制量	将实时汽车状态输入最优控制器,计算得到最优控制量
8	执行控制量	将计算得到的最优控制量发送给汽车执行机构,如电动机、转向器等
9	监控与调整	实时监控汽车运动状态,并根据实际情况对控制策略进行调整和优化

实施基于最优控制的智能汽车运动控制时,需要注意以下事项。

(1) 实施基于最优控制的智能汽车运动控制时,需明确控制目标和约束条件,确保控制策略实现期望的运动轨迹和性能。

(2) 考虑汽车的动态特性和环境因素,建立准确的数学模型,以优化控制算法的设计,提高运动控制的精确性和稳定性。

(3) 注重实时性和计算效率,优化最优控制问题的求解方法,确保智能汽车迅速响应控制指令,并实现高效的运动控制。

(4) 持续监控和评估最优控制效果,根据实际驾驶数据和汽车性能反馈进行调整、优化,以适应不同的道路环境和驾驶需求,提升智能汽车的运动控制性能。

4. 最优控制的应用

最优控制的应用主要有路径规划与跟踪、速度优化和稳定性控制等。

（1）路径规划与跟踪。路径规划是智能汽车实现自主驾驶的关键环节。通过最优控制，智能汽车可以根据预设的目标点和约束条件规划最优行驶路径。同时，在路径跟踪过程中，最优控制可以确保汽车精确地按照规划路径行驶，提高行驶的稳定性和安全性。

（2）速度优化。智能汽车的速度控制是运动控制的核心之一。最优控制可以根据汽车的当前状态、道路状况及驾驶人意图等因素，计算出最优加速度或减速度，使智能汽车以最优速度行驶。这不仅可以提高行驶效率，还可以减少能源消耗和排放量，符合绿色出行的要求。

（3）稳定性控制。智能汽车的稳定性控制是保证汽车行驶安全的关键。最优控制通过建立车辆动力学模型及利用优化算法得出最优控制策略，以维持汽车的稳定性。例如，在紧急制动或避障时，最优控制可以快速响应并调整汽车状态，确保汽车稳定运行并避免事故的发生。

【案例练习 4-2】

基于最优控制的智能汽车路径控制

1. 案例描述

智能汽车路径控制是利用高精度传感器和先进算法，实现对汽车行驶轨迹的精确掌控。通过实时感知道路环境信息，路径控制系统能够自动规划并调整汽车行驶路线，确保汽车始终保持在预定轨迹上。这一技术不仅可提升驾驶的安全性和稳定性，还可使汽车灵活应对各种复杂路况和突发情况。基于最优控制的智能汽车路径控制通过优化算法计算出最优控制策略，使汽车更精确地沿着预定路径行驶。

2. 案例实施步骤

基于最优控制的智能汽车路径控制的实施步骤见表 4-6。

表 4-6 基于最优控制的智能汽车路径控制的实施步骤

序号	步骤	描述
1	建立汽车运动学模型	通过分析汽车运动特性建立精确的汽车运动学模型，以反映汽车在实际道路上的运动规律，为后续路径控制提供基础
2	设定目标路径	根据导航信息和路况分析设定智能汽车的目标路径，确保路径的连续性和可行性，为后续路径控制提供明确的目标
3	选择最优控制算法	根据汽车运动学模型和目标路径，选择合适的最优控制算法，通过优化控制参数实现路径控制的准确性和稳定性
4	实时路径跟踪控制	借助传感器实时获取汽车状态和道路信息，根据最优控制算法计算实时控制指令，实现智能汽车对目标路径的精确跟踪

续表

序号	步骤	描述
5	性能评估与优化	通过实际道路测试收集数据，对智能汽车路径控制性能进行评估，并根据评估结果对控制算法进行优化，提升智能汽车路径控制性能

图4.5所示为智能汽车路径跟踪控制器的整体结构。首先基于路径跟踪误差模型，设计线性二次型调节器为路径跟踪控制器的主体部分，使汽车基本按照参考路径行驶；其次，采用预瞄PID控制作为转向角补偿，消除由于系统简化与参数失准导致的稳态误差，同时避免因响应滞后产生的超调；最后，对线性二次型调节器的权重参数进行模糊调节，提升控制器对车速的适应性。

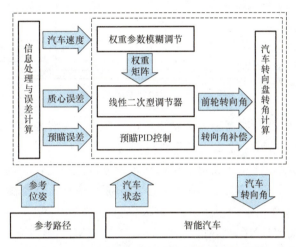

图4.5 智能汽车路径跟踪控制器的整体结构

最优控制基于数学优化理论，通过构建目标函数和约束条件，寻找最优控制策略，以实现汽车运动的高效、安全和稳定。最优控制能够综合考虑汽车运动特性、道路条件、交通环境等因素，优化汽车的加速、制动和转向等动作，提高行驶效率。同时，最优控制能够根据实时感知的信息调整控制策略，应对复杂多变的交通场景。随着智能算法和计算能力的提升，最优控制在智能汽车运动控制中的应用不断拓展和深化。

4.2.3 模糊控制

 案例阅读 4-4

模糊控制就像一位经验丰富的茶艺师泡茶时的操作。茶艺师并不会严格地按照固定的比例和时间泡茶，而是根据茶叶的品质、水的温度及自己的经验，模糊地调整泡茶的时间和方式。这种基于经验和感觉的调整方式正是模糊控制的核心。在模糊控制中，不需要精确的输入和输出，而通过定义一系列模糊变量和模糊规则，实现对系统的有效控制。就像茶艺师根据茶叶和水的特性及自己的经验，灵活调整泡茶过程一样，模糊控制能够在复杂多变的环境中，通过模糊推理得出合适的控制策略，使系统达到预期运行状态。

1. 模糊控制的原理

模糊控制属于智能控制，它模仿人的思维方式和人的控制经验，把人的经验形式化并引入控制过程，再运用较严密的数学处理实现模糊推理，进行判断决策，以达到预期效果。模糊控制首先将精确的数字量转化为模糊集合的隶属函数，然后根据控制器制定模糊控制规则，进行模糊推理，得到隶属函数，找出一个具有代表性的精确值作为控制量，并加到执行器上实现控制。

模糊控制器的基本结构如图 4.6 所示。它包括变量（输入、输出）定义、模糊化、规则库、模糊推理和解模糊五部分。

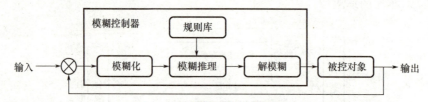

图 4.6 模糊控制器的基本结构

（1）变量定义。定义控制器输入和输出的语言变量，一般控制问题的输入变量有系统的误差 E 和误差变化率 EC，输出变量为执行器的控制量 U。

（2）模糊化。对输入变量、输出变量的精确量进行模糊化，并确定模糊子集。一般情况下，人们将模糊变量 E、EC、U 划分为七个模糊子集或五个模糊子集，即 {负大，负中，负小，零，正小，正中，正大} 或 {负大，负小，零，正小，正大}，引入模糊子集的英文缩写，可以得到 {NB，NM，NS，ZO，PS，PM，PB} 或 {NB，NS，ZO，PS，PB}。利用模糊变量的隶属函数为模糊变量赋值，得到精确数值的隶属度。

常见的隶属函数有三角形隶属函数、梯形隶属函数、钟型隶属函数、高斯型隶属函数、S 型隶属函数、Z 型隶属函数等。

（3）规则库。规则库由若干条根据专家经验总结的规则组成，按照 if（E is PB）and（EC is NS）then（U is PB）的形式表达。

控制规则的产生方式：根据专家特定领域的经验知识，反复实验和修正形成；根据操作人员的成功操作模式形成；根据设定目标，应用自适应学习算法，增加或修改控制规则而成。

（4）模糊推理。根据模糊输入和规则库，采用模糊推理方法得到模糊输出。

（5）解模糊。将得到的模糊输出转化为精确的控制信号，即将模糊量转化为精确量。转化的常用方法主要有最大隶属度法、取中位数法和重心法。最大隶属度法是取模糊子集中隶属度最大的元素为输出量，它完全排除其他隶属度较小的元素的影响和作用。取中位数法是求出把隶属函数曲线与横坐标之间包含面积平分为两部分的数并作为输出量。重心法是求出隶属函数曲线与横坐标之间包含面积的重心位置，以得出控制量的精确解。

2. 模糊控制的特点

模糊控制的特点及改进方法见表 4-7。

表 4-7 模糊控制的特点及改进方法

项目		描 述
优点	适应性强	能够处理非线性、时变性和不确定性问题,对汽车运动控制中的复杂环境和变化因素有良好的适应性
	控制精度高	通过模糊规则和模糊推理,能够实现较高的控制精度,满足汽车运动控制对精确性的要求
	调试简便	不需要建立精确的数学模型,而是基于专家经验和操作人员的直观感知,故参数调试相对简便
	鲁棒性较强	能够应对系统中的噪声和干扰,具有较强的鲁棒性,确保汽车运动控制的稳定性
缺点	规则设计困难	模糊规则的设计需要基于专家经验和试错法,对于复杂系统,规则的确定困难且耗时
	性能受限	模糊控制器的性能受规则数量和结构的影响,如果规则设计不合理或数量不足,就可能无法有效控制系统
	计算复杂度较高	模糊控制涉及模糊集合的运算和模糊推理过程,计算复杂度较高,对计算资源有一定要求
	依赖专家知识	模糊控制器的设计和调整需要依赖大量专家知识,若缺乏足够的知识和经验则可能导致控制效果不佳
改进方法	优化模糊规则设计	深入研究汽车运动控制的特性,结合专家经验和现代优化算法,优化模糊规则的设计,提高控制精度和效率
	引入学习机制	结合机器学习或神经网络等技术,使模糊控制器具备自我学习和优化能力,提高其对环境变化的适应性
	降低计算复杂度	研究高效的模糊推理算法和硬件实现方案,降低模糊控制的计算复杂度,提高实时性
	结合其他控制方法	将模糊控制与其他控制方法(如 PID 控制、最优控制等)结合,形成混合控制策略,综合利用各种方法的优点,提高整体控制性能

3. 模糊控制的步骤

基于模糊控制的智能汽车运动控制的步骤见表 4-8。

表 4-8 基于模糊控制的智能汽车运动控制的步骤

序号	步 骤	描 述
1	确定控制目标与变量	明确智能汽车的运动控制目标(如路径跟踪、速度控制等),并确定相关控制变量(如转向角、加速度等)

续表

序号	步 骤	描 述
2	采集汽车状态与环境信息	通过传感器和感知系统实时采集汽车的状态信息（如速度、位置等）和环境信息（如道路状况、障碍物位置等）
3	定义模糊变量与隶属函数	将采集到的连续变量转化为模糊变量，并定义相应的隶属函数，以描述控制变量与输入变量的模糊关系
4	建立模糊控制规则库	根据专家经验和实际控制需求，构建模糊控制规则库，以明确输入变量与输出变量的模糊映射关系
5	模糊化处理	将实际采集的汽车状态信息与环境信息按照隶属函数进行模糊化处理，转化为模糊变量
6	模糊推理与决策	根据模糊控制规则库，对模糊化后的输入变量进行模糊推理，得到控制输出的模糊值，并据此作出控制决策
7	解模糊化处理	将模糊推理得到的控制输出转化为实际的控制信号或参数值，以供执行机构使用
8	控制信号输出与执行	将解模糊化处理后的控制信号发送给汽车的执行机构（如转向系统、动力系统等），实现对汽车运动的精确控制
9	监控与调整	对智能汽车的运动状态和控制效果进行实时监控，根据反馈信息进行必要的调整和优化，以确保控制的稳定性和可靠性

实施基于模糊控制的智能汽车运动控制时，需要注意以下事项。

（1）实施基于模糊控制的智能汽车运动控制时，需设计合理的规则集，确保控制策略适应多种驾驶场景和不确定因素。

（2）注意模糊控制器输入变量的选择和处理，确保其准确反映汽车状态和周围环境，提升控制决策的准确性和可靠性。

（3）优化模糊控制器的结构和参数，提高控制算法的响应速度和稳定性，确保智能汽车在复杂环境下实现平滑、稳定的运动控制。

（4）持续测试和验证模糊控制器的性能，根据实际驾驶数据和反馈进行调整、优化，以适应不断变化的交通环境和驾驶需求。

4. 模糊控制的应用

模糊控制的应用主要有路径跟踪控制、速度控制和转向控制等。

（1）路径跟踪控制。在智能汽车行驶过程中，路径跟踪是一项重要任务。模糊控制可以根据汽车当前的位置、速度和方向等信息，结合道路信息和预设的行驶轨迹制定模糊规则，实现对汽车的精确控制，使其稳定地跟踪预设路径。

（2）速度控制。速度控制是智能汽车运动控制中的关键环节。模糊控制可以根据汽车的行驶状态、道路状况及交通环境等因素制定模糊规则，实现对汽车速度的精确调节。例如，在行驶过程中遇到前方有障碍物或汽车时，模糊控制可以根据汽车的速度和距离等信息,快速调整汽车的速度,以确保行驶的安全性和稳定性。

(3)转向控制。转向控制是智能汽车实现自动驾驶的关键技术。模糊控制可以根据汽车的行驶状态、道路曲率及汽车与道路之间的相对位置等信息制定模糊规则,实现对汽车转向角的精确控制。通过模糊控制,智能汽车可以更加灵活地应对复杂的道路环境,提高行驶的舒适性和安全性。

【案例练习 4-3】

基于模糊控制的智能汽车路径跟踪控制

1. 案例描述

智能汽车路径跟踪控制是实现自动驾驶的关键之一。通过高精度传感器和先进的控制系统,智能汽车能够实时获取道路信息,并根据预定路径进行精确跟踪。路径跟踪控制不仅要求汽车稳定行驶,还要求其具备应对突发情况的能力。为此,智能汽车拟采用模糊控制实现更加精准、安全的路径跟踪。

2. 案例实施步骤

基于模糊控制的智能汽车路径跟踪控制的实施步骤见表 4-9。

表 4-9 基于模糊控制的智能汽车路径跟踪控制的实施步骤

序号	步骤	描述
1	明确路径跟踪目标及建模	明确智能汽车路径跟踪的控制目标,分析汽车运动学特性,构建准确的汽车运动学模型,为后续的模糊控制器设计提供坚实的理论基础
2	设计模糊控制器的输入、输出变量	设计模糊控制器的输入、输出变量,明确变量的隶属函数及论域范围,确保充分反映路径跟踪控制的实际需求与不确定性
3	制定模糊控制规则	根据路径跟踪的精确性要求制定合理的模糊控制规则,确保智能汽车在复杂环境中稳定、准确地跟踪预定路径
4	编写模糊控制算法程序	将制定的模糊控制规则转化为计算机可执行的算法程序并嵌入智能汽车的控制系统,实现实时路径跟踪控制
5	实际环境测试与优化	在实际道路环境中进行智能汽车路径跟踪测试,收集数据并分析控制效果,根据测试结果调整模糊控制参数,优化控制策略
6	总结反馈与持续改进	总结实施过程中的经验教训,持续完善模糊控制策略,提升智能汽车路径跟踪控制性能

图 4.7 所示为智能汽车的模糊自适应 PID 路径跟踪控制框图。图 4.8 所示为智能汽车路径跟踪模糊控制策略。

模糊控制能有效解决汽车在复杂环境和不确定性条件下的控制难题,通过模拟人类驾驶经验,提高汽车应对突发事件的能力。模糊控制能够处理非线性、时变性和不确定性问题,使智能汽车在行驶过程中具备更好的适应性。此外,模糊控制还能与智能算法结合以

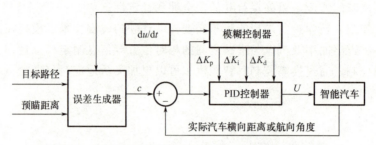

图 4.7　智能汽车的模糊自适应 PID 路径跟踪控制框图

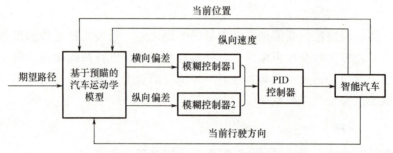

图 4.8　智能汽车路径跟踪模糊控制策略

实现自主学习和优化，不断提升控制性能。但是，模糊控制也面临规则设计复杂、计算量大等挑战。

4.2.4　模型预测控制

 案例阅读 4-5

> 模型预测控制就像一位园丁精心规划花园的布局。首先，园丁会根据土壤、气候和植物的特性建立一个预测模型，预测不同植物在不同条件下的生长情况。然后，园丁会基于这个模型制订一个详细的种植计划，包括选择的植物、布局、浇水施肥的时间等。在种植过程中，园丁会不断观察实际情况与预测模型的差异，并根据这些反馈调整种植计划，以确保花园按照预期的方向发展。这就是模型预测控制的核心概念：通过建立模型预测未来状态，并基于预测结果制定控制策略，在执行过程中不断根据反馈进行调整，以实现最优控制效果。

1. 模型预测控制的原理

模型预测控制是一种先进的控制方法，具有对模型要求低、能处理多变量和有约束的控制等优点。模型预测控制更贴合实际应用情景，可提高控制系统在不确定性影响下保持良好状态的能力。智能汽车的自适应巡航控制、车道保持辅助及自动驾驶的路径跟踪等都可以利用模型预测控制技术。

模型预测控制系统由预测模型、参考轨迹、滚动优化和在线校正构成，如图 4.9 所示。参考轨迹的输入为 $s(k)$ 和 $y(k)$，输出为 $y_d(k+i)$；预测模型的输入和输出分别为

$u(k)$ 和 $y_m(k+i)$；被控对象的输入和输出分别为 $u(k)$ 和 $y(k)$。参考轨迹是预期的控制目标，它是平滑、缓和的一条期望曲线。预测模型是基于理论，依据历史信息和假设未来输入，建立的用于预测未来状态的数学模型。滚动优化的原理是获得最优 $u(k)$，以滚动式有限时域进行优化，以某一性能最优为控制目标确定未来状态，反复在线运行。在线校正的原理是消除因模型失配或环境干扰导致的控制偏差，对产生的偏差进行补偿，同时将其作为反馈，为下一个采样时刻的滚动优化提供数据，进行到新的优化。

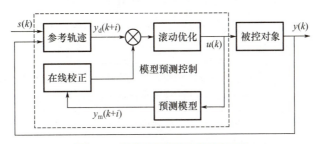

图 4.9 模型预测控制系统结构图

滚动优化和在线校正可以克服被控系统的非线性及不确定性，提高系统的稳定性和鲁棒性。模型预测控制的基本思想是求解一个最优化问题来获得最优控制序列控制未来的行为，其原理如图 4.10 所示。曲线 1 为系统控制变量，曲线 2 和曲线 4 分别为 k 时刻和 $k+1$ 时刻的参考曲线，对控制指标进行在线优化获得 k 时刻和 $k+1$ 时刻最佳的输出曲线 3 和曲线 5，但是由于受到迟滞、时变等不确定性的影响，在 $k+1$ 时刻输出值与期望的优化值存在偏差 Δy，因此需要对 k 时刻的预测曲线 7 进行误差补偿，得到 $k+1$ 时刻的反馈曲线 6（校正后的优化曲线），进入下一时刻的在线优化。

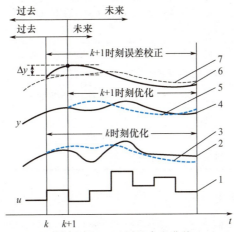

1—系统控制变量；2，4—k 时刻和 $k+1$ 时刻的参考曲线；3，5—在线优化获得对应时刻最佳的输出曲线；6—反馈曲线；7—预测曲线。

图 4.10 模型预测控制原理

2. 模型预测控制的特点

模型预测控制的特点及改进方法见表 4-10。

表 4-10 模型预测控制的特点及改进方法

项目		描 述
优点	高精度控制	精确预测未来运动状态,并根据预测结果计算最优控制输入,从而实现高精度控制
	强大的约束处理能力	能够有效处理各种约束条件(如速度限制、加速度限制等),确保汽车在行驶过程中不违反安全规定
	良好的鲁棒性	对干扰和噪声具有一定的鲁棒性,能够在复杂多变的交通环境中稳定运行
	多变量协同控制	由于模型预测控制是多变量控制,因此能够同时考虑多个系统变量之间的交互,从而实现更加协调的控制
	实时优化	具有滚动优化的特点,可以在每个控制周期重新计算最优控制输入,从而适应实时变化的交通环境
缺点	对模型精度要求高	模型的准确性直接影响预测的精确性和控制效果,因此需要高精度的模型
	计算量大	由于模型预测控制理论存在滚动优化环节,需要在一个采样周期内完成一次优化计算,因此计算量大、对硬件要求较高
	实时性挑战	在某些情况下,特别是在处理复杂交通场景时,可能难以满足实时性要求
	对参数调整敏感	控制参数的选择对控制效果有重要影响,不恰当的参数可能导致控制性能下降
改进方法	提高模型精度	通过深入研究汽车动力学特性和交通环境建立更精确的模型,提高预测的准确性
	优化算法设计	研发更高效的算法,减小计算量,提高优化计算的实时性,如可以采用简化约束条件、引入启发式搜索等方法
	引入并行计算技术	利用并行计算技术,将优化计算任务分配到多个处理器并行执行,提高计算速度
	自适应参数调整	设计自适应参数调整策略,根据实时交通环境和汽车状态自动调整控制参数,提高控制性能

3. 模型预测控制的步骤

基于模型预测控制的智能汽车运动控制的步骤见表 4-11。

表 4-11 基于模型预测控制的智能汽车运动控制的步骤

序号	步 骤	描 述
1	建立汽车动力学模型	根据汽车的结构和性能参数,建立精确的汽车动力学模型。该模型应能描述汽车的运动状态、加速度、转向等关键参数的关系

续表

序号	步骤	描述
2	设定控制目标和约束条件	根据实际驾驶需求设定控制目标（如路径跟踪、速度控制等），根据汽车性能和安全要求设定约束条件（如最大加速度、最大转向角等）
3	预测未来汽车状态	利用汽车动力学模型和当前状态信息，预测未来一段时间内的汽车状态（包括位置、速度、加速度等）
4	设计优化问题	根据控制目标和约束条件设计优化问题，其目标是在满足约束条件的前提下，最小化预测状态与实际目标状态的偏差
5	求解优化问题	利用数值优化算法求解优化问题，得到一组控制输入序列。这组序列是在未来一段时间内使汽车状态最接近预定目标的控制策略
6	实施控制策略	将求解得到的控制输入序列的第一个值作为当前时刻的控制指令，并将其发送给汽车执行机构（如发动机、转向系统等）
7	更新汽车状态	在执行控制指令后，通过传感器等装置获取汽车的实际状态信息，更新汽车状态
8	循环执行步骤3至步骤7	在汽车行驶过程中，不断循环执行步骤3至步骤7，根据实时状态信息调整控制策略，以实现预定目标

在实际应用中，这些步骤相互关联、循环执行，共同构成基于模型预测控制的智能汽车运动控制系统。通过不断优化和调整控制策略，系统能够使汽车在各种驾驶场景下保持稳定、安全、高效的行驶状态。

基于模型预测控制的汽车运动控制需要注意以下关键事项。

（1）模型的精确性。模型预测控制依靠准确的汽车动力学模型预测未来状态，因此模型误差会直接影响控制效果，需要不断地校准和优化模型，以适应不同驾驶场景和汽车状态。

（2）约束条件的处理。在实际控制中，汽车运动受到轮胎与地面的摩擦力、汽车的加速度和速度等约束。构建模型预测控制算法时，必须充分考虑这些约束条件，以确保控制指令的可行性和安全性。

（3）优化算法的选择和参数的调整。模型预测控制的本质是一个优化问题，需要选择适合的控制目标函数和约束条件，并通过调整参数达到最优控制效果。

4. 模型预测控制的应用

模型预测控制的应用主要有路径规划与轨迹跟踪、汽车稳定性控制、自适应巡航控制、车道保持辅助控制和避障控制等。

（1）路径规划与轨迹跟踪。模型预测控制可以通过建立汽车运动学或汽车动力学模型，结合道路信息，实现路径规划与轨迹跟踪。在规划阶段，模型预测控制可以预测不同路径下汽车的性能表现，选择最优路径；在跟踪阶段，模型预测控制可以实时调整汽车的控制输入，使汽车精确跟踪规划的轨迹。

（2）汽车稳定性控制。模型预测控制可以综合考虑汽车的运动状态、路面条件及驾驶人意图等因素，通过优化控制策略提高汽车的稳定性。例如，在高速行驶或紧急变道等场景下，模型预测控制可以实时调整汽车的转向、制动和加速等控制输入，以保持汽车稳定行驶。

（3）自适应巡航控制。自适应巡航控制的原理是根据前车的速度和距离自动调整自车速度，保持安全车距。模型预测控制可以基于汽车动力学模型和传感器获取的周围环境信息，实时预测自车和前车的动态变化，并通过优化算法求解最优加速和最优减速控制策略，以实现安全、平稳的巡航行驶。

（4）车道保持辅助控制。车道保持辅助系统通过检测汽车相对于车道的位置和姿态，自动控制汽车的转向和加速/减速，使汽车保持在车道中心。模型预测控制可以综合考虑汽车运动学特性、道路曲率、汽车与车道线的相对位置，预测汽车的未来轨迹，并求解最优转向和最优速度控制策略，实现精准的车道保持功能。

（5）避障控制。避障控制是智能汽车面对突发障碍物或潜在碰撞风险时的重要安全策略。模型预测控制可以根据汽车当前的状态、传感器的实时信息及障碍物的运动预测，计算出最优避障轨迹和最优控制策略，使汽车安全、快速地避开障碍物，避免潜在的事故风险。

【案例练习 4-4】

基于模型预测控制的车道保持辅助控制

1. 案例描述

通过先进的传感器和算法，车道保持辅助系统能够实时监测汽车与车道线的相对位置，一旦检测到汽车偏离预定轨迹，就自动调整转向盘，使汽车平稳回到车道中心。这不仅提升了驾驶安全性，还降低了驾驶人的疲劳感。然而，由于道路条件多变、汽车动态特性复杂，传统的车道保持方法往往难以达到理想的控制效果，因此必须采用先进的控制方法。

2. 案例实施步骤

基于模型预测控制的车道保持辅助控制的实施步骤见表 4-12。

表 4-12　基于模型预测控制的车道保持辅助控制的实施步骤

序号	步　　骤	描　　述
1	构建模型	基于汽车动力学理论，构建包含汽车状态和控制输入的数学模型，以反映汽车的行驶特性
2	确定控制目标和约束条件	明确车道保持的辅助控制目标，设定汽车行驶轨迹和稳定性约束，确保控制策略的有效性
3	设计模型预测控制器	运用模型预测控制算法，根据汽车模型和约束条件设计优化问题，求解得到最优控制序列

续表

序号	步骤	描述
4	实施实时控制	将模型预测控制器集成到汽车控制系统中,实时采集汽车状态信息,计算并输出控制指令,实现车道保持
5	系统评估与优化	对车道保持辅助控制系统进行性能评估,根据实际运行效果调整控制参数和策略,不断优化系统性能

图 4.11 所示为基于模型预测控制的车道保持辅助控制架构。

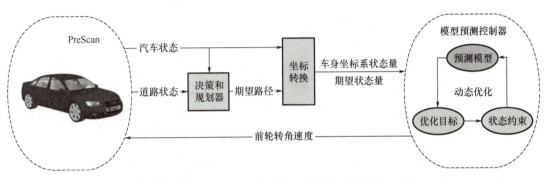

图 4.11 基于模型预测控制的车道保持辅助控制架构

模型预测控制通过构建汽车模型预测未来行驶状态,并据此优化控制策略,以实现高精度、高安全性的驾驶。模型预测控制能够处理多种约束条件,保证行驶过程的合规性和稳定性。同时,其滚动优化的特点使智能汽车实时适应复杂多变的交通环境。虽然在实际应用中仍需解决一些技术挑战(如模型精度和计算量等问题),但随着技术的不断进步,模型预测控制在智能汽车运动控制中的应用前景会更加广阔。

4.2.5 机器学习

 案例阅读 4-6

机器学习就像一个孩子学习画画的过程。刚开始,孩子可能不知道如何下手,但随着不断的尝试和父母的指导,他逐渐学会了画简单的线条和形状。随着经验的积累,他能够画出更复杂的图案,甚至开始创新,自己创作作品。在这个过程中,孩子通过观察和模仿来学习,就像机器学习通过处理大量数据学习规律一样。机器学习让计算机具备从数据中学习的能力,并且能够自动调整和提高自身性能,从而更好地完成各种任务。这个形象的例子可以帮助我们理解机器学习的基本概念,即计算机通过学习和经验积累提高自身性能的过程。

1. 机器学习的原理

机器学习是人工智能的子集,也是实现人工智能的一种途径,但不是唯一途径。它是一门专门研究计算机模拟或实现人类的学习行为,以获取新的知识或技能,重新组织已有知识结构，使之不断改善自身性能的学科。

机器学习与人类学习的比较如图 4.12 所示。机器学习依靠历史数据建立模型，再根据新的数据预测未知属性；人类学习依靠经验归纳规律，再根据新的问题预测未来。机器学习中的"训练"与"预测"过程对应于人类学习的"归纳"与"预测"过程，可以发现，机器学习的思想并不复杂，只是对人类在生活中学习成长的模拟。

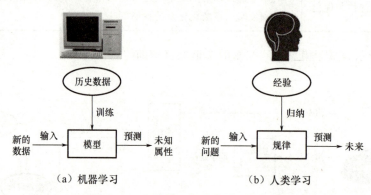

图 4.12　机器学习与人类学习的比较

机器学习的常用算法有决策树、朴素贝叶斯、支持向量机、随机森林、人工神经网络、关联规则、期望最大化算法等。

2. 机器学习的特点

机器学习的特点及改进方法见表 4-13。

表 4-13　机器学习的特点及改进方法

项目		描　　述
优点	数据驱动决策	通过实时数据训练和学习，基于数据驱动作出准确决策，更好地适应复杂多变的道路环境
	自适应和智能	机器学习使智能汽车根据环境变化自主调整和优化控制策略，预测并规避潜在危险
	提高安全性与效率	有助于提高智能汽车的行驶安全性，同时优化行驶路径，减少燃料消耗，提高整车效率
缺点	数据采集与标注困难	获取大规模真实场景的驾驶数据并进行准确标注是一项挑战，同时数据集的丰富性和复杂性也增大了难度
	安全性与可靠性问题	机器学习的黑盒特性使其决策过程难以解释，给安全性评估和可信度验证带来困难；此外，泛化能力不足也可能影响可靠性
改进方法	提升数据质量与多样性	通过改进数据采集和标注方法，提高数据的质量和多样性，以满足机器学习模型训练的需求
	增强模型解释性	研究和开发更具解释性的机器学习模型，以更好地理解和评估决策过程，提高安全性和可信度
	提高模型泛化能力	优化机器学习算法，提高模型在处理未知情况时的泛化能力，以增强智能汽车的可靠性

3. 机器学习的步骤

基于机器学习的智能汽车运动控制的步骤见表 4-14。

表 4-14 基于机器学习的智能汽车运动控制的步骤

序号	步　骤	描　　述
1	收集数据	收集智能汽车在多种环境和路况下的运行数据，包括传感器数据、汽车状态数据及环境信息等
2	数据预处理	对收集到的原始数据进行清洗、去噪和标注，提取出对汽车运动控制有用的特征
3	选择模型并进行训练	选择合适的机器学习模型（如深度学习模型、强化学习模型等），并使用预处理后的数据对模型进行训练
4	模型评估与优化	对训练好的模型进行评估（包括性能评估、鲁棒性评估等），根据评估结果对模型进行优化调整
5	实时感知与状态估计	通过车载传感器实时感知汽车周围环境和自身状态，利用状态估计算法估计汽车当前状态
6	运动规划与控制	根据实时感知数据和状态估计结果，结合训练好的机器学习模型进行运动规划和轨迹生成，并输出相应的控制指令
7	控制执行与反馈	执行控制指令，控制智能汽车按照规划的轨迹运动，收集执行过程中的反馈数据并用于后续模型的改进和优化

实施基于机器学习的智能汽车运动控制时，需要注意以下事项。

（1）实施基于机器学习的智能汽车运动控制时，需确保训练数据的质量和多样性，以构建精准的运动控制模型，避免出现过拟合或欠拟合问题。

（2）选择合适的机器学习算法和模型结构，提高模型的性能和泛化能力，确保智能汽车在各种道路和驾驶场景下实现稳定、可靠的运动控制。

（3）考虑实时性和计算效率，对机器学习模型进行轻量级优化，减小计算复杂度和延迟，确保智能汽车迅速响应驾驶指令和外部环境变化。

（4）持续监测和评估机器学习模型的性能，根据实际驾驶数据和经验反馈更新、调整模型，以适应变化的道路环境和驾驶需求，提升智能汽车的运动控制效果。

4. 机器学习的应用

机器学习的应用主要有运动轨迹预测与优化、实时自适应控制、驾驶模式识别与切换、故障诊断与预测性维护等。

（1）运动轨迹预测与优化。机器学习可以通过分析和学习大量行驶数据，预测汽车在不同道路和交通条件下的运动轨迹。通过构建精确的预测模型，智能汽车能够提前感知潜在的障碍物和风险，并作出相应的规避或减速措施，从而避免潜在的交通事故。同时，机器学习可以优化汽车的行驶路径，提高行驶效率，降低能源消耗。

（2）实时自适应控制。智能汽车需要面临复杂的驾驶场景（如高速公路、城市拥堵路段、山路等），传统的控制算法很难适应多变的场景，而机器学习可以根据实时感知的环境信息和汽车状态自动调整控制参数，实现实时自适应控制。智能汽车能够更好地应对突发情况，保持行驶稳定。

（3）驾驶模式识别与切换。不同的驾驶人具有不同的驾驶习惯和需求，如平稳驾驶、运动驾驶或经济驾驶等。机器学习可以通过学习和识别驾驶人意图及偏好，自动切换驾驶模式，以满足驾驶人的个性化需求。智能化的驾驶模式切换可以提高驾驶的舒适性和满意度。

（4）故障诊断与预测性维护。智能汽车运动控制系统中涉及大量传感器和执行器，其正常运行对保证行驶安全至关重要。机器学习可以通过对汽车运行数据的监测和分析，及时发现潜在故障隐患，并进行预测性维护。这有助于减少因故障导致的行驶中断和事故风险，提高汽车的可靠性和耐久性。

【案例练习 4-5】

基于机器学习的汽车横向控制

1. 案例描述

汽车横向控制的原理是通过复杂的传感器网络和先进的控制算法，实时监测汽车的横向位置和速度，并根据预设的轨迹和路况信息，精确计算并调整汽车的转向角和行驶速度。汽车横向控制系统不仅能有效应对弯道、交叉路口等复杂路况，还能在紧急情况下迅速作出反应，确保汽车安全行驶。传统的控制方法往往受限于固定的参数和规则，难以应对复杂多变的道路环境和驾驶条件。而基于机器学习的汽车横向控制能够通过训练和学习大量数据，实现对汽车横向运动的智能控制。

2. 案例实施步骤

基于机器学习的汽车横向控制的实施步骤见表 4-15。

表 4-15 基于机器学习的汽车横向控制的实施步骤

序号	步　　骤	描　　述
1	数据采集与处理	采集汽车行驶过程中的道路图像、传感器数据等，并进行清洗、标注和归一化处理，确保数据质量和一致性，为后续分析提供可靠基础
2	特征提取与选择	从处理后的数据中提取关键特征（如车道线、汽车位置等），通过特征选择算法筛选出对横向控制影响最大的特征，提高模型性能
3	模型选择与训练	选择合适的机器学习模型（如深度学习网络），利用提取的特征数据对模型进行训练，不断调整参数和结构，提升模型预测准确性
4	实时控制策略设计	基于训练好的模型，设计实时控制策略，将模型输出转化为实际控制指令（如转向盘转角调整），实现汽车稳定横向控制

续表

序号	步骤	描述
5	系统测试与验证	在仿真环境或实际道路上测试系统性能,评估横向控制的精确性和稳定性,对测试中出现的问题进行改进和优化
6	模型更新与优化	根据系统测试和验证结果,不断更新和优化模型,以适应不同道路环境和驾驶条件,提升汽车横向控制的智能化水平

图 4.13 所示为基于机器学习的汽车动力学模型横向控制流程图。

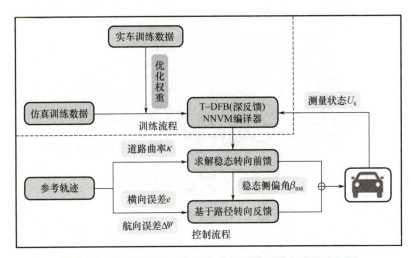

图 4.13　基于机器学习的汽车动力学模型横向控制流程图

通过机器学习训练模型,智能汽车能够学习并优化驾驶策略,实现更精确、更安全的行驶。机器学习可以根据环境变化和实时数据作出智能决策,提升汽车的适应性和灵活性。同时,机器学习能够识别并预测潜在风险,及时采取措施来避免危险。然而,机器学习在智能汽车运动控制中的应用面临数据收集、模型可靠性等挑战。

4.2.6　深度学习

案例阅读 4-7

深度学习如同一个孩子学习识别动物的过程。刚开始,孩子看到一只猫,可能只知道它毛茸茸的、有尾巴。随着时间的推移,孩子通过观察和学习,逐渐能够区分猫与其他动物的特征差异,如耳朵的形状、眼睛的颜色等。最终,孩子能够仅凭一张照片或一段描述准确识别出是猫还是狗。深度学习的原理类似,它通过构建深层的神经网络模型,从海量数据中学习并提取特征,最终实现对复杂事物的准确识别和分类。这种从简单到复杂、从表面到本质的学习过程正是深度学习的魅力所在。这个形象的例子可以帮助我们更好地理解深度学习的概念,即通过深度神经网络学习和理解数据的本质特征。

1. 深度学习的原理

深度学习是机器学习的一个类型，其模型直接从图像、文本或声音中学习执行分类任务。通常使用神经网络架构实现深度学习。深度是指网络中的层数，层数越多，网络越深。传统的神经网络只有两层或三层，而深度网络可能有几百层。

如图4.14所示，深度神经网络由一个输入层、多个隐含层和一个输出层组成。各层通过节点或神经元连接，每个隐含层都以前一层的输出为输入。

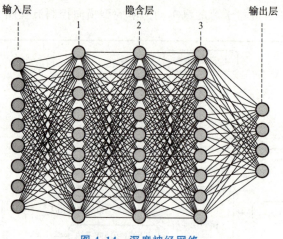

图4.14 深度神经网络

2. 深度学习的特点

深度学习的特点及改进方法见表4-16。

表4-16 深度学习的特点及改进方法

项目		描述
优点	特征自动学习	自动学习并提取运动控制中的关键特征，降低手动特征工程的复杂性
	处理大规模复杂数据	可以有效地处理大规模、复杂的输入数据（如图像和雷达信号），为智能汽车提供丰富的感知信息
	实时优化与决策	通过深度学习，智能汽车可以根据实时数据进行在线优化和决策，实现更灵活的驾驶策略
	强大的泛化能力	深度学习模型经过充分训练后具备较强的泛化能力，能够应对新场景和未知情况
缺点	数据依赖与标注需求	深度学习模型需要大量标注数据进行训练，数据的质量和数量直接影响模型的性能
	计算资源需求高	深度学习模型的训练和推理过程需要大量计算资源，可能导致成本增加和实时性受限

续表

项目		描 述
缺点	安全性与可靠性问题	深度学习模型的决策过程缺乏透明性,可能引发安全性和可靠性方面的问题
	适应性挑战	在不同道路条件和交通环境下的适应性有限,需要不断更新和调整模型
改进方法	数据增强与半监督学习	通过数据增强和半监督学习方法,降低对大量标注数据的依赖,提高模型的泛化能力
	模型压缩与优化	采用模型压缩和优化技术,降低深度学习模型的计算复杂度,提高实时性
	安全性与可靠性评估	加强深度学习模型的安全性和可靠性评估,通过模拟测试和真实场景验证,确保模型的稳定性和可靠性
	持续学习与更新	设计有效的持续学习和更新机制,使智能汽车不断适应新的道路条件和交通环境

3. 深度学习的步骤

基于深度学习的智能汽车运动控制的步骤见表 4-17。

表 4-17 基于深度学习的智能汽车运动控制的步骤

序号	步 骤	描 述
1	数据收集与预处理	收集不同驾驶场景下的传感器数据并进行必要的清洗、标注和格式化处理,确保数据的完整性和一致性
2	构建深度学习模型	根据运动控制的需求选择合适的深度学习模型,如卷积神经网络、循环神经网络、深度强化学习模型等
3	模型训练与优化	利用收集到的数据进行模型训练,通过调整超参数、优化算法等方式提高模型的性能和精度
4	实时数据获取与处理	在汽车行驶过程中,实时获取传感器数据,并进行必要的预处理和特征提取
5	驾驶人意图与场景识别	通过分析实时数据和深度学习模型的输出,识别驾驶人的意图和当前驾驶场景
6	生成运动控制决策	根据识别的驾驶人意图和场景,利用深度学习模型生成运动控制决策(如加速、减速、转向等)
7	执行运动控制指令	将生成的运动控制指令发送给汽车控制系统,实现对汽车的精准控制
8	反馈与调整	根据汽车的实际响应和反馈,对深度学习模型进行优化和调整,以提高运动控制的稳定性和可靠性

实施基于深度学习的智能汽车运动控制时,需要注意以下事项。

(1) 实施基于深度学习的智能汽车运动控制时,应保证数据集的丰富性与代表性,以构建高效的深度学习模型,避免由数据偏差导致控制策略失真。

(2) 深度学习模型的选择与设计至关重要,需结合汽车运动特性与控制目标,优化模型结构,提高预测与控制精度,确保行驶安全。

(3) 考虑实时性和计算效率,对深度学习模型进行轻量级处理,减少计算资源消耗,确保智能汽车在复杂环境下迅速作出响应。

(4) 持续监控深度学习模型的性能,根据实际驾驶数据和反馈调整模型参数,以适应不断变化的道路环境和驾驶需求,提升智能汽车运动控制的智能化水平。

4. 深度学习的应用

深度学习的应用主要有环境感知与定位、预测与规划、运动控制与优化等。

(1) 环境感知与定位。智能汽车的运动控制首先依赖对周围环境的准确感知和定位。深度学习通过训练大规模数据集构建高效的神经网络模型,以识别道路标线、交通标志、障碍物等信息。此外,深度学习还可应用于智能汽车的定位系统,通过处理传感器数据实现对汽车位置的精确估计。

(2) 预测与规划。在感知周围环境的基础上,智能汽车需要预测其他汽车和行人的动态行为,并规划合适的行驶轨迹。深度学习可以通过训练模型预测交通参与者的意图和轨迹,从而为智能汽车的路径规划提供可靠依据。此外,深度学习还可以帮助智能汽车在复杂的交通环境中进行实时决策,实现更加平顺、安全的行驶。

(3) 运动控制与优化。得到环境感知、预测与规划的结果后,智能汽车需要通过运动控制系统实现具体的驾驶操作,深度学习可以在此过程中发挥重要作用。例如,可以通过训练深度学习模型来优化汽车的加速、减速、转向等控制参数,提高汽车行驶的稳定性和舒适性。同时,深度学习可以与其他控制算法结合而成混合控制策略,以应对不同道路和交通状况。

【案例练习 4-6】

基于深度学习的端到端汽车运动控制

1. 案例描述

端到端汽车运动控制集成感知、决策与控制三大环节,实现从原始传感器数据到汽车动作指令的直接映射。这种控制方式避免了传统控制方式中复杂的模型构建和参数调整,使汽车能够更加灵活地适应各种驾驶场景。传统控制方式往往依赖复杂的控制算法和精确的传感器数据。而随着深度学习的不断发展,有望通过端到端的学习方式直接从汽车感知数据到控制指令进行映射,实现更加智能、灵活的运动控制。

2. 案例实施步骤

基于深度学习的端到端汽车运动控制的实施步骤见表 4-18。

表 4-18 基于深度学习的端到端汽车运动控制的实施步骤

序号	步骤	描述
1	数据收集与处理	收集包含高清路况图像及对应汽车控制指令的数据集,并进行清洗、归一化等预处理,确保数据的质量和一致性,为训练稳定可靠的模型奠定基础
2	构建深度神经网络模型	采用卷积神经网络结合长短期记忆网络的网络架构,构建端到端汽车运动控制模型。模型能够提取图像中的关键特征,并预测相应的控制指令,实现汽车的自主驾驶
3	模型训练与优化	利用收集的数据集,通过反向传播算法训练模型。调整学习率并使用正则化技术,优化模型参数,提升模型对驾驶环境的适应能力
4	仿真测试与验证	在仿真环境中模拟多种驾驶场景,对训练好的模型进行测试。根据仿真结果调整模型参数,确保模型在各种场景下都能准确输出控制指令
5	实车部署与评估	在确保安全的前提下,将模型部署到实车上进行测试。通过实际驾驶数据评估模型性能,并根据结果进行微调,实现稳定可靠的端到端汽车运动控制

图 4.15 所示为基于深度学习的端到端汽车运动控制流程图。

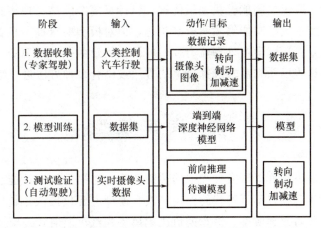

图 4.15 基于深度学习的端到端汽车运动控制流程图

通过构建复杂的神经网络模型,深度学习使智能汽车精确感知周围环境,理解交通规则,并作出适当的驾驶决策。它可以根据实时数据进行实时优化,提高驾驶的灵活性和安全性。此外,深度学习还具备强大的泛化能力,能够应对各种复杂道路和交通情况。然而,深度学习也面临着计算资源需求高、数据依赖等挑战。

基于不同控制理论的智能汽车运动控制的比较见表 4-19。

表 4-19 基于不同控制理论的智能汽车运动控制的比较

方　法	优　势	局　限　性
PID 控制	简单、易行，适用于变化缓慢的系统；稳定性好，能减小系统偏差	不适用于高速或复杂路况；灵活性较差，难以适应复杂多变的驾驶环境
最优控制	在给定约束条件下寻找最优控制策略，能够实现全局最优解	对模型准确性的要求较高，模型误差可能导致控制性能下降；计算复杂度高，实时性较差
模糊控制	不依赖精确的数学模型，适应性强；能够处理不确定性和模糊性问题	规则制定和调整需要专家经验，缺乏统一标准；规则的复杂度和数量影响控制性能
模型预测控制	能够处理约束和非线性系统；预测未来状态，优化控制策略	对模型的实时性和准确性要求较高；计算复杂度较高，可能不适用于所有场景
机器学习	能够从数据中学习并优化控制策略，适用于复杂多变的驾驶环境	需要大量标注数据进行训练，数据质量影响性能；模型的透明度和可解释性较差
深度学习	具有强大的特征学习和处理能力；能够处理大规模、高维度的数据；能够实现高度自动化的驾驶决策	需要大量计算资源和时间进行训练及推理；对数据的依赖性强，泛化能力受限；安全性、可靠性仍需进一步验证和改进

各种控制方法在智能汽车运动控制中都有独特的优势和局限性。PID控制简单、易行，但灵活性较差；最优控制能够找到最优解，但计算复杂度高；模糊控制适应性强，但规则制定复杂；模型预测控制能够预测未来状态，但对模型要求高；机器学习能够从数据中学习，但透明度差；深度学习处理能力强，但依赖大量数据和计算资源。因此，在实际应用中，需要根据具体场景和需求选择合适的方法或结合多种方法进行综合控制。

4.3 汽车模型

建立汽车模型是智能汽车研发过程中的关键环节，对提升汽车性能、优化控制策略及推动汽车行业的创新发展有不可替代的作用。汽车模型主要包括汽车转向几何学模型、汽车运动学模型、汽车动力学模型、汽车换道决策模型和汽车换道轨迹模型等。

4.3.1 汽车转向几何学模型

汽车转向几何学模型是智能汽车运动控制中最早使用的汽车模型，可分为非预瞄和基于预瞄两种情况。

1. 非预瞄汽车转向几何学模型

建立汽车模型时做以下假设。

（1）忽略汽车的转向系统，以前轮转向角为转向输入。

（2）忽略悬架，即忽略汽车的俯仰运动和侧倾运动。

(3) 将汽车纵向车速视为定值。
(4) 轮胎处于线性区，汽车侧向加速度限定在 0.4g 以下。
(5) 忽略地面切向力对轮胎的影响。

汽车转向几何学模型如图 4.16 所示。

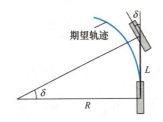

图 4.16　汽车转向几何学模型

汽车转向几何学模型的前轮转向角与道路轨迹曲率半径的关系表示为

$$\tan\delta = L/R \tag{4-9}$$

式中，δ 为前轮转向角；L 为汽车轴距；R 为期望轨迹的曲率半径。

不同的汽车运动横向控制方法往往使用汽车不同位置的横向循迹误差，非预瞄汽车转向几何学模型的横向控制方法使用汽车前轮的横向循迹误差。汽车前轮的横向循迹误差与期望轨迹的关系如图 4.17 所示。

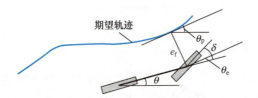

图 4.17　汽车前轮的横向循迹误差与期望轨迹的关系

汽车前轮的角度循迹误差为

$$\theta_e = \theta - \theta_p \tag{4-10}$$

式中，θ_e 为角度循迹误差；θ 为汽车横摆角；θ_p 为期望的汽车横摆角。

循迹控制器通过调整 δ 使 θ_e 和 e_f 都趋于零，控制律设计为

$$\delta = \theta_e + \arctan(ke_f/v) \tag{4-11}$$

式中，k 为调整系数；e_f 为汽车前轮处的横向循迹误差；v 为车速。

2. 基于预瞄汽车转向几何学模型

基于预瞄汽车转向几何学模型描述当前汽车前轮转向角 δ 与汽车前方 l_d 处某一点 (g_x, g_y) 的期望轨迹之间的关系，该方法使用预瞄点的横向循迹误差 e_p，如图 4.18 所示。

预瞄点 (g_x, g_y) 的道路曲率半径 R 与预瞄距离 l_d 和 α 的关系可表示为

$$R = \frac{l_d}{2\sin\alpha} \tag{4-12}$$

期望的汽车前轮转向角为

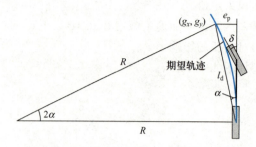

图 4.18 基于预瞄的汽车转向几何学模型

$$\delta = \arctan \frac{L}{R} = \arctan \frac{2L\sin\alpha}{l_d} \qquad (4-13)$$

α 可用预瞄距离和预瞄点的横向循迹误差表示，即

$$\alpha = \arctan \frac{e_p}{l_d} \qquad (4-14)$$

预瞄距离与汽车纵向速度有关，即

$$l_d = k v_x \qquad (4-15)$$

式中，k 为调整系数；v_x 为汽车纵向速度。

汽车前轮转向角为

$$\delta = \arctan \frac{2Le_p}{k^2 v_x^2} \qquad (4-16)$$

4.3.2 汽车运动学模型

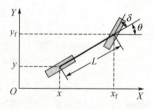

图 4.19 汽车运动学模型

汽车运动学模型揭示汽车在世界坐标系 OXY 中的位移与汽车车速、横摆角、前轮转向角的关系，如图 4.19 所示。图中 x 和 y 表示汽车后轮中心在世界坐标系中的坐标，x_f 和 y_f 表示汽车前轮中心在世界坐标系中的坐标，L 为汽车轴距，θ 为汽车横摆角，δ 为汽车前轮转向角。

汽车前后轮中心的坐标与汽车横摆角、前轮转向角的关系为

$$\begin{cases} \dot{x}_f \sin(\theta+\delta) - \dot{y}_f \cos(\theta+\delta) = 0 \\ \dot{x}\sin\theta - \dot{y}\cos\theta = 0 \end{cases} \qquad (4-17)$$

汽车前轮坐标可以用汽车后轮坐标和汽车轴距 L 表示为

$$\begin{cases} x_f = x + L\cos\theta \\ y_f = y + L\sin\theta \end{cases} \qquad (4-18)$$

消去 x_f 和 y_f 得

$$\dot{x}\sin(\theta+\delta) - \dot{y}\cos(\theta+\delta) - \dot{\theta}L\cos\delta = 0 \qquad (4-19)$$

汽车后轮的约束条件为

$$\begin{cases} \dot{x} = v_x \cos\theta \\ \dot{y} = v_x \sin\theta \end{cases} \qquad (4-20)$$

可以求得

$$\dot{\theta} = \frac{v_x \tan\delta}{L} \quad (4-21)$$

汽车运动学模型为

$$\begin{pmatrix} \dot{x} \\ \dot{y} \\ \dot{\theta} \end{pmatrix} = \begin{pmatrix} \cos\theta \\ \sin\theta \\ \tan\delta/L \end{pmatrix} v_x \quad (4-22)$$

在智能网联汽车或无人驾驶汽车的路径跟踪控制过程中，一般 $[x, y, \theta]$ 为状态量，$[v_x, \dot{\theta}]$ 为控制量，则汽车运动学模型可以转换为

$$\begin{pmatrix} \dot{x} \\ \dot{y} \\ \dot{\theta} \end{pmatrix} = \begin{pmatrix} \cos\theta \\ \sin\theta \\ 0 \end{pmatrix} v_x + \begin{pmatrix} 0 \\ 0 \\ 1 \end{pmatrix} \dot{\theta} \quad (4-23)$$

4.3.3　汽车动力学模型

汽车动力学模型是一种基于力学、运动学和动力学原理的数学模型，旨在描述和预测汽车的动态行为。

建立汽车动力学模型时，将汽车简化为一个单轨二轮模型，并引入以下假设。

（1）忽略转向系统的作用，直接以前轮转向角为输入。

（2）忽略悬架的作用，认为汽车只做平行于地面的平面运动，即汽车沿 z 轴的位移、绕 y 轴的俯仰角和绕 x 轴的侧倾角均为零。

（3）汽车沿 x 轴的纵向速度不变，只有沿 y 轴的侧向运动和绕 z 轴的横摆运动两个自由度。

（4）轮胎侧偏特性在线性范围内。

（5）前、后轮的轮距相同，左、右轮的转向角相同。

（6）忽略空气动力的作用。

（7）忽略左、右轮胎因载荷变化引起轮胎特性的变化及轮胎回正力矩的作用。

简化后的二自由度汽车模型如图 4.20 所示。图中 v_x 为汽车质心前进速度；v_y 为汽车质心侧向速度；ω 为汽车横摆角速度；l_f 为汽车质心与前轴的距离；l_r 为汽车质心与后轴的距离；α_f 和 α_r 分别为前轮侧偏角和后轮侧偏角；δ 为前轮转向角；F_{yf}、F_{yr} 分别为前轮和后轮的侧向力；F_{xf} 和 F_{xr} 分别为前轮和后轮的纵向力。

前轮和后轮的侧偏角分别为

$$\begin{aligned} \alpha_f &= \frac{v_y}{v_x} + \frac{l_f \omega}{v_x} - \delta \\ \alpha_r &= \frac{v_y}{v_x} - \frac{l_r \omega}{v_x} \end{aligned} \quad (4-24)$$

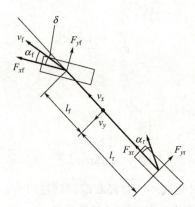

图 4.20　简化后的二自由度汽车行驶模型

假设轮胎侧向力在线性范围内,则前轮和后轮的侧向力分别为

$$F_{yf}=K_{\alpha f}\alpha_f$$
$$F_{yr}=K_{\alpha r}\alpha_r \tag{4-25}$$

式中,$K_{\alpha f}$ 和 $K_{\alpha r}$ 分别为前轮和后轮的综合侧偏刚度。

汽车质心的侧向加速度为

$$a_y=\dot{v}_y+v_x\omega=\ddot{y}+\dot{x}\omega \tag{4-26}$$

根据牛顿第二定律,可以列出二自由度汽车的微分方程,即

$$ma_y=F_{yf}+F_{yr}$$
$$I_z\dot{\omega}=l_f F_{yf}-l_r F_{yr} \tag{4-27}$$

式中,m 为汽车质量;I_z 为汽车转动惯量。

汽车动力学方程为

$$m(\ddot{y}+\dot{x}\omega)=K_{\alpha f}\left(\frac{\dot{y}}{\dot{x}}+\frac{l_f\omega}{\dot{x}}-\delta\right)+K_{\alpha r}\left(\frac{\dot{y}}{\dot{x}}-\frac{l_r\omega}{\dot{x}}\right)$$
$$I_z\dot{\omega}=l_f K_{\alpha f}\left(\frac{\dot{y}}{\dot{x}}+\frac{l_f\omega}{\dot{x}}-\delta\right)-l_r K_{\alpha r}\left(\frac{\dot{y}}{\dot{x}}-\frac{l_r\omega}{\dot{x}}\right) \tag{4-28}$$

其矩阵形式为

$$\begin{pmatrix}\ddot{y}\\\dot{\omega}\end{pmatrix}=\begin{pmatrix}\dfrac{K_{\alpha f}+K_{\alpha r}}{m\dot{x}} & \dfrac{l_f K_{\alpha f}-l_r K_{\alpha r}}{m\dot{x}}-\dot{x}\\\dfrac{l_f K_{\alpha f}-l_r K_{\alpha r}}{I_z\dot{x}} & \dfrac{l_f^2 K_{\alpha f}+l_r^2 K_{\alpha r}}{I_z\dot{x}}\end{pmatrix}\begin{pmatrix}\dot{y}\\\dot{\omega}\end{pmatrix}+\begin{pmatrix}-\dfrac{K_{\alpha f}}{m}\\-\dfrac{l_f K_{\alpha f}}{I_z}\end{pmatrix}\delta \tag{4-29}$$

如图 4.21 所示,建立世界坐标系 XOY 和汽车坐标系 xoy,设参考轨迹曲率为 ρ,汽车横摆角为 θ,参考轨迹对应参考横摆角为 θ_p。

实际汽车在道路上平稳行驶时,横摆角 θ 较小,考虑汽车坐标系与世界坐标系的转换关系,得到世界坐标系下的汽车速度为

$$\begin{cases}\dot{y}=\dot{x}\sin\theta+\dot{y}\cos\theta\approx\dot{x}\theta+\dot{y}\\\dot{x}=\dot{x}\cos\theta-\dot{y}\sin\theta\approx\dot{x}-\dot{y}\theta\end{cases} \tag{4-30}$$

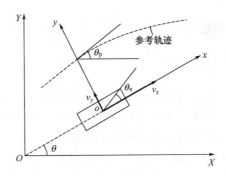

图 4.21 汽车运动关系

研究汽车横向控制时，参考轨迹纵向速度不变，选取状态变量 $x_n=(\dot{y},\theta,\omega,Y)$，控制量 u_n 为前轮转向角 δ，输出量为 $y_n=(\theta,Y)$。

得到状态方程为

$$\begin{pmatrix}\ddot{y}\\\dot{\theta}\\\dot{\omega}\\\dot{y}\end{pmatrix}=\begin{pmatrix}\dfrac{K_{af}+K_{ar}}{m\dot{x}} & \dfrac{l_f K_{af}-l_r K_{ar}}{m\dot{x}}-\dot{x} & 0 & 0\\0 & 0 & 1 & 0\\\dfrac{l_f K_{af}-l_r K_{ar}}{I_z \dot{x}} & \dfrac{l_r^2 K_{ar}+l_f^2 K_{af}}{I_z \dot{x}} & 0 & 0\\1 & \dot{x} & 0 & 0\end{pmatrix}\begin{pmatrix}\dot{y}\\\theta\\\omega\\Y\end{pmatrix}+\begin{pmatrix}-\dfrac{K_{af}}{m}\\0\\\dfrac{l_f K_{af}}{I_z}\\0\end{pmatrix}\delta \quad (4-31)$$

汽车理想侧向加速度为

$$\dot{v}_y(s)=v_x^2\rho(s) \quad (4-32)$$

式中，$\rho(s)$ 为参考轨迹曲率。

侧向加速度误差为

$$\ddot{e}_{cg}=(\dot{v}_y+v_x\omega)-\dot{v}_y(s)=\dot{v}_y+v_x\dot{\theta}_e \quad (4-33)$$

式中，θ_e 为汽车偏航角，$\theta_e=\theta-\theta_p$。

侧向速度误差为

$$\dot{e}_{cg}=v_y+v_x\sin\theta_e \quad (4-34)$$

汽车侧向控制误差模型为

$$\begin{pmatrix}\dot{e}_{cg}\\\ddot{e}_{cg}\\\dot{\theta}_e\\\ddot{\theta}_e\end{pmatrix}=\begin{pmatrix}0 & 1 & 0 & 0\\0 & \dfrac{-(K_{af}+K_{ar})}{mv_x} & \dfrac{K_{af}+K_{ar}}{m} & \dfrac{l_r K_{ar}-l_f K_{af}}{mv_x}\\0 & 0 & 0 & 1\\0 & \dfrac{l_r K_{ar}-l_f K_{af}}{I_z v_x} & \dfrac{l_f K_{af}-l_r K_{ar}}{I_z} & \dfrac{-(l_f^2 K_{af}+l_r^2 K_{ar})}{I_z v_x}\end{pmatrix}\begin{pmatrix}e_{cg}\\\dot{e}_{cg}\\\theta_e\\\dot{\theta}_e\end{pmatrix}+\begin{pmatrix}0\\\dfrac{K_{af}}{m}\\0\\\dfrac{l_f K_{af}}{I_z}\end{pmatrix}\delta+\begin{pmatrix}0\\\dfrac{l_r K_{ar}-l_f K_{af}}{mv_x}-v_x\\0\\\dfrac{-(l_f^2 K_{af}+l_r^2 K_{ar})}{I_z v_x}\end{pmatrix}\rho(s) \quad (4-35)$$

4.3.4 汽车换道决策模型

1. 跟驰模型

所用的换道决策模型是以加速度为输入变量，根据换道前后目标车和前导车加速度的变化判断是否换道。因此，在建立决策模型前，需确定一个合理的跟驰模型，以准确估计目标车换道后，目标车及目标车道上前导车的加速度。

跟驰模型选用智能驾驶员模型，智能驾驶员模型不仅考虑自由流状态下目标车的加速度趋势，还考虑紧急情况下为防止碰撞事故发生的减速趋势，它以统一模型描述目标车不同状态下的跟驰特征。

智能驾驶员模型的表达式为

$$a_{SV} = f_{IDM}(v_{SV}, s_{SV}, \Delta v_{SV}) \\ = a_{max}\left\{1 - \left(\frac{v_{SV}}{v_0}\right)^\delta - \left[\frac{s^*(v_{SV}, \Delta v_{SV})}{s_{SV}}\right]^2\right\} \quad (4-36)$$

式中，a_{SV} 为目标车的加速度；v_{SV} 为目标车的速度；s_{SV} 为目标车与其前导车之间的距离（实际跟车距离）；Δv_{SV} 为目标车与其前导车的相对速度差；δ 为加速度指数；v_0 为目标车的期望速度；$a_{max}[1-(v_{SV}/v_0)^\delta]$ 为自由流的加速度；$a_{max}[s^*(v_{SV}, \Delta v_{SV})/s_{SV}]^2$ 为制动减速度，取决于汽车期望跟车距离 $s^*(v_{SV}, \Delta v_{SV})$ 和实际跟车距离 s_{SV}。

期望跟车距离可以表示为

$$s^*(v_{SV}, \Delta v_{SV}) = s_0 + v_{SV}T + \frac{v_{SV} \cdot \Delta v_{SV}}{2\sqrt{ab}} \quad (4-37)$$

式中，s_0 为静止时的安全距离；T 为安全车头时距；a 为加速度；b 为汽车的舒适减速度。

在式（4-37）等号右边，第一项静止时的安全距离 s_0 表示在交通拥挤、汽车低速缓行时的安全距离；第二项 $v_{SV}T$ 表示在稳定交通流状态下，汽车以恒定的安全车头时距跟随前导车；第三项 $v_{SV} \cdot \Delta v_{SV}/(2\sqrt{ab})$ 表示在不稳定交通流状态下，汽车实施制动决策，且将汽车的减速度控制在舒适减速度内。智能驾驶员模型可以保证汽车无碰撞安全驾驶。

目标车与其前导车之间的距离、相对速度差分别为

$$s_{SV} = \| x_{PV} - x_{SV} \| - l_{SV} \quad (4-38)$$

$$\Delta v_{SV} = v_{SV} - v_{PV} \quad (4-39)$$

式中，x_{PV} 为前导车的纵向位置；x_{SV} 为目标车的纵向位置；l_{SV} 为目标车的车长；v_{PV} 为前导车的速度。

2. 安全准则模型

保证目标车和周围车安全行驶是换道决策模型的首要任务。换道决策模型的安全准则是监测目标车期望执行的换道行为是否会对自身及原车道和目标车道后随车的安全行驶产生负面影响。

安全准则模型采用可接受间隙模型法，其基本原理是判断目标车与目标车道前导车、后随车的间隙是否大于临界间隙。图 4.22 所示为换道场景。图中 d_1 是目标车与目标车道后随车的临界间隙；d_2 是目标车与目标车道前导车的临界间隙；d 是目标车换道的临界

间隙。

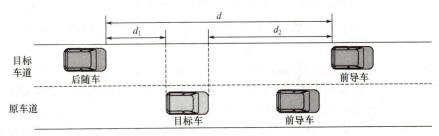

图 4.22 换道场景

临界间隙是保证目标车不与目标车道汽车发生碰撞的最小安全距离。其值与目标车、目标车道前导车、目标车道后随车的速度有关。多数跟驰模型描述目标车的速度 v_{SV}、目标车与前导车的距离 s_{SV}、目标车与前导车的相对速度 Δv_{SV} 之间的关系。

根据跟驰理论可知，汽车的加速度主要受其前导车的影响，基本不受其后随车的影响。故目标车换道后，其加速度受目标车道前导车的影响，而目标车成为目标车道后随车的新前导车，并影响其加速度的变化。因此，临界间隙需满足目标车按照自身需求换道后，不仅自身加速度小于安全减速度，而且目标车道后随车的加速度小于安全减速度的条件。即目标车换道后，目标车、目标车道后随车的加速度应满足

$$\tilde{a}_{SV} \geqslant -a_{safe} \tag{4-40}$$

$$\tilde{a}_{PFV} \geqslant -a_{safe} \tag{4-41}$$

式中，$\tilde{a}_{SV}$ 为目标车换道后的加速度；$\tilde{a}_{PFV}$ 为目标车换道后目标车道上后随车的加速度；a_{safe} 为最大安全减速度。

设定最大安全减速度时不仅要考虑汽车的安全性，还要考虑汽车速度变化对交通流产生的影响，以及乘员的舒适度。综合考虑这些因素，最大安全减速度 a_{safe} 的值可取 $2m/s^2$。

3. 激励准则模型

激励准则是分析目标车换道行为的收益，判断目标车的换道行为能否使目标车获得更快的行驶速度或更自由的驾驶空间。在 MOBIL 激励准则中，不仅要分析换道行为对目标车自身驾驶环境的改善，还要考虑目标车的换道行为对原车道和目标车道后随车的影响。即目标车的换道总效益由目标车的收益和对原车道、目标车道后随车的影响两部分构成。当换道总效益大于给定的阈值且满足安全准则的约束条件时，目标车的驾驶决策为换道。激励准则模型为

$$u_{SV} = \tilde{a}_{SV} - a_{SV} + p(\tilde{a}_{PFV} - a_{PFV} + \tilde{a}_{FV} - a_{FV}) > \Delta a_{th} \tag{4-42}$$

式中，u_{SV} 为目标车的换道总效益；$\tilde{a}_{SV}$ 为目标车换道后的加速度；a_{SV} 为目标车当前的加速度；p 为礼让系数；$\tilde{a}_{PFV}$ 为换道后目标车道后随车的加速度；a_{PFV} 为目标车道后随车当前的加速度；$\tilde{a}_{FV}$ 为目标车换道后在原车道后随车的加速度；a_{FV} 为原车道后随车的当前加速度；Δa_{th} 为换道效益阈值。

$\tilde{a}_{SV} - a_{SV}$ 表示目标车换道后目标车加速度的增量，即目标车通过换道获得的行驶环境

的改善。$\tilde{a}_{\text{PFV}} - a_{\text{PFV}}$ 和 $\tilde{a}_{\text{FV}} - a_{\text{FV}}$ 分别表示目标车换道后目标车道后随车和原车道后随车的加速度变化，即目标车的换道对目标车道、原车道后随车的影响。礼让系数 p 反映汽车的礼让程度，$p=0$，表示汽车完全不礼让其他汽车，只考虑自身的行驶环境；$0<p<1$，表示汽车既考虑自身的行驶环境又注意对后随车的影响；$p>1$，表示完全利他主义的换道车，只要换道会引起交通流的恶化就不执行。礼让系数 p 是影响换道率的重要因素。

智能汽车能够实现实时的车-车通信，准确地获取通信范围内汽车的运动状况信息。为减小目标车换道对道路交通流的影响，智能汽车的自主换道在制定激励准则时，可以考虑目标车的换道对原车道、目标车道多辆后随车的影响。即目标车换道的总效益由目标车的收益和对原车道、目标车道多辆后随车的影响两部分构成。激励准则模型为

$$u_{\text{SV}} = \tilde{a}_{\text{SV}} - a_{\text{SV}} + p\left[\sum_{i=1}^{n}(\tilde{a}_{\text{FV}i} - a_{\text{FV}i}) + \sum_{j=1}^{n}(\tilde{a}_{\text{PFV}j} - a_{\text{PFV}j})\right] \quad (4-43)$$

式中，$a_{\text{FV}i}$ 为在原车道第 i 辆后随车的加速度；$\tilde{a}_{\text{FV}i}$ 为目标车换道后，在原车道第 i 辆后随车的加速度；$a_{\text{PFV}j}$ 为目标车道第 j 辆后随车的加速度；$\tilde{a}_{\text{PFV}j}$ 为目标车换道后，目标车道第 j 辆后随车的加速度。

对于智能汽车，礼让系数 p 可根据局部交通流管理与控制的需求，由云端控制中心决定。

智能汽车在满足安全准则的前提下，期望驾驶决策为换道的条件为

$$u_{\text{SV}} > \Delta a_{\text{th}} \quad (4-44)$$

式中，Δa_{th} 为给定的换道总效益阈值。

式（4-44）表示不允许换道总效益微小的换道决策。换道总效益阈值用于防止汽车随意、频繁的换道行为。

4. 完整的自主换道决策模型

智能汽车通过自主换道的决策模型决策判断是否换道。如果不存在同时满足安全准则和激励准则的目标车道，则目标车的期望驾驶决策为不换道；如果存在同时满足安全准则和激励准则的候选目标车道，则目标车的期望驾驶决策为换道，并从中选择换道总效益最大的目标车道。完整的自主换道决策模型可以看作在换道安全准则和换道激励准则两个约束条件下，以最大化目标车的预期换道总效益为目标的最优化换道模型，即

$$\begin{cases} u_{\text{SV}} = \tilde{a}_{\text{SV}} - a_{\text{SV}} + p\left[\sum_{i=1}^{n}(\tilde{a}_{\text{FV}i} - a_{\text{FV}i}) + \sum_{j=1}^{n}(\tilde{a}_{\text{PFV}j} - a_{\text{PFV}j})\right] \\ a_{\text{SV}} = a_{\max}\left\{1 - \left(\dfrac{v_{\text{SV}}}{v_0}\right)^{\delta} - \left[\dfrac{s^*(v_{\text{SV}}, \Delta v_{\text{SV}})}{s_{\text{SV}}}\right]^2\right\} \\ \tilde{a}_{\text{SV}} \geqslant -a_{\text{safe}} \\ \tilde{a}_{\text{PFV}} \geqslant -a_{\text{safe}} \\ u_{\text{SV}} > \Delta a_{\text{th}} \end{cases} \quad (4-45)$$

若最优化模型有解，则目标车的期望驾驶决策为换道，该最优解为相应目标车道的换道行为；若无最优解，则目标车的期望驾驶决策为不换道。

4.3.5　汽车换道轨迹模型

合理的换道轨迹可以使目标车更加快速、通畅地变换到理想车道，提高换道效率。常用的汽车换道轨迹有等速偏移换道轨迹、圆弧换道轨迹、余弦函数换道轨迹、梯形加速度换道轨迹、多项式函数换道轨迹等。

1. 等速偏移换道轨迹

等速偏移换道轨迹是最简单的换道轨迹，如图 4.23 所示。整个换道轨迹由三段直线组成，其中 AB 段为换道准备阶段，BC 段为换道执行阶段，CD 段为换道调整阶段。在换道执行阶段汽车只需沿着固定斜率的直线行驶即可完成换道。只要确定车道宽度和换道执行阶段的轨迹斜率，就可以得到换道轨迹曲线的解析式。

换道过程中，在 B、C 两点汽车的运动方向发生跃变，这在现实中是无法实现的，故需对换道轨迹进行优化。

2. 圆弧换道轨迹

圆弧换道轨迹是在等速偏移换道轨迹的基础上改进得到的换道轨迹，换道执行阶段由一条直线和两段圆弧组成，如图 4.24 所示。

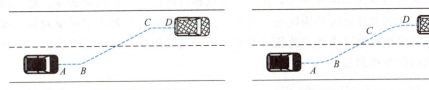

图 4.23　等速偏移换道轨迹　　　　图 4.24　圆弧换道轨迹

圆弧曲率半径 $\rho = v_x^2/a_{\max}$，其中 v_x 为汽车的纵向速度，$a_{\max}$ 为汽车换道时的最大横向加速度。只需再确定车道宽度和期望换道距离，就可以得到换道轨迹曲线的解析式。但是在直线和圆弧的交接点 A、B、C、D，换道轨迹的曲率不连续，汽车在实际行驶中无法实现换道，故仍需对换道轨迹进行调整。

3. 余弦函数换道轨迹

余弦函数换道轨迹具有计算简便、换道轨迹平滑等特点，应用较广泛，只要确定车道宽度和换道过程中目标车的纵向位移，就可以得到换道轨迹函数。余弦函数换道轨迹如图 4.25 所示。

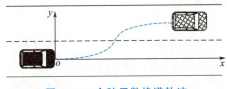

图 4.25　余弦函数换道轨迹

如果车道宽度为 b，换道过程中目标车的纵向位移为 l，那么换道轨迹函数为

$$y(x) = \frac{b}{2}\left(1 - \cos\frac{\pi \cdot x}{l}\right) \tag{4-46}$$

对式（4-46）求导，得余弦函数换道轨迹的横向速度、加速度关系为

$$\dot{y}(x) = \frac{b\pi}{2l} \cdot \sin\left(\frac{\pi \cdot x}{l}\right) \tag{4-47}$$

$$\ddot{y}(x) = \frac{b\pi^2}{2l^2}\cos\frac{\pi \cdot x}{l} \tag{4-48}$$

余弦函数换道轨迹的路径曲率

$$k = \frac{\ddot{y}(x)}{[1 + \dot{y}^2(x)]^{\frac{3}{2}}} \tag{4-49}$$

当 $x=0$ 或 $x=l$ 时，换道轨迹的路径曲率 k 有最大值，即换道轨迹的路径曲率最大值在换道的起点和目标点处，此时横向加速度最大，不满足换道轨迹规划起点和目标点处路径曲率为零的约束条件，使用该换道轨迹需要进行二次规划。

4. 梯形加速度换道轨迹

梯形加速度换道轨迹不直接设计换道汽车的换道轨迹，而是设计换道过程的横向加速度。其横向加速度图像由两个大小相等、方向相反的等腰梯形组成，如图 4.26 所示。梯形加速度换道轨迹的横向加速度连续，在换道起点和目标点横向加速度为零，是比较理想的换道轨迹。对于梯形加速度换道轨迹，只要确定横向加速度的最大值和横向加速度的变化率，就可以确定换道轨迹表达式的各项参数，所需条件较少，计算过程简单；但换道轨迹函数一经确定便很难调整。

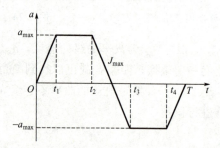

图 4.26　梯形加速度换道轨迹的横向加速度示意图

在图 4.26 中，t_1、t_2、t_3、t_4、T 表示目标车换道过程中横向加速度变化的时间节点，$a_{\max}$ 表示换道过程中横向加速度的最大值，$J_{\max}$ 表示横向加速度的变化率，则梯形加速度换道轨迹的横向加速度表达式为

$$a_x(t) = \begin{cases} J_{\max}t & 0 \leqslant t < t_1 \\ a_{\max} & t_1 \leqslant t < t_2 \\ -J_{\max}t + J_{\max}t_3 & t_2 \leqslant t < t_3 \\ -a_{\max} & t_3 \leqslant t < t_4 \\ J_{\max}t - J_{\max}T & t_4 \leqslant t \leqslant T \end{cases} \tag{4-50}$$

假定 $t_1 = (t_3 - t_2)/2 = T - t_4$，$t_2 - t_1 = t_4 - t_3$，对 $a_x(t)$ 进行二次积分，可以得到目标车换道过程中横向位移曲线表达式，即

$$s_x(t)=\begin{cases} \dfrac{1}{6}J_{\max}t^3 & 0\leqslant t<t_1 \\ \dfrac{1}{2}J_{\max}t_1t^2-\dfrac{1}{2}J_{\max}t_1^2t+\dfrac{1}{2}J_{\max}t_1t_2^2 & t_1\leqslant t<t_2 \\ -\dfrac{1}{6}J_{\max}t^3+\dfrac{1}{2}J_{\max}(t_1+t_2)t^2-\dfrac{1}{2}J_{\max}(t_1^2+t_2^2)t+\dfrac{1}{6}J_{\max}t_1^3+\dfrac{1}{6}J_{\max}t_2^3 & t_2\leqslant t<t_3 \\ -\dfrac{1}{2}J_{\max}t_1t^2+\dfrac{3}{2}J_{\max}t_1^2t+2J_{\max}t_1t_2t-J_{\max}t_1^3-\dfrac{5}{2}J_{\max}t_1^2t_2-\dfrac{1}{2}J_{\max}t_1t_2^2 & t_3\leqslant t<t_4 \\ J_{\max}\left[\dfrac{1}{6}t^3-(t_1+t_2)t^2+(2t_1^2+4t_1t_2+2t_2^2)t-\dfrac{4}{3}(t_1^3+t_2^3)-2(t_1^2t_2+t_1t_2^2)\right] & t_4\leqslant t\leqslant T \end{cases}$$

(4-51)

5. 多项式函数换道轨迹

多项式函数换道轨迹具有三阶连续可导性,并且曲率连续、无突变,能够很好地模拟实际换道路径。常用的多项式函数换道轨迹有五次多项式函数换道轨迹和七次多项式函数换道轨迹。此外,多项式函数换道轨迹将横纵向解耦,汽车实际换道过程易控制,故是比较理想的轨迹规划方法。多项式函数换道轨迹如图 4.27 所示。由于多项式函数的未知参量多,需要较多判断条件,因此计算过程比较复杂,但随着研究的深入,多项式函数换道轨迹的计算过程不断优化,越来越多的研究使用多项式函数规划换道轨迹。

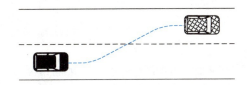

图 4.27 多项式函数换道轨迹

4.4 智能汽车运动控制

智能汽车的运动控制是实现汽车自主驾驶的关键技术,它通过精确感知与调控,确保汽车在复杂多变的交通环境中安全、高效行驶。智能汽车运动控制主要包括纵向控制和横向控制。

4.4.1 智能汽车纵向控制

1. 智能汽车纵向控制的定义

纵向控制是指智能汽车在行驶过程中,通过调节汽车的动力系统和制动系统,实现对汽车速度、加速度及车间距离的精确控制。其核心目标是在保证行车安全的前提下,保证汽车行驶的高效性与舒适性。自适应巡航控制和自动紧急制动控制都是典型的智能汽车纵向控制案例。自适应巡航控制系统如图 4.28 所示。

图 4.28　自适应巡航控制系统

2. 智能汽车纵向控制的结构

纵向控制是智能汽车的驱动与制动控制，其典型结构如图 4.29 所示。

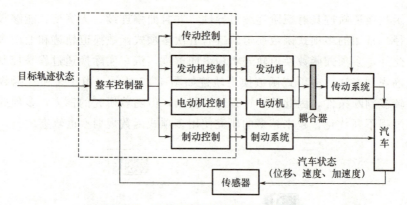

图 4.29　智能汽车纵向控制的典型结构

3. 智能汽车纵向控制的关键技术

（1）传感器技术。用于实时感知汽车状态、道路环境及交通状况等信息，为纵向控制提供数据支持。

（2）控制算法。基于感知数据，通过复杂的控制算法实现对汽车动力系统、制动系统的精确调节。

（3）通信与协同技术。在车联网环境下，实现汽车之间的信息交互与协同控制，提升纵向控制性能。

4. 智能汽车纵向控制的典型应用场景

（1）高速公路自动驾驶。在高速公路自动驾驶场景中，纵向控制的应用尤为重要。通过高精度传感器和先进的控制算法，智能汽车能够实时感知前方道路状况、汽车速度及车距等信息，从而自动调节车速和车距，保持安全、稳定的行驶状态。这不仅能够有效减轻驾驶人的负担，还能够在一定程度上减少由人为因素导致的交通事故。

（2）城市拥堵路况应对。在城市拥堵路况下，纵向控制发挥着重要作用。通过精确控制车速和车间距离，智能汽车能够在车流中保持平稳行驶，减少急加速和急制动等不必要的动作，从而降低能耗和排放量。此外，纵向控制还能有效避免追尾等事故的发生，提高行驶安全性。

(3) 自适应巡航控制。自适应巡航控制是智能汽车纵向控制的典型应用。与传统的定速巡航不同，自适应巡航控制能够根据前车的速度和车距自动调节车速，与前车保持安全距离。这不仅能降低驾驶人的疲劳程度，还能在一定程度上减少由于跟车过近或制动不及时导致的追尾事故。

(4) 自动泊车。智能汽车纵向控制还应用于自动泊车。在泊车过程中，智能汽车通过纵向控制技术精确调节车速和位姿，实现自动寻找停车位、规划泊车路径及精确控制汽车位置等功能。这不仅使泊车过程更加便捷、高效，还能有效避免由人为操作失误导致的剐蹭和碰撞等问题。

5. 纵向控制器模块

纵向控制主要控制汽车的行驶速度，保障汽车的安全距离和期望车速。MATLAB 提供纵向控制器模块，根据指定的参考速度、当前速度、当前行驶方向计算汽车的加速度和减速度，控制汽车速度。纵向控制器模块如图 4.30 所示，它主要控制汽车的纵向速度。

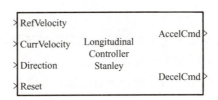

图 4.30 纵向控制器模块

纵向控制器模块的输入是参考速度、汽车的当前速度、汽车的行驶方向和触发将速度误差积分重置为零；输出是汽车的加速命令和减速命令。双击纵向控制器模块，进入纵向控制器模块设置界面，可以对其各参数进行设置。

4.4.2 智能汽车横向控制

1. 智能汽车横向控制的定义

横向控制是通过控制汽车的转向系统，使汽车按照预定的轨迹或路径行驶。其核心技术包括车辆定位、路径规划、转向控制等。在行驶过程中，智能汽车首先通过传感器感知周围环境，获取汽车位置、道路信息等数据，并结合地图和导航信息进行路径规划；然后通过控制算法精确计算所需转向角和速度，实现汽车的稳定行驶和轨迹跟踪。车道保持辅助系统是典型的智能汽车横向控制案例。车道保持辅助系统如图 4.31 所示。

图 4.31 车道保持辅助系统

2. 智能汽车横向控制的结构

横向控制是智能汽车转向盘转角的调整及轮胎力的控制，其典型结构如图 4.32 所示。

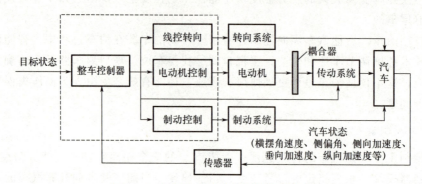

图 4.32　智能汽车横向控制的典型结构

3. 智能汽车横向控制的关键技术

（1）传感器技术。传感器技术用于实时感知汽车周围环境，包括车道线、障碍物、其他汽车等信息，为横向控制提供精确的数据支持。

（2）路径规划算法。根据汽车当前位置和目的地，结合道路信息和交通规则，生成安全、高效的行驶路径。

（3）转向控制技术。通过精确控制汽车的转向角和速度，实现汽车对预定轨迹的跟踪和稳定行驶。

4. 智能汽车横向控制的典型应用场景

（1）高速公路自动驾驶。在高速公路自动驾驶场景中，智能汽车横向控制发挥着关键作用。通过高精度传感器和算法，汽车能够实时感知并识别车道线、道路标识等信息，进而精确控制汽车的横向运动。在自动驾驶模式下，汽车能够自动保持在车道内，并根据道路状况和交通信号调整行驶轨迹，实现安全、稳定的自动驾驶。

（2）城市交通自动驾驶。在城市交通自动驾驶场景中，智能汽车横向控制的应用同样重要。城市道路状况复杂多变，车流量大、路况复杂，对汽车的横向控制提出了更高的要求。通过智能汽车横向控制技术，汽车能够实时感知周围车辆、行人等交通参与者的动态，以及道路标识、红绿灯等交通信号，进而作出精确的横向运动控制决策，实现安全、高效的自动驾驶。

（3）泊车辅助与自动泊车。智能汽车横向控制还应用于泊车辅助与自动泊车。在泊车过程中，汽车需要通过精确的横向运动控制，实现安全、准确的泊车操作。通过智能汽车横向控制技术，汽车能够自动寻找合适的泊车位，并实时感知周围环境，调整汽车的行驶轨迹和速度，完成自动泊车操作，为驾驶人提供便捷、高效的泊车体验。

（4）特殊场景下的应用。除了上述常见场景外，智能汽车横向控制还在特殊场景下发挥作用。例如，在紧急避障场景下，汽车可以通过横向控制技术实现快速、准确的变道操作，避免与其他汽车或障碍物发生碰撞。在拥堵路况下，通过横向控制技术，汽车可以实现更加灵活、高效的行驶轨迹规划，缓解交通压力。

5. 横向控制器模块

MATLAB 提供了横向控制器模块，根据汽车的当前速度和方向，调整当前姿态以匹配参考姿态，计算转向角，控制汽车的转向。横向控制器模块如图 4.33 所示，它主要控制汽车的横向运动。

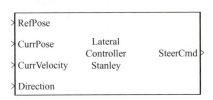

图 4.33　横向控制器模块

横向控制器模块的输入是参考姿态、汽车的当前姿态、汽车的当前速度和汽车的行驶方向；输出是转向命令。双击横向控制器模块，进入横向控制器模块设置界面，可以对其各参数进行设置。

纵向控制和横向控制耦合是实现智能汽车自动驾驶的关键。通过整合各种传感器信息和控制算法，控制系统能够实现对汽车运动状态的全面感知和精确控制。同时，需要考虑不同运动控制的相互影响和制约关系，进行优化设计，确保整个控制系统的稳定性和可靠性。

4.5　智能汽车运动控制仿真

智能汽车运动控制仿真在自动驾驶技术研发中扮演着至关重要的角色。通过模拟汽车在各种复杂环境下的行驶过程，仿真能够验证运动控制算法的有效性和稳定性，帮助研发人员及时发现并修正潜在问题。同时，仿真能大大降低实验成本、缩短开发周期，使智能汽车的研发更高效、更经济。此外，运动控制仿真还能够为实际测试提供重要的数据支撑和预测，提升智能汽车的行驶安全性和可靠性。

1. 智能汽车纵向速度控制的仿真

智能汽车纵向速度控制是确保汽车稳定行驶的关键技术。通过精确感知汽车当前状态及道路条件，智能系统能够实时计算并调整车速，以适应不同驾驶场景的需求。在高速公路巡航时，系统可维持恒定速度，提升驾驶舒适性；在拥堵路段，汽车能自动减速并保持安全距离，避免追尾风险。纵向速度控制不仅提升了行驶安全性，还提高了行驶效率。通过不断优化算法和升级传感器，智能汽车在纵向速度控制方面的性能将持续提升，为未来的智能交通系统奠定坚实基础。

智能汽车纵向速度控制的仿真可以模拟汽车在不同道路和驾驶条件下的速度响应，优化控制算法，提升行驶平稳性和安全性。

【例 4-1】　利用纵向控制器控制智能汽车的行驶速度。

解：利用纵向控制器模块建立智能汽车行驶速度控制仿真模型，如图 4.34 所示。

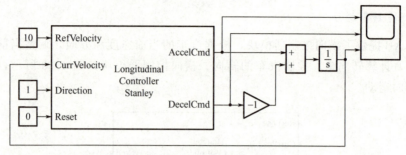

图 4.34 智能汽车行驶速度控制仿真模型

智能汽车行驶速度从 0 到 10m/s 的控制仿真曲线如图 4.35 所示。

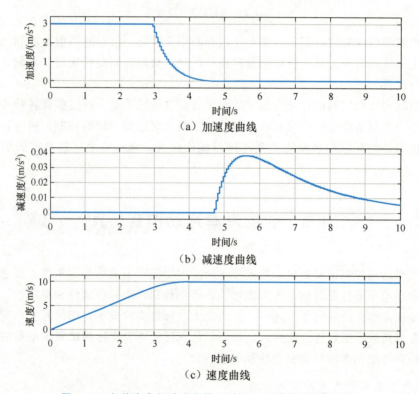

(a) 加速度曲线

(b) 减速度曲线

(c) 速度曲线

图 4.35 智能汽车行驶速度从 0 到 10m/s 的控制仿真曲线

智能汽车行驶速度控制的仿真结果表现优异，汽车能保持稳定的行驶速度，控制算法精准、可靠，仿真结果验证了速度控制技术的有效性。

2. 智能汽车行驶路径控制的仿真

智能汽车行驶路径控制是智能驾驶技术的核心，它利用高精度地图、传感器融合及先进控制算法，实现对汽车行驶轨迹的精准调控。在行驶过程中，智能汽车通过不断收集道路信息和汽车状态数据，实时计算最优行驶路径并自动调整车速、转向等参数，以确保汽车稳定、安全地行驶在预定路径上。行驶路径控制不仅关乎行驶效率，还关系到行驶安全。因此，智能汽车必须拥有高度可靠的控制系统和算法，以应对复杂路况和突发情况。随着技术的不断进步，智能汽车行驶路径控制将越来越精准和智能，为未来的智能交通系统提供有力支撑。

智能汽车行驶路径控制的仿真能精准模拟汽车行驶轨迹,优化路径规划算法,提高行驶安全与效率。仿真测试可降低实验风险与成本,加速技术验证与迭代,为智能汽车的自主导航和驾驶提供坚实支撑。

【例 4-2】 利用横向控制器控制智能汽车行驶路径。

解:利用 MATLAB 的 Simulink 建立仿真模型,在 MATLAB 编辑器窗口输入调用命令。智能汽车行驶横向控制仿真模型如图 4.36 所示。

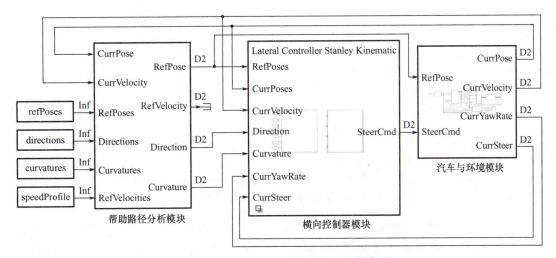

图 4.36 智能汽车行驶横向控制仿真模型

智能汽车行驶横向控制仿真模型由三部分组成,即帮助路径分析模块、横向控制器模块、汽车与环境模块。

帮助路径分析模块为横向控制器模块提供参考信号,给定汽车的当前姿态,它通过搜索参考路径上与汽车最近的点来确定参考姿态。

横向控制器模块包含两种情况:一种配置汽车运动学模型,另一种配置汽车动力学模型。它们都可以控制汽车的转向角,通过命令选择。例如,要选择横向控制器的运动学模块,使用以下命令。

```
variant = 'LateralControlTutorial/Lateral Controller';
set_param(variant,'LabelModeActivechoice','Kinematic');
```

要选择横向控制器的动力学模块,使用以下命令。

```
set_param(variant,'LabelModeActivechoice','Dynamic');
```

道路和参考路径如图 4.37 所示。

打开鸟瞰图,可以看到智能汽车的行驶状态,如

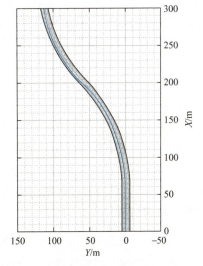

图 4.37 道路和参考路径

图 4.38 所示。

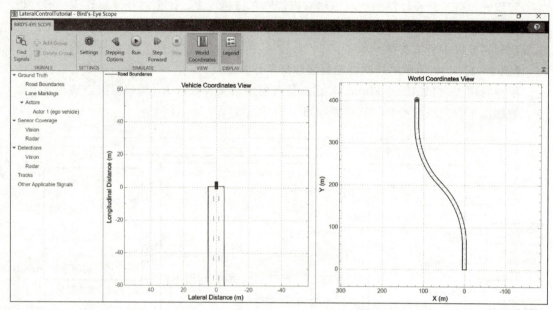

图 4.38　智能汽车行驶路径控制的仿真

智能汽车行驶路径控制的仿真结果显示，汽车能准确跟踪预设路径，表现出较高的控制精度和稳定性。同时，仿真可以分析不同参数对路径控制性能的影响，为后续优化提供重要依据，有助于提升智能汽车的自主驾驶能力。

3. 自适应巡航控制系统的仿真

自适应巡航控制系统结合传统的定速巡航和汽车前方测距雷达或红外线光束，根据前车的行驶速度自动调整自身车速，以保持与前车的安全距离。该系统不仅能有效减轻驾驶人的驾驶负担，提高驾驶的舒适性和安全性，还能在拥堵的路况中自动跟踪前车，实现智能减速和智能加速，避免频繁的人工操作。

自适应巡航控制系统的仿真可以模拟复杂的道路环境和驾驶条件，全面评估和优化自适应巡航控制系统的性能。这不仅有助于提升系统的安全性和稳定性，还能为实际车辆的应用提供重要的数据支持和理论依据。

【例 4-3】　利用 MATLAB 的自适应巡航控制系统的仿真平台对自适应巡航控制系统进行仿真。

解：MATLAB 提供基于毫米波雷达与视觉传感器融合的自适应巡航控制系统的仿真平台。在 MATLAB 编辑器中输入以下程序，调出自适应巡航控制系统的仿真平台，如图 4.39 所示，它由基于传感器融合的自适应巡航控制模块、汽车与环境模块、MIO 轨迹和模型按钮组成。

```
addpath(fullfile(matlabroot,'examples','mpc','main'))
open_system('ACCTestBenchExample')
```

基于传感器融合的自适应巡航控制模块模拟传感器融合并控制汽车的纵向加速度；汽

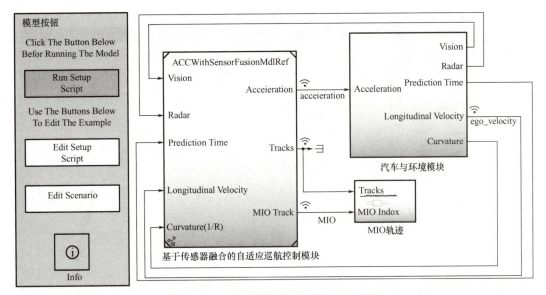

图 4.39 自适应巡航控制系统的仿真平台

车与环境模块对主车的运动和环境进行建模，MIO 确定最重要的目标的轨迹并显示在鸟瞰图上；毫米波雷达和视觉传感器为控制系统提供综合数据；打开模型按钮后，显示初始化模型使用的数据脚本，该脚本加载 Simulink 模型所需的某些常量，如汽车模型参数、跟踪与传感器融合参数、自适应巡航控制器参数、驾驶人转向控制参数和驾驶场景等。

自适应巡航控制系统的驾驶场景如图 4.40 所示，两条具有恒定曲率的平行道路；车道上有四辆汽车，一辆在左边车道的快车，一辆在右边车道的慢车，一辆迎面驶来的汽车，以及一辆在右边车道起步并向左边车道行驶的汽车。

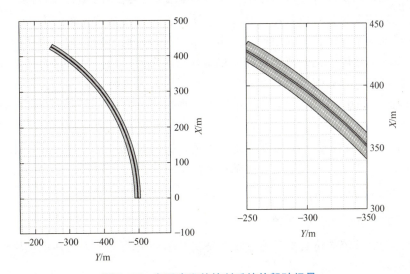

图 4.40 自适应巡航控制系统的驾驶场景

单击 Run 按钮，模拟驾驶场景；通过鸟瞰图可以观察基于传感器融合的自适应巡航控制系统的仿真过程，如图 4.41 所示。

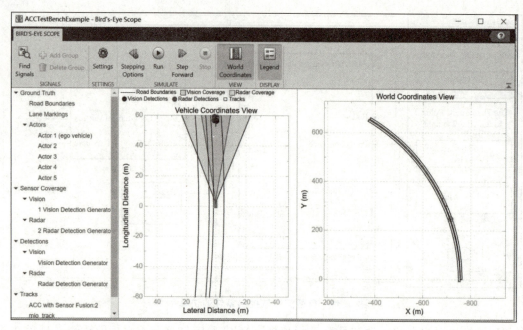

图 4.41 自适应巡航控制系统的仿真过程

自适应巡航控制系统的仿真可有效验证系统对速度控制和安全距离的精准调节能力，提高行驶安全性与舒适性。同时，仿真可以揭示系统在不同参数设置下的性能特点，为实际应用中的优化提供重要参考。

4. 车道保持辅助系统的仿真

车道保持辅助系统通过车载摄像头或雷达传感器实时监测汽车行驶轨迹，当汽车偏离车道时，系统及时发出警告或自动调整方向，确保汽车稳定行驶在车道内。

车道保持辅助系统的仿真通过模拟汽车在多种复杂路况下的行驶过程，验证和优化车道保持辅助系统的性能，提升汽车行驶的稳定性与安全性。同时，仿真有助于降低研发成本、缩短开发周期，为智能汽车技术的广泛应用提供有力支持。

【例 4-4】 利用 MATLAB 的车道保持辅助系统的仿真平台对车道保持辅助系统进行仿真。

解：MATLAB 提供基于视觉传感器的车道保持辅助系统的仿真平台。在 MATLAB 编辑器中输入以下程序，调出车道保持辅助系统的仿真平台，如图 4.42 所示。

```
addpath(fullfile(matlabroot,'examples','mpc','main'))
open_system('LKATestBenchExample')
```

车道保持辅助系统的仿真平台主要由车道保持辅助模块、汽车与环境模块、用户控制和模型按钮组成。

车道保持辅助模块主要控制汽车的前轮转向角；汽车与环境模块主要模拟汽车的运动和环境。

用户控制包括启用辅助（Enable Assist）、安全横向距离（Safe Lateral Distance）和

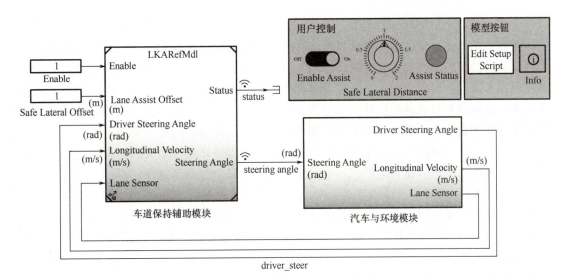

图 4.42　车道保持辅助系统的仿真平台

协助状态（Assist Status）。启用辅助有关闭（Off）和打开（On）模式；可以为安全横向距离设置最小值和最大值；协助状态显示反映输入值的颜色，未定义时是红色，有数值输入时红色变成灰色。

打开模型按钮后，显示初始化模型使用的数据脚本，该脚本加载 Simulink 模型所需的某些常量，如汽车模型参数、控制器设计参数和驾驶场景等。

单击 Run 按钮，模拟驾驶场景；在鸟瞰图中运行和查看结果，如图 4.43 所示，其中阴影区域为视觉传感器的覆盖区域，红色为检测到的左、右车道边界。

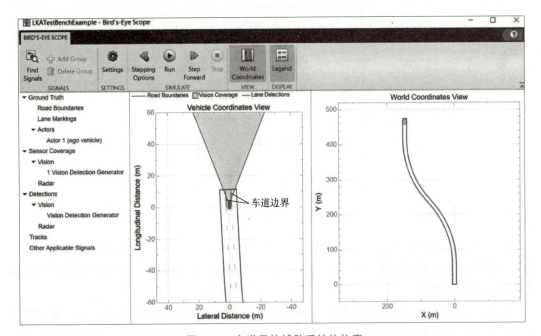

图 4.43　车道保持辅助系统的仿真

5. 智能汽车自动避障的仿真

智能汽车自动避障技术是借助先进的传感器和算法，实现汽车对周围环境的实时感知与判断。当汽车检测到前方存在障碍物时，自动避障系统会迅速计算最优避障路径，并自动控制汽车避让，确保行驶安全。这项技术不仅能提高驾驶的安全性，降低交通事故的发生概率，还能提升驾驶的便捷性和舒适性。随着技术的不断进步，自动避障系统将具备更强的适应性和智能化水平，为未来的智能出行提供更加完善的解决方案。

智能汽车自动避障的仿真是通过模拟复杂多变的道路环境和障碍物情况，全面评估和优化自动避障系统的性能，提升汽车在行驶过程中的安全性和稳定性。

【例 4-5】 假设有三条直车道，每条车道宽度都为 4m；汽车不超车时在中间车道行驶；障碍物是位于中间车道的一个非移动物体，其尺寸与汽车相同；汽车只能从左侧车道（快车道）通过障碍物。假设汽车与障碍物的距离为 50m，汽车上传感器的检测距离为 30m；汽车车速为 20m/s。在障碍物周围建立一个虚拟的安全区域，汽车通过障碍物时不会离障碍物太近。安全区以障碍物为中心，长度等于 2 倍车长，宽度等于 2 倍车道宽度。利用自适应模型预测控制使智能汽车行驶并避开车道上的障碍物。

解： 设计一个避障系统，通过汽车上的传感器（如雷达）测量汽车前方同一车道的障碍物。障碍物可以是静态的，也可以是动态的。驾驶人最常做的动作是暂时移到另一条车道，驶过障碍物后返回原来车道。自动驾驶的避障系统可以在无人工干预的情况下完成操控。避障系统利用节气门和转向角使汽车绕过车道上的静态障碍物行驶。

通过编写 MATLAB 程序并运行，可以得到智能汽车自动避障的仿真结果，如图 4.44 所示。

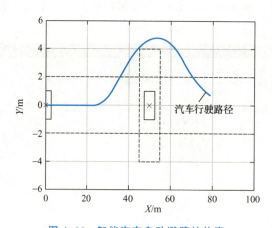

图 4.44 智能汽车自动避障的仿真

智能汽车自动避障的仿真结果表明，该系统能够实现自动避障。仿真中，汽车能够准确识别障碍物并计算最优避障路径，成功避免潜在碰撞。这些结果充分验证了自动避障技术的有效性和可靠性。

总之，智能汽车运动控制仿真在推动自动驾驶技术发展方面起着关键作用。通过高精度仿真，模拟汽车在复杂环境中的行驶情况，验证和优化运动控制算法。这样不仅能提高研发效率，还能降低实验成本，减小实车测试风险。在仿真过程中，可以灵活调整参数

(如道路条件、汽车性能等),以全面评估运动控制系统的性能。仿真还可以用于预测汽车在不同驾驶场景下的行为表现,为智能汽车的安全设计提供有力支撑。

一、名称解释

1. 智能汽车运动控制
2. 最优控制
3. 模糊控制
4. 模型预测控制
5. 深度学习

二、问答题

1. 智能汽车运动控制是如何分类的?
2. 智能汽车运动控制有哪些要求?
3. 智能汽车运动控制有哪些约束条件?
4. 汽车模型主要有哪几种?
5. 智能汽车运动控制理论主要有哪些?

三、拓展题

1. 如何利用模型预测控制对智能汽车换道运动进行控制?
2. 如何利用最优控制对智能汽车车道保持进行控制?

【在线答题】

附　录

附表 1　课程设计题目

序号	类型	题　　目
1	路径规划	基于 Dijkstra 算法的智能汽车路径规划及实现
2		基于 A* 算法的智能汽车路径规划及实现
3		基于蚁群算法的智能汽车路径规划及实现
4		基于遗传算法的智能汽车路径规划及实现
5		基于人工势场法的智能汽车路径规划及实现
6		基于 RRT 算法的智能汽车路径规划及实现
7		基于 PRM 算法的智能汽车路径规划及实现
8		基于贝塞尔曲线的智能汽车路径规划及实现
9		考虑交通信号灯的智能汽车路径规划策略设计
10		智能汽车路径规划中的路径平滑方法研究
11	行为决策	基于有限状态机的智能汽车行为决策系统设计及实现
12		基于博弈论的智能汽车行为决策系统设计及实现
13		基于支持向量机的智能汽车行为决策系统设计及实现
14		基于马尔可夫决策过程的智能汽车行为决策系统设计及实现
15		基于强化学习的智能汽车行为决策系统设计及实现
16		智能汽车拥堵路况下的跟车和换道行为决策系统设计及实现
17		智能汽车紧急情况下的避障行为决策系统设计及实现
18		智能汽车高速公路超车行为决策系统设计及实现
19		智能汽车通过城市道路交叉路口的行为决策系统设计及实现
20		智能汽车泊车场景的行为决策系统设计及实现
21	运动控制	基于 PID 控制的智能汽车运动控制系统设计与实现
22		基于最优控制的智能汽车运动控制系统设计与实现
23		基于模糊控制的智能汽车运动控制系统设计及实现
24		基于模型预测控制的智能汽车运动控制系统设计及实现
25		机器学习在智能汽车运动控制中的应用研究
26		深度学习在智能汽车运动控制中的应用研究
27		智能汽车纵向控制方法研究
28		智能汽车横向控制方法研究
29		基于最优控制的车道保持控制策略研究
30		基于模型预测控制的车道保持控制策略研究

附表2　AI伴学内容及提示词

序号	AI伴学内容	AI提示词
1	AI伴学工具	生成式人工智能（AI）工具，如文言一心、豆包、通义千问等
2	智能汽车的基础知识	详细介绍智能汽车、智能网联汽车、自动驾驶汽车和无人驾驶汽车异同
3		举例介绍智能汽车的技术架构（环境感知、决策与规划、控制与执行）
4		举例介绍智能汽车的应用场景（2000字）
5		举例介绍智能汽车的关键技术（2000字）
6		举例介绍智能汽车的发展趋势（2000字）
7		举例介绍智能汽车决策规划与控制的关系是怎样的（2000字）
8		智能汽车决策规划与控制的发展历程是怎样的（2000字）
9		智能汽车决策规划与控制的重要性是怎样的（2000字）
10		智能汽车决策规划与控制的功能需求是怎样的（2000字）
11		如何配置智能汽车决策规划与控制系统（2000字）
12		针对智能汽车的基础知识出一套自测题（填空、选择、判断及简答题）
13	智能汽车的路径规划技术	智能汽车路径规划的知识体系和技能要求（2000字）
14		智能汽车路径规划的定义、要求、约束条件、分类、步骤（3000字）
15		可视图法的定义、构建步骤、特点及在汽车领域的应用（1500字）
16		栅格法的定义、构建步骤、特点及在汽车领域的应用（1500字）
17		拓扑法的定义、构建步骤、特点及在汽车领域的应用（1500字）
18		语义地图法的定义、构建步骤、特点及在汽车领域的应用（1500字）
19		智能汽车路径规划的典型算法主要有哪些（3000字）
20		Dijkstra算法及其在汽车路径规划中的应用案例（3000字）
21		A*算法及其在汽车路径规划中的应用案例（3000字）
22		蚁群算法及其在汽车路径规划中的应用案例（3000字）
23		遗传算法及其在汽车路径规划中的应用案例（3000字）
24		人工势场法及其在汽车路径规划中的应用案例（3000字）
25		RRT算法及其在汽车路径规划中的应用案例（3000字）
26		PRM算法及其在汽车路径规划中的应用案例（3000字）
27		贝塞尔曲线及其在汽车路径规划中的应用案例（3000字）
28		B样条曲线及其在汽车路径规划中的应用案例（3000字）
29		三次样条曲线及其在汽车路径规划中的应用案例（3000字）
30		举一个智能汽车路径规划的实际应用案例（3000字）
31		针对智能汽车的路径规划技术出一套自测题（填空、选择、判断及简答题）

续表

序号	AI伴学内容	AI提示词
32	智能汽车的行为决策技术	智能汽车行为决策的知识体系和技能要求（2000字）
33		智能汽车行为决策的定义、要求、约束条件、主要内容及步骤（3000字）
34		智能汽车行为决策主要有哪些方法（2000字）
35		基于有限状况机的智能汽车决策方法（2000字）
36		举一个基于有限状况机的智能汽车决策方法应用案例（2000字）
37		基于博弈论的智能汽车决策方法（2000字）
38		举一个基于博弈论的智能汽车决策方法应用案例（2000字）
39		基于支持向量机的智能汽车决策方法（2000字）
40		举一个基于支持向量机的智能汽车决策方法应用案例（2000字）
41		基于马尔可夫决策过程的智能汽车决策方法（2000字）
42		举一个基于马尔可夫决策过程的智能汽车决策方法应用案例（2000字）
43		基于强化学习的智能汽车决策方法（2000字）
44		举一个基于强化学习的智能汽车决策方法应用案例（2000字）
45		举一个智能汽车行为决策的实际应用案例（3000字）
46		针对智能汽车的行为决策技术出一套自测题（填空、选择、判断及简答题）
47	智能汽车的运动控制技术	智能汽车运动控制的知识体系和技能要求（2000字）
48		智能汽车运动控制的定义、分类、要求、约束条件及步骤（3000字）
49		PID控制及其在汽车运动控制中的应用案例（3000字）
50		最优控制及其在汽车运动控制中的应用案例（3000字）
51		模糊控制及其在汽车运动控制中的应用案例（3000字）
52		模型预测控制及其在汽车运动控制中的应用案例（3000字）
53		机器学习及其在汽车运动控制中的应用案例（3000字）
54		深度学习及其在汽车运动控制中的应用案例（3000字）
55		汽车转向几何学模型、运动学模型、动力学模型（2000字）
56		汽车换道决策模型和换道轨迹模型（2000字）
57		举一个智能汽车纵向控制的实际应用案例（2000字）
58		举一个智能汽车横向控制的实际应用案例（2000字）
59		举一个智能汽车综合控制的实际应用案例（2000字）
60		针对智能汽车的运动控制技术出一套自测题（填空、选择、判断及简答题）

续表

序号	AI 伴学内容	AI 提示词
61	综合训练	举例介绍智能汽车决策规划与控制系统的设计步骤（3000 字）
62		针对智能汽车决策规划与控制技术出一套实训题目（10 个）
63		针对智能汽车决策规划与控制技术出一套课程设计题目（10 个）
64		针对智能汽车决策规划与控制技术出一套毕业论文题目（20 个）
65		针对智能汽车决策规划与控制技术出一套自测题（10 道填空题、10 道选择题、10 道判断题、5 道简答题）

参 考 文 献

常广亮，2021. 非结构化环境下的无人驾驶路径规划研究［D］. 哈尔滨：哈尔滨工业大学.
崔胜民，2020. 智能网联汽车自动驾驶仿真技术［M］. 北京：化学工业出版社.
崔胜民，2021. 智能网联汽车新技术［M］. 2 版. 北京：化学工业出版社.
胡杰，刘昊岩，张敏超，等，2023. 基于有限状态机的代客泊车决策规划系统研究［J］. 汽车工程，45（2）：243－252，272.
胡可润，2020. 智能汽车路径规划研究［D］. 天津：河北工业大学.
林程，汪博文，吕沛原，等，2023. 面向变曲率道路的自动驾驶汽车换道博弈运动规划与协同控制研究［J］. 汽车工程，45（7）：1099－1111，1122.
宋晓琳，曹昊天，2023. 智能车辆决策规划与控制［M］. 北京：清华大学出版社.
王浩，2019. 基于改进人工势场法的车辆避障路径规划研究［D］. 哈尔滨：哈尔滨工业大学.
王赵辉，2019. 智能网联汽车高速公路自主换道控制研究［D］. 哈尔滨：哈尔滨工业大学.
闫茜，2020. 汽车避障路径规划及其主动安全性评价研究［D］. 南京：南京航空航天大学.
张金炜，2019. 结合蚁群算法和四次贝塞尔曲线的无人车路径规划［D］. 天津：河北工业大学.
张峻峰，2022. 基于马尔科夫过程的自动驾驶汽车决策规划研究［D］. 重庆：重庆交通大学.
张乃心，2021. 基于博弈论的高速公路智能网联汽车换道决策控制研究［D］. 哈尔滨：哈尔滨工业大学.